国际服务经济系列教材
Textbook Series of International Service Economy

国际服务经济概论

Introduction to International
Service Economy

陈 和 陈屹珊/编

中国财经出版传媒集团
经济科学出版社
Economic Science Press

图书在版编目（CIP）数据

国际服务经济概论/陈和，陈屹珊编．—北京：经济科学出版社，2019.1
国际服务经济系列教材
ISBN 978-7-5141-6381-0

Ⅰ.①国… Ⅱ.①陈…②陈… Ⅲ.①服务经济-高等学校-教材 Ⅳ.①F719

中国版本图书馆 CIP 数据核字（2015）第 298986 号

责任编辑：杜　鹏　王冬玲
责任校对：隗立娜
责任印制：邱　天

国际服务经济概论
陈和　陈屹珊　编
经济科学出版社出版、发行　新华书店经销
社址：北京市海淀区阜成路甲 28 号　邮编：100142
编辑部电话：010-88191441　发行部电话：010-88191522
网址：www.esp.com.cn
电子邮件：esp_bj@163.com
天猫网店：经济科学出版社旗舰店
网址：http://jjkxcbs.tmall.com
固安华明印业有限公司印装
787×1092　16 开　12 印张　300000 字
2019 年 1 月第 1 版　2019 年 1 月第 1 次印刷
ISBN 978-7-5141-6381-0　定价：49.00 元
(图书出现印装问题，本社负责调换。电话：010-88191510)
(版权所有　侵权必究　打击盗版　举报热线：010-88191661
QQ：2242791300　营销中心电话：010-88191537
电子邮箱：dbts@esp.com.cn

编委会名单

林吉双　赵尚群　林小平
孙　波　陈　和　曾　增

总　　序

自21世纪以来，我国承接美、欧、日等国家和地区的国际服务外包呈加速发展之势；2017年，我国承接国际服务外包执行金额为5369.8亿元人民币，现已成为全球第二服务外包接包国。伴随服务外包产业的迅速发展，我国能熟练从事国际服务外包业务中高端人才的短缺问题日益凸显出来。因此，尽快培养国际服务外包产业所需的中高端人才，已成为促进我国服务外包产业持续、快速和健康发展的当务之急。

广东外语外贸大学国际服务外包研究院和国际服务外包人才培训基地，是全国普通高等院校最早成立的国际服务外包研究和人才培训的专门机构。2009年10月以来，国际服务外包研究院承接国际服务外包的理论研究和政府咨询等课题100余项，发表论文300余篇；目前，广东外语外贸大学国际服务外包研究院已成为华南地区国际服务外包理论研究中心、政府决策咨询智库。十年来，广东外语外贸大学国际服务外包人才培训基地共培训软件架构师、软件测试工程师和网络工程师等IT类高校"双师型"教师200余人；培养和培训ITO、BPO、KPO等适用型大学毕业生2 000余人；为东风汽车集团、IBM、西艾、从兴等服务外包企业定制培训服务外包商务英语和相关业务流程专业人才1 000余人；培训服务外包企业和政府中高层管理人员10 000余人。经过几年来对服务外包人才培养模式与实践的有益探索，广东外语外贸大学国际服务人才培训基地已成为广东省服务外包"双师型"教师资源库、大学毕业生适用型人才交付中心、企业和政府管理人员短期培训中心。

广东外语外贸大学作为广东省国际服务外包中高端人才培训基地，为更好地发挥学校在国际化人才培养方面的优势，进一步提高国际服务外包和国际服务经济人才培养的质量，特组织专家学者编写了本套教材。包括《服务外包客户关系管理》《服务外包项目管理》《服务外包企业战略管理》《商务交际日语》《商务谈判日语》《商务会谈技巧英语》《商务沟通英语》《软件开发中级英语阅读与写作教程》《软件测试中级英语阅读与写作教程》《服务外包概论》《广东国际服务外包案例》《国际服务外包营销》《印度国际服务外包经典案例》、《服务外包园区发展的理论与实践》《国际服务外包：理论、实践、创新》《国际服

国际服务经济概论

务经济概论》《国际服务贸易战略与实务》《国际金融服务实务》《国际服务经济组织与管理概论》《Java 软件工程师培训教程》《云计算基础、应用与产业发展》《数据挖掘基础与应用实例》《物联网基础、应用与产业发展》《跨境电子商务概论（进口篇）》《跨境电子商务概论（出口篇）》《服务外包英语沟通与交流技巧》《西方国际公共服务外包理论政策与实践》《中外艺术创意经典100例》等共28部。

培训国际服务外包和国际服务经济产业所需的中高端人才是一项系统工程，其中，编写出既能够反映国际服务外包和国际服务经济发展理论又符合国际服务外包和国际服务经济发展实践的教材就显得尤其重要，我们希望本套教材的出版能够为国际服务外包和国际服务经济人才的培养尽一份力量，同时，我们也真诚地欢迎各位读者对本套教材的不足之处提出修改的意见和建议，以期进一步提高我们教材编写的质量。

广东外语外贸大学国际服务外包教材编写委员会
2018 年 10 月

目 录

第一章 迎接服务经济时代的到来 ... 1

第一节 何为国际服务经济：相关概念界定 ... 2
第二节 国际服务经济与农业经济、工业经济有何不同？——内涵与特征分析 ... 2
一、国际服务经济是全球经济充分发展的社会经济形态 ... 3
二、国际服务经济由多种机制交融演进而成 ... 4
三、国际服务经济的形态特征 ... 5
四、服务业占主导地位是国际服务经济的结构特征 ... 6
五、稳定增长是国际服务经济的运行特征 ... 7
六、集聚发展是服务经济的布局特征 ... 8
七、服务经济发展的环境特征：更高的制度环境和综合配套环境要求 ... 8

第三节 为什么国际服务经济如此重要？——其地位与作用浅析 ... 9
一、有助于从根本上引领全球经济发展方式转变 ... 9
二、在生产环节上直接推动经济发展方式转变 ... 10
三、开辟人力资本和技术资本进入生产过程的途径 ... 10
四、培养和储备人力资本和科学技术 ... 10

第二章 国际服务经济发展现状 ... 14

第一节 国际服务产业发展现状 ... 15
一、全球服务业发展现状 ... 15
二、国内服务业发展状况 ... 17

第二节 国际服务贸易发展现状 ... 18
一、全球国际服务贸易的现状 ... 18
二、我国国际服务贸易的现状 ... 19

第三节 国际服务外包发展现状 ... 22
一、全球离岸服务外包发展现状 ... 22

二、全球离岸服务外包的主要趋势 ……………………………………………… 25
　　三、中国的服务外包发展现状 …………………………………………………… 29

第三章　国际服务经济的理论基石 …………………………………………… 34
　第一节　迈向服务经济时代：基于劳动价值论的阐释 ……………………………… 35
　　一、服务劳动是否是生产劳动 …………………………………………………… 35
　　二、服务是不是商品 ……………………………………………………………… 36
　　三、服务劳动创不创造价值 ……………………………………………………… 37
　第二节　向服务经济转型的必由之路：基于三次产业演进理论 …………………… 38
　第三节　国际服务经济的兴起：基于分工理论的视角 ……………………………… 40
　第四节　国际服务经济的发展动因：基于竞争力理论 ……………………………… 41
　第五节　如何更好地发展服务经济：基于比较优势理论 …………………………… 42
　　一、比较优势理论对服务经济的适用性分析 …………………………………… 43
　　二、影响服务贸易比较优势的因素 ……………………………………………… 43
　第六节　其他理论 ……………………………………………………………………… 45
　　一、服务产业发展的阶段理论 …………………………………………………… 45
　　二、服务产业与经济结构的变动理论 …………………………………………… 46

第四章　国际服务经济竞争力：全球视角 …………………………………… 49
　第一节　国际服务产业竞争力 ………………………………………………………… 50
　　一、国际服务产业竞争力：构建基础的力量 …………………………………… 50
　　二、世界服务产业竞争力概况：以美、日、中三国为例 ……………………… 52
　第二节　国际服务贸易竞争力 ………………………………………………………… 54
　　一、国际服务贸易竞争力：体现形式的关键 …………………………………… 54
　　二、世界服务贸易竞争力概况：中美两国服务贸易竞争力比较 ……………… 55
　第三节　国际服务外包竞争力 ………………………………………………………… 61
　　一、国际服务外包竞争力：实现手段的要点 …………………………………… 61
　　二、世界服务外包竞争力概况：中印两国服务外包竞争力比较 ……………… 62

第五章　国际服务经济的主要领域分析 ……………………………………… 69
　第一节　金融服务——传统金融业的延伸 …………………………………………… 70
　　一、金融衍生品经济的快速扩张和交易结构的迅速变化 ……………………… 70

目 录

    二、金融服务贸易发展速度呈加速趋势 ⋯⋯⋯⋯⋯⋯⋯⋯⋯⋯⋯⋯⋯⋯⋯⋯ 71
    三、金融服务贸易发展日益集中化和集团化 ⋯⋯⋯⋯⋯⋯⋯⋯⋯⋯⋯⋯⋯⋯ 71
    四、金融服务贸易日趋自由化和全球化 ⋯⋯⋯⋯⋯⋯⋯⋯⋯⋯⋯⋯⋯⋯⋯⋯ 71
  第二节 保险服务——传统保险业的外延扩张 ⋯⋯⋯⋯⋯⋯⋯⋯⋯⋯⋯⋯⋯⋯ 71
    一、非实体性 ⋯⋯⋯⋯⋯⋯⋯⋯⋯⋯⋯⋯⋯⋯⋯⋯⋯⋯⋯⋯⋯⋯⋯⋯⋯⋯⋯⋯ 72
    二、完整性 ⋯⋯⋯⋯⋯⋯⋯⋯⋯⋯⋯⋯⋯⋯⋯⋯⋯⋯⋯⋯⋯⋯⋯⋯⋯⋯⋯⋯⋯ 72
    三、超值性 ⋯⋯⋯⋯⋯⋯⋯⋯⋯⋯⋯⋯⋯⋯⋯⋯⋯⋯⋯⋯⋯⋯⋯⋯⋯⋯⋯⋯⋯ 72
  第三节 旅游服务——旅游业未来发展的新方向 ⋯⋯⋯⋯⋯⋯⋯⋯⋯⋯⋯⋯⋯⋯ 72
  第四节 运输服务——连接跨区域贸易的纽带 ⋯⋯⋯⋯⋯⋯⋯⋯⋯⋯⋯⋯⋯⋯⋯ 73
    一、发达国家和地区是世界运输服务贸易的主体 ⋯⋯⋯⋯⋯⋯⋯⋯⋯⋯⋯ 74
    二、世界运输服务贸易的规模稳步扩大 ⋯⋯⋯⋯⋯⋯⋯⋯⋯⋯⋯⋯⋯⋯⋯⋯ 74
    三、世界运输服务贸易增长受制于世界经济波动 ⋯⋯⋯⋯⋯⋯⋯⋯⋯⋯⋯ 74
    四、世界运输服务贸易的地理格局稳中有变 ⋯⋯⋯⋯⋯⋯⋯⋯⋯⋯⋯⋯⋯⋯ 75
    五、运输服务贸易中各部门的发展不均衡 ⋯⋯⋯⋯⋯⋯⋯⋯⋯⋯⋯⋯⋯⋯ 75
  第五节 技术服务——现代工业经营管理的重要环节 ⋯⋯⋯⋯⋯⋯⋯⋯⋯⋯⋯ 75
  第六节 咨询服务——高级智能型的智力服务活动 ⋯⋯⋯⋯⋯⋯⋯⋯⋯⋯⋯⋯ 76
  第七节 信息服务——信息管理活动的出发点和归宿 ⋯⋯⋯⋯⋯⋯⋯⋯⋯⋯⋯ 78
    一、国际信息服务的兴起 ⋯⋯⋯⋯⋯⋯⋯⋯⋯⋯⋯⋯⋯⋯⋯⋯⋯⋯⋯⋯⋯⋯ 78
    二、国际信息服务的意义与发展趋势 ⋯⋯⋯⋯⋯⋯⋯⋯⋯⋯⋯⋯⋯⋯⋯⋯ 79
  第八节 通讯服务——优化信息互通的载体 ⋯⋯⋯⋯⋯⋯⋯⋯⋯⋯⋯⋯⋯⋯⋯⋯ 79

第六章 国际服务经济与投资 ⋯⋯⋯⋯⋯⋯⋯⋯⋯⋯⋯⋯⋯⋯⋯⋯⋯⋯⋯⋯⋯⋯⋯ 83

  第一节 海纳百川：国际服务经济投资中的引进来 ⋯⋯⋯⋯⋯⋯⋯⋯⋯⋯⋯⋯ 86
    一、国际服务经济如何引进来：现状与问题的思考 ⋯⋯⋯⋯⋯⋯⋯⋯⋯⋯ 86
    二、区位优势：影响国际服务经济引进来的关键 ⋯⋯⋯⋯⋯⋯⋯⋯⋯⋯⋯ 89
  第二节 踏出国门：国际服务经济投资中的走出去 ⋯⋯⋯⋯⋯⋯⋯⋯⋯⋯⋯⋯ 95
    一、国际服务经济如何走出去：现状与问题的思考 ⋯⋯⋯⋯⋯⋯⋯⋯⋯⋯ 96
    二、先天不足：制约国际服务经济走出去的症结 ⋯⋯⋯⋯⋯⋯⋯⋯⋯⋯⋯ 99

第七章 国际服务经济与自贸区 ⋯⋯⋯⋯⋯⋯⋯⋯⋯⋯⋯⋯⋯⋯⋯⋯⋯⋯⋯⋯⋯⋯ 105

  第一节 自贸区中服务经济的发展 ⋯⋯⋯⋯⋯⋯⋯⋯⋯⋯⋯⋯⋯⋯⋯⋯⋯⋯⋯⋯ 107
    一、全球自贸区中服务经济的发展鸟瞰 ⋯⋯⋯⋯⋯⋯⋯⋯⋯⋯⋯⋯⋯⋯⋯⋯ 107
    二、我国服务经济的发展趋势：自由贸易区战略 ⋯⋯⋯⋯⋯⋯⋯⋯⋯⋯⋯ 110

第二节　自贸区对国际服务经济的影响 ··· 114
　　　　一、自贸区对国际服务经济的影响机理 ······································· 114
　　　　二、国际经验：北美自由贸易区服务贸易自由化经验 ······················ 114
　　第三节　上海自贸区的国际服务构想：中国经济新一轮改革的车轮 ············ 115
　　　　一、上海自贸区的背景：服务国际化 ··· 116
　　　　二、上海自贸区的国际服务经济的地位与去向 ······························ 117

第八章　国际服务经济与信息技术革命 ··· 122

　　第一节　电子商务：国际服务经济的新形式 ······································· 123
　　　　一、电子商务服务业的起源与发展：信息时代的产物 ······················ 123
　　　　二、电子商务对服务贸易的影响：巨大的变革 ······························ 124
　　　　三、电子商务服务业在发展中存在的问题以及应对措施 ··················· 125
　　第二节　物联网：国际服务经济的新载体 ··· 128
　　　　一、物联网的兴起：经济与科技发展竞争的战略高地 ······················ 128
　　　　二、物联网服务业发展现状：锋芒乍现 ······································ 129
　　　　三、我国物联网服务业发展对策：未来展望 ································· 131
　　第三节　大数据：国际服务经济的新内涵 ··· 133
　　　　一、大数据的产生：巨量资料的分析与挖掘 ································· 133
　　　　二、大数据在国际服务业中的运用：时代的机遇 ··························· 133
　　　　三、大数据时代展望：商业回归现代服务业 ································· 135

第九章　国际服务经济的相关政策 ··· 139

　　第一节　国际服务产业的相关政策 ·· 140
　　　　一、美国服务业相关政策 ··· 140
　　　　二、日本服务业相关政策 ··· 142
　　　　三、欧盟区域内的服务业相关政策 ·· 143
　　　　四、中国服务业相关政策 ··· 145
　　第二节　国际服务贸易的相关政策 ·· 146
　　　　一、国际服务贸易政策的演变 ·· 147
　　　　二、国际服务贸易自由政策 ·· 147
　　　　三、国际服务贸易的保护政策 ·· 149
　　第三节　国际服务外包的相关政策 ·· 153
　　　　一、主要服务外包发包国的相关政策 ··· 153

目 录

　　二、主要服务外包承接国的相关政策 ………………………………… 155

　　三、中国服务外包相关政策 …………………………………………… 158

第十章　推进我国服务经济国际化的政策构想 ……………………… 162

第一节　提升服务产业竞争力 …………………………………………… 163

　　一、从战略上重视服务业，加大对服务业的扶持力度 ……………… 163

　　二、大力发展现代服务业，推动服务业升级 ………………………… 163

　　三、立足比较优势，提升我国服务业的国际竞争力 ………………… 164

第二节　全面参与全球服务贸易 ………………………………………… 164

　　一、树立"走出去"的观念和全面开放的意识 ……………………… 164

　　二、制定适度的服务贸易保护政策 …………………………………… 165

　　三、完善服务贸易管理体制 …………………………………………… 166

第三节　深度介入全球服务外包 ………………………………………… 166

　　一、加大教育投入，培养复合型人才 ………………………………… 166

　　二、营造良好的服务外包环境 ………………………………………… 167

　　三、以承接日韩服务外包为突破口，逐步开拓欧美服务外包市场 … 167

第四节　完善相关政策体系 ……………………………………………… 168

　　一、加强服务贸易立法，建立系统的服务贸易法律体系 …………… 168

　　二、完善我国服务贸易保障措施的立法 ……………………………… 168

　　三、进一步完善吸引外资的政策、法规 ……………………………… 169

参考文献 ……………………………………………………………………… 172

第一章 迎接服务经济时代的到来

本章学习目标
- 了解国际服务经济的概念界定;
- 了解国际服务经济的内涵特征;
- 了解国际服务经济的地位与作用。

☞ **开篇案例**

走向服务经济时代

"十二五"规划纲要提出,把推动服务业大发展作为产业结构优化升级的战略重点,服务业增加值占 GDP 总量的比重从 43% 提升至 47%,2015 年服务业进出口总额达到 6 000 亿美元,推动特大城市形成以服务经济为主的产业结构。我国服务业发展面临历史性的机遇,即将迎来快速发展的春天。

我们先看两个案例故事。

电影《阿凡达》2010 年年初上映时,一个月的票房收入是 21 亿美元,也就是 145 亿元人民币,相当于我国宝钢集团 2009 年全年的利润总额。

妈妈给孩子过生日需要一块蛋糕,第一个妈妈到自家农场取些小麦磨成面粉,再取些鸡蛋等,一样一样亲手来做,这是农业经济时代;第二个妈妈到商店买混合好的蛋糕粉,回家用烤箱烘烤蛋糕,这是工业经济时代;第三个妈妈更简单,直接向蛋糕店订购做好的蛋糕,不但不再烘烤蛋糕,也不再自己办生日宴会,而是外包给某家专门公司,请他们为小孩办一次难忘的生日宴会,这是服务经济时代。

通过前面的案例故事,我们可以看到,服务经济其实早已经渗透到我们日常生活和工作的各个角落。经济形态演变有如小孩过生日的模式变化,软的东西、无形的东西越来越值钱。

案例资料来源:引自《时事报告》2012 年 10 期,张祥"走向服务经济时代"。

案例讨论题:相对于农业经济和工业经济,你认为服务经济有何特点?

国际服务经济概论

第一节 何为国际服务经济：相关概念界定

自20世纪中叶以来，世界经济结构发生了一系列深刻的变革，其中一个尤为鲜明的变化特征表现为从工业革命以来长期占据主导地位的制造业在世界各国或地区的经济中所占的比重以及作用日减，而各类新兴、门类繁多的服务部门则迅速崛起。作为近几十年来蓬勃发展的新的经济形态，服务经济发端于工业化高度发展的阶段，同时依托信息技术和现代管理理念，现代服务经济的发达程度已经构成了衡量区域现代化、国防化和竞争力的重要标志之一，也成为区域经济新一轮的增长引擎（郑吉昌，2005）。时至今日，服务经济在国民经济结构中占据着越来越重要的地位，其涵盖了服务业的各个领域乃至对外服务贸易的广阔市场经济门类与形式。在国外，服务经济已基本形成相对成熟的体系，并有其自身的运作方式。在我国，近年来服务经济在国民经济中的重要性与日俱增，它是我国正在进行的产业结构调整升级的主要途径，关系到未来经济发展的走向与创新，因而具有十分重要的战略意义。

在地区第三产业和跨国服务贸易蓬勃发展以及全球经济正加速向服务经济时代迈进的背景下，国际服务经济（International Service Economy）作为一门新兴的学科应运而生。在本章的开篇伊始，我们有必要对国际服务经济的概念加以界定，所谓的国际服务经济，是指以第三产业为主要载体，以人力资本为基本生产要素，以国际服务贸易、服务外包等为主要表现形式并以跨国公司为基本生产单元而联结起来的一种有别于传统农业、工业经济的经济结构、增长方式以及社会形态。值得注意的是，在服务经济时代，人力资本上升为最重要的生产要素并成为经济增长的主要源泉，土地和机器的重要性则退居其次。

国际服务经济学作为一门研究国际范围内服务资源的最优配置以及国际经济关系对资源配置影响的学科，与产业经济学、国际服务贸易学等学科息息相关，它旨在分析国际服务经济兴起的动因，考察国际服务经济的组织形式，进而探讨其对国家的福利所产生的影响。

第二节 国际服务经济与农业经济、工业经济有何不同？——内涵与特征分析

在本节中，我们将对国际服务经济与农业经济、工业经济三者之间的区别展开比较。综合"规模定义法""对比定义法""阶段定义法"这三种模式，可以将国际服务经济定义为"以知识、信息和智力要素的生产、扩散与应用为经济增长的主要推动力，以科学技术和人力资本的投入为核心生产方式，以法治和市场经济为制度基础，经济社会发展主要建立在服务产品的生产和配置基础上的经济形态"（杨玉英、邱灵等，2013）。与以研究农业中生产关系和生产力运动规律的农业经济及以探讨经济发展如何取决于自然资源的占有和配置的工业经济相比，国际服务经济具有以下内涵特征：

第一章 迎接服务经济时代的到来

一、国际服务经济是全球经济充分发展的社会经济形态

相对于农业生产活动和工业制造占主导的经济发展阶段而言，国际服务经济是以服务活动为主的更高层次的经济发展阶段，是继农业经济、工业经济（或制造经济）之后出现的一种新型社会经济形态。国际服务经济形成的主要标志是，服务活动在社会经济发展中占据主导地位，经济中从事服务活动的人员及其创造的增加值超过农业和工业创造的增加值之和，并在国民经济中占据60%以上的比重（刘世锦、任兴洲等，2010）。

从生产方式的演变来看，工业经济时代以大机器的使用和能源的消耗为核心生产方式，而国际服务经济则是以知识的运用和人力资本的投入为核心生产方式。知识与创新等高级生产要素成为推动服务经济发展的核心动力。特别是20世纪80年代以后，信息化和全球化的紧密结合推动服务经济进入了深化发展阶段。信息技术创新和扩散不仅直接催生了大量新兴服务业，也触发了整个国民经济生产体系的深刻变革。服务业逐渐成为国民经济的绝对主导部门并向其他部门广泛渗透，服务的生产、分配、流通、消费成为整个经济社会的核心内容，并由此带来了经济结构、运作模式等的根本性变革，国际服务经济将逐步登上舞台成为主导性经济形态（徐黎源、李玉明，2013）。

1. 以提供服务产品为核心

尽管关于新的经济形态的提法很多，如知识经济、信息经济、数字化经济、网络经济等，但从主导产业及其产出、就业，以及服务产品与制成品或农产品在有形无形、生产消费、营销保障等上有着本质区别这两个方面来分析，唯有服务经济可以与农业经济、工业经济并列而成为一种经济形态。与农业经济以提供农产品为核心、工业经济以提供制成品为核心不同，国际服务经济无论是生产、流通还是消费都围绕服务这一基本要素，以提供服务产品为核心，形成以服务为中心的经济活动，构成以服务业特别是现代服务业为主的产业体系。

2. 涵盖成熟发展的制造业和农业

在服务经济中，服务业固然是产业结构中的主导产业，制造业和农业也是服务经济的重要组成部分。农业、制造业的现代化和服务化趋势促进了服务业的迅猛发展，服务业的快速发展反过来又为农业、制造业提供了全面高效的服务，把农业、制造业提升到新的更高水平。三次产业相互依赖、相互促进，融合发展。服务经济作为一种经济形态，不是一个产业可以涵盖的，而是各个产业动态均衡和全面协调发展形成的。

3. 包含一整套的制度环境、管理体制、要素市场以及公共政策和公共服务体系

制度环境指能保障服务经济有效运行、保障产权和交易、促进知识创新的法律规则，受到良好的监督执行的产权、合同、信用、财税规则；管理体制是指适应服务经济发展的更加市场化、法制化和国际化的组织架构与治理方式；要素市场是以人力资本市场为主体

国际服务经济概论

的资源要素配置体系;公共政策和公共服务则是为服务经济发展创造低成本、高效率的运作环境。

二、国际服务经济由多种机制交融演进而成

国际服务经济主要由分工深化、产业转化、业态变化、服务的规模化和制造化等机制交融演进而成,表现在以下几个方面。

1. 分工深化

不同于农业向制造业演进中大量产生新的部门,服务是一直都存在于制造过程中的,只是从内部化转为外部化。因此,服务经济的发展不是靠建立很多新的产业部门,而主要是依靠经济形态内部分工的不断深化。随着生产专业化和规模化的程度不断扩大,社会化分工程度不断加深:一方面,许多原内置于企业的研发设计、法律会计、市场营销等为生产服务的职能部门得以"外部化";另外,生产的社会化和专业化发展使企业在生产过程中的纵向和横向联系加强,依赖程度加深,引发了对商务、金融、保险、物流、通讯、广告等服务需求的上升,从而促进了服务业的大发展。

2. 产业转化

随着市场竞争的不断加剧,农业、制造业的很多企业转化为服务企业。这主要体现在以下几个方面:一是依托农业、制造业拓展服务业。典型代表如通用电气、惠普等。2002年以来,通用电气积极发展商务金融、信息技术等服务业,整合成为拥有基础设施、医疗、商务金融、传媒、工业和消费者金融六大板块的多元化服务公司,使集团的制造和服务功能融为一体,实现了企业的高效增长。二是从销售产品发展成为提供服务和成套解决方案。许多农业、制造业企业开始不只是制造实物产品,而是提供服务,即为用户提供包括制造品在内的一体化解决方案,典型代表如IBM(International Business Machines Corporation)等。20世纪90年代中期,IBM公司硬件业务销售不利,启动了从硬件向软件加服务的战略转型,如出售了个人电脑(Personal Computer,PC)业务,加大了在咨询、信息等方面的投资,从而强化了满足客户需求的能力,发展成为世界上最具影响力的信息技术服务企业之一。三是从农业、制造业企业转型为服务提供商。随着人力资本的上升和竞争的加剧,生产、制造过程的利润越来越小,许多企业逐渐将业务重心转向研发设计、市场营销、品牌维护、现代物流等环节,从制造企业彻底转型为服务提供商。这方面的典型企业有耐克等。耐克公司将产品生产外包,自己集中精力开展设计、营销和品牌维护,利用这种方式不但实现了快速发展,也获取了超额利润(刘畅、李霜,2012)。

3. 业态变化

信息化改造了传统产业,促进了产业的融合,产生了很多新的产业。这些新产业与传统产业密切相关。一方面信息资源、信息技术、信息设备在传统产业部门广泛渗透和运用,促

第一章 迎接服务经济时代的到来

进了传统产业部门的生产活动越来越趋向信息化和知识化;另一方面信息技术和设备在一些传统服务行业如金融、新闻出版、图书情报等普遍获得运用,使其服务内容、方式、效率、质量、广泛性都发生了质的飞跃,产生大量新兴业态,从而赋予服务经济新的发展活力(彭治国,2012)。

4. 服务的规模化和制造化

随着信息技术的发展,服务产品也可以储存和标准化,促成了服务在地域和时间上的分离,使服务的规模化、制造化成为可能,大大拓展了服务提供的范围及可交易性。例如,计算机软件产品可以成批地制作成为光盘。现代电信和传递技术的发展也使服务的不可储存和运输的传统特性发生了改变,许多生产和消费可以实现分离。例如,金融服务、娱乐、教育、医疗等服务都可以在远离最终用户的地方生产销售。一些服务业服务传递的标准化程度大为提高,并开始提供一些方便顾客接受服务的标准化实物产品,这样服务业也越来越具有制造业的特征。

三、国际服务经济的形态特征

1. 产业发展服务化

国际服务经济时代,服务业成为服务经济中的主导产业,服务性经济活动不断成长并成为产业活动的主导方式,产业链中的服务环节日益占据主导地位,制造部门的服务化不断深化,使得生产者将重心从原来由车间延伸到市场的扩展式劳动过程转到根据顾客需求提供服务上来。制造企业不单把服务当作是提高产品竞争力的手段,甚至直接把服务作为其产品。如飞机引擎制造商罗尔罗斯公司不仅是出售引擎,而更多的是出售飞行时间;信息技术(Information Technology,IT)巨头 IBM 不再是仅出售 IT 产品,而更多的是提供软硬件集成服务。由此可见,生产企业越来越把业务中心集中到产品提供给消费者的服务上来。

2. 行业发展融合化

伴随着信息化和全球化的不断深入,服务业与农业、制造业之间相互渗透和融合的趋势日趋明显。一是消费方式变化带来服务和产品的融合,即消费者更加注重产品解决问题的功能而非产品本身,这使得产品和服务的边界在模糊。二是生产方式的变化促使服务业和制造业业务、组织、管理的融合。制造企业将服务当作利润增加的源泉,从而使其业务中心发生根本改变,相应的在组织、管理上也越来越接近服务企业。三是交易方式的变革导致消费者和生产者的融合。消费者和生产者之间的关系从一次短期购买变为持续的多次服务,这种长期关系的建立使消费者更多地参与到生产中来,从而使消费者和生产者趋于融合。

3. 企业运作网络化

随着现代信息技术的广泛运用,生产价值链日益成为服务经济时代主导性的生产组织方式,企业的组织结构和运作方式也由传统的层级制为主转向日趋网络化。由于服务的网络化优势变得十分显著,许多服务企业逐渐向连锁化、联盟化、集成化等方向发展,日益采用松散而富有弹性的网络型组织结构。例如,许多服务型跨国企业更倾向于采用非股权安排形式或合伙形式,母子公司间保持一种较松散的网络联系,各公司独立性较强,许多业务甚至采取外包形式,这进一步改善了现代服务的供给能力。

4. 生产活动高端化

在服务经济时代,越来越要求生产活动包含更多的知识和信息,向高端化发展。随着工业化大生产累计的实物产品的极大丰富,全球实物生产开始进入全面过剩时代,而个性化、多元化的服务需求却方兴未艾,需要大量的企业进行创新,提供差异化的产品。这必然要求生产活动的技术含量不断提升,无形的服务所占的价值越来越大,如研发设计、销售等形成了生产活动的整体高端化趋势。

四、服务业占主导地位是国际服务经济的结构特征

1. 总体特征

一是服务业占主导地位,农业、制造业也趋向服务化和高端化。服务经济时代,服务业成为经济发展的核心和主要动力,带动其他产业共同发展,在经济中占据主导地位。二是智力和知识密集型产业占主导,劳动、资本密集型产业为辅。在国际服务经济时代,知识与创新等高级生产要素成为推动服务经济发展的核心动力。从产业的性质来看,人力资本含量提升和技术进步等因素直接推动了产业由劳动资本密集型向智力密集型转型。三是高附加值产业为主导,中低附加值产业为配套。从产业在价值链中所占据的地位来看,国际服务经济中占主导的是新产品、新工艺、新装备的设计研发和涉及产品核心技术的制造营销等高附加值产业,而中低附加值的零部件生产或对生产制造过程中工资成本较敏感的生产制造环节则只是作为配套产业。四是高度人力资本投入结构轻型化,低能耗和低排放成为主要特征。从投入要素看,工业经济的增长主要依靠物质资本的积累,即通过占有更多的资源如能源、土地等,使用更多的机器代替人工来提高劳动生产率促进经济的发展。而在服务经济中,人力资本取代物质资本成为主导经济增长的最重要因素。物质形态的投入品的作用将越来越小,而凝结了知识、技术等的人力资本与经济增长的关系将日趋紧密。这就使轻型化、低能耗、低污染成为服务经济的突出优势和结构特征。五是产业高度融合。从产业间关系来看,在信息化背景下随着互联网等IT技术的广泛应用,服务经济内各产业间呈高度融合的态势。六是服务贸易成为国际贸易的重要内容。随着服务经济发展,以跨国公司为主体的全球服务产业链加速形成,全球服务贸易出现了加快发展的趋势(陈继勇、姚博明,2012)。

2. 行业内部特征

一是服务业内部:以现代服务业为主,传统服务业为辅。在服务经济发展阶段,服务业结构升级成为推动服务经济发展的关键因素,服务业和知识型社会服务业成为服务经济发展的龙头。从服务业内部来看,高人力资本含量、高技术含量、高附加值的现代服务业在服务

第一章 迎接服务经济时代的到来

业中占据主导地位。而增加值低、乘数效应小和劳动力素质较低的传统服务业则处于辅助地位。如欧盟在20世纪末的最后五年中，现代服务业中的就业人数增长率比总体服务业就业人数增长率提高了61%。二是制造业内部：以先进制造业为主，传统制造业为辅。从制造业内部来看，广泛采用先进技术和设备、现代管理手段和制造模式科技含量较高的先进制造业在制造业中占据主导地位。随着制造业与服务业加速融合和科技革命的深化，进一步加快了传统制造业向先进制造业的转变。从20世纪80年代开始，美国、加拿大、日本和欧洲各国以及新兴工业化国家或地区的高技术产业迅速发展。1995年后，高技术产业的增长速度更是年增10%以上，是同期其他制造业增长速度的3倍。三是农业内部：以订单农业、旅游农业为主，传统农业为辅。从农业内部来看，订单农业、旅游农业占据主导地位。随着城市化和服务业向农业的扩散和渗透，现代化的服务理念、技术手段对传统农业进行了改造。融生产、生活、生态于一体的高度现代的都市型农业、观光农业、旅游农业等蓬勃发展，引领了服务经济中农业发展的新方向（景跃军、杜鹏，2012）。

五、稳定增长是国际服务经济的运行特征

1. 适度增长

服务经济的增长不像工业经济那样大规模投资和更新推动，因此劳动生产率提高较慢。同时由于大量吸纳劳动力，相对生产率也较低。因此，相对工业经济增长速度较慢。以两类国家为例：第一类是英国、美国等服务业占比已经达到70%以上的国家，其国内生产总值（Gross Domestic Product，GDP）增长较为平缓，基本不超过4%；第二类是韩国等服务业占比为55%左右的国家，GDP年增长率大概在5%左右。

2. 稳定增长

服务经济不像工业经济那样，以周期性行业为主导而在危机时容易陷入全面衰退的状态；它既有周期性行业也有反周期性行业，会产生相互抵消作用，使得经济增长相对稳定和适度，因而具有经济稳定器的作用。例如，在这次世界金融危机中，文化娱乐产业逆势增长使得整个经济不像"大萧条"时期那样全面停滞。

3. 财富（价格）推动

由于服务性部门的劳动生产率增长率慢于工业部门，但货币工资增长率首先取决于劳动生产率增长较快的部门，即服务性部门的货币工资增长率要向工业部门"看齐"。而在现代资本主义经济制度下大多数产品的价格是实行"成本加成定价"制（即在上涨的工资成本之上相应地加上固定的利润来确定价格水平），因而随着两大部门的货币工资的一致增长，物价水平就相应地成比例上涨，就服务性部门的产品而言，需求的价格弹性较小，而收入弹性较高，由于工资成本的上升，势必产生物价的普遍上涨。因此，在服务经济中服务业比重的上升很大程度上依靠价格因素的推动。

4. 创新引领

服务经济的形成和发展实际上是企业经营能级提升和市场经济中的商务模式创新的结果。伴随着技术进步特别是信息技术的不断发展，服务业的经营模式不断创新，涉及技术、产业、组织、管理、业务流程等方面，推动了服务业的迅速发展和升级，产生了大量的服务新业态、新产品、新方式。专业店、连锁店、无店铺销售等新型业态正在发展壮大；B2B（Business To Business，B2B）和 B2C（Business To Corporation，B2C）等电子商务蓬勃发展；在物流与供应链管理、教育培训管理咨询、研发设计、市场营销等领域也涌现了很多新的服务业态和经营模式，无线射频、自助服务机、商业智能等正引领商务服务业的发展潮流。服务业的服务方式呈现网络化、连锁化、信息化等现代化发展趋势。

六、集聚发展是服务经济的布局特征

在服务经济时代，城市成为服务经济发展的主要载体。服务业发展存在着明显的向城市集聚的发展特征。主要体现在：一是服务业向城市特别是大中型城市集聚，大型城市成为引领地区和国家服务经济发展的龙头；二是向城市内部的特定区域集聚，形成综合性或专业化的服务产业集群，如中央商务区（Central Business District，CBD）、金融城、商业街等服务业集群；三是向制造业集聚区域集中，并与相关制造业融合互动发展。例如，伦敦作为国际性航运中心，集聚了船舶制造与维修、航运交易、港口物流、金融保险等大量制造业和服务业，形成了与港口和航运高度相关的制造业与服务业集群。因此，城市已经成为服务经济的发展中心，现代城市特别是国际化大都市和经济中心城市已经成为服务业集聚和服务经济发展的主要载体。

七、服务经济发展的环境特征：更高的制度环境和综合配套环境要求

第一，服务经济发展对市场经济制度具有更高层次的需求。服务经济的发展有赖于现代市场经济制度的不断完善。在服务经济中交易的主要对象通常表现为一项权利，而不是实物。而在工业经济中交易的对象多为有形的产品。有形商品的交易对制度的依赖性相对较弱，以汽车为例，因为汽车是有形物，可以让买方试看试开等，这些举措可以大大规避交易风险，即使信息披露、合约权益保护等制度不完善也能大量的交易。但在服务经济中则不同，以证券市场为例，交易的对象是一份合同保障的权利，它没有形状，可以值很多钱也可以一钱不值，关键在于是否有完善的信息披露和合约权益的保护制度来保证其价值。因此，与工业经济相比，服务经济要求更加完善的制度环境。工业经济时期政府主导引进国外先进技术并与本地较廉价的劳动力相结合这样的"大园区""大工程"类的增长模式在目前已经难以为继。让制度发挥更重要的作用在服务经济时代尤为重要。因此，与制造经济需要的制度环境相对应，服务经济对制度环境提出的更高要求表现在：一是要求更加贴近市场、易于操作的法律体系，如迪拜直接应用英美法系的不成文法，采取案例判决就取得了很好的推动

效果；二是要求更加简单高效、易于执行的司法体系，如欧美国家加强对于服务经济中产生的法律判决的执行，使得服务经济的发展得到了充分保障；三是要求更加健全和透明的信用体系，这对于以权益为主要交易产品之一的服务经济时代更为重要；四是要求更加公正开放的市场体系，以保障税收、准入和监管的公平有效。

第二，服务经济发展对综合配套环境要求更高。易于交流的信息环境、美化的生活环境、便利的交通环境等硬件条件也是推动服务经济发展的重要因素。服务经济是后工业化城市发展的基础。后工业化城市侧重于与外界、与全球城市网络和全球经济的联通性，传统工业型城市则侧重于存量资源的增加，是流量资源进入城市后的凝结和固化。因此，与工业经济相比，服务经济内部的生产者服务业对发展环境，如交通讯息网络、文化商业氛围、宜居性等都提出了更高的要求。城市基础设施的改善、城市功能的强化为服务经济发展提供了良好的物理空间和物质条件，有助于服务业的区位集聚及产生积聚效应。而信息技术和信息交流平台等基础设施的完善，将为服务经济提供有力的技术基础，大大增强服务经济的供给能力和服务范围。

第三节 为什么国际服务经济如此重要？——其地位与作用浅析

由于服务经济具有高人力资本、高技术、高附加值的特性，因此国际服务经济在当今的世界经济格局中发挥着举足轻重的作用，主要体现在以下几方面。

一、有助于从根本上引领全球经济发展方式转变

一是现代服务业能创造需求，引领消费。现代服务业是从企业整体价值链中增值最大、最具竞争优势、最具战略性的高级环节中垂直分离出来的，又因为其以人力资本、高技术为主要生产要素，现代服务业位居重要的社会创新地位，其生产的产品具有很强的市场垄断性和市场竞争性（熊尚鹏，2007）。二是现代服务业有效降低不同经济体之间的交易成本，提高社会劳动生产率。现代服务业之所以出现，是因为在企业自我生产服务成本明显高于社会生产服务的成本情况下，企业将内部的融资、咨询、运输、创新等企业功能外部化所致。现代服务业的出现是经济社会发展和社会分工专业细化的必然结果。三是现代服务业有力引导企业采用先进的生产方式和销售方式。如现代服务中的针对企业的研发和策划，就使企业在生产一代的同时，还要研制一代，储备一代。IT技术的应用和推广则可提高制造业生产环节智能化、数字化水平，减少浪费，提高生产和交易效率。现代物流业则迫使企业运用IT技术和现代物流管理流程，以实现企业销售环节与社会流通行业的有效对接。现代服务业从更高层次上为企业开辟了一条加快发展、创造利润的道路。因此，现代服务业所引领的经济发展方向，对市场主体具有巨大吸引力。

二、在生产环节上直接推动经济发展方式转变

生产环节是经济发展方式转变的关键环节，诸种经济增长要素是否在生产环节占主导地位将直接关系到经济发展采取何种方式（胡超、张捷，2010）。现代服务业根源于生产，内生于工业之中，与制造业融合生长，两者相互作用、相互依赖，共同发展。制造业的提升改造，离不开现代服务业的支撑。社会的进步与科技的发展，使生产劳动的外延不断向非物质部门拓展，生产越来越变得是对附加科技和人力智能的原材料的加工转化，生产服务业则担负起对原材料高科技附加和高人力资本附加的任务。生产服务业以提高产品科技含量、注入消费理念、提供服务功能等方式先行投资于原材料，在产品诞生的一刹那，生产服务业的诸多要素投入完成了价值创造，现代服务业创造产品价值。事实上，现代服务业占据了现代生产最为关键的两个环节——研发和销售。现代服务业在企业研发环节直接控制企业生产什么，在销售环节直接控制企业生产产品的价值实现程度。

三、开辟人力资本和技术资本进入生产过程的途径

现代服务业以人力资本、技术资本和知识资本作为其主要投入，故其产出已包含着密集的知识和技术要素。现代服务业对社会具有强渗透性，现代服务业依靠电子信息和网络技术搭建了一个面向全社会的服务平台，可以为企业、个人、政府和事业单位提供诸如产品研发、咨询、金融、会计、销售等各种服务；现代服务业对各产业有深度关联性，与第一、第二、第三产业融合生长，相互促进，服务企业产前、产中和产后，现代服务业优化经济结构；现代服务业对企业生产环节具有贯通性，使其自身附着的知识、技术和人力资本随其为生产环节服务而转入生产环节。因此，现代服务业是知识和技术社会化应用化的重要载体，现代服务业是人力资本和科学技术进入生产环节的有效载体。

四、培养和储备人力资本和科学技术

首先，现代服务业在发展过程中为了实现信息对称和接近客户，在客观上呈现出空间集聚特性，现代服务业往往集中在现代化的大城市中。因现代服务业集中而产生的规模效益，有利于城市发展和应用科学技术，提升人力资本质量。事实上，现代服务业的空间集聚在社会层面培养和储备了人力资本和科学技术，营造了有利于科技发展的人文环境，为转变经济发展方式孕育着潜能和力量。其次，现代服务业能够大量吸收劳动力，提供较第一、第二产业更多的就业岗位，这有利于各国经济增长方式的转变。经济发展正确之路，实际上是扬长避短，发挥比较优势，我国比较优势不在自然资源，而是人口资源。低素质众多人口是经济发展的负担，而高素质的众多人口则是经济发展的优势。现代服务业在为社会和企业服务的过程中，恰是运用知识和科技武装提高劳动者的过程。

综合以上分析，国际服务经济未来在推动全球经济发展和转变经济增长方式中处于决定

第一章 迎接服务经济时代的到来

性的地位，具体表现为：

（1）现代服务业拥有实现经济发展的两个决定性因素——科学技术和人力资本。这两个要素对物质资本和自然资源具有深度开发、提高使用效率、提升价值的功能和作用，能广泛渗透并作用于物质资本和自然资源之中。与经济体制的关系，则表现为经济增长的内因和外因上。科学技术和人力资本，及其可改造影响的物质资本和自然资源是经济发展的内因，是经济发展的内在根据，而经济体制通过制度、政策等因素来影响经济发展的速度和质量，是经济发展的外因。从内因是外因变化的根据这一辩证唯物主义的观点来看，科学技术和人力资本是经济发展的重要决定因素，由此导出现代服务业同样是经济发展方式转变的重要决定因素。

（2）现代服务业在转变经济发展方式中处于决定地位发展的外因。第一，现代服务业在推动经济发展方式转变中作用深刻而广泛。从深刻度上看，现代服务业贯穿于生产环节。现代服务业源于生产，服务于生产，是现代生产不可或缺的重要部分；从广泛度上看，现代服务业与各产业具有广泛关联性，广泛地渗透于各产业中，深刻影响各产业的发展进步。因此，现代服务业对转变经济发展方式具有直接推动作用。第二，现代服务业能持续支撑经济增长。高依赖知识技术、低依赖自然资源的特性，使现代服务业产品呈现出高需求弹性，其利润空间十分广阔。况且，人力资本和科学技术具有规模效应和正向外部性，一般不会出现报酬递减特征，使经济增长越来越走向依靠效率和创新支撑的轨道，能从根本上支撑经济持续健康发展（张智，2011）。

☞ 案例分析

商业案例：现代服务业的创新与发展

"阐旧邦以辅新命"，用著名哲学家冯友兰晚年自勉对联中的一句来形容中国历史发展的新阶段，足以当之。即便是用来比喻现代服务业在"十二五"期间的重要地位和国家转型发展中的作用，也不为过。

日前，来自中国工商银行的数据显示，截至2014年第三季度末，工行向现代服务业发放的贷款余额已经超过万亿，达到了10 341亿元，较年初增加2 551亿元，增幅达32.74%，是全行公司贷款平均增幅的3.3倍。自2008年工行将现代服务业作为信贷支持的重点领域以来，现代服务业融资业务强劲的成长势头，预示着行业的快速成长与巨大潜力。

在"十二五"规划中，现代服务业是国家转型发展的重头戏。第二产业中的大型企业正通过各种手段，积极推进优化转型，与此同时，庞大的现代服务业本身也在思考着实现自我升级。

新兴产业的诞生往往取决于经济的发展。现代服务业的形成同样如此，经济增长使得社会对服务的需求越来越高；社会专业化和市场化程度的提高使得服务活动开始具有独立性；科学技术的进步使得服务业趋向专业化。于是，现代服务业应运而生。如果查询文献资料，"现代服务业"是一个典型的具有中国特色的词汇。它不像其他许多经济学词汇那样源于西

国际服务经济概论

方的学术文献，最早却是出现在 1997 年 9 月党的十五大报告中。

现代服务业的本质是实现服务业的现代化。服务业的概念最早源于西方"第三产业"这个概念，1935 年，英国经济学家、新西兰奥塔哥大学教授埃伦·费希尔在其著作《安全与进步的冲突》一书中，最先提出了"第三产业"概念，按照费希尔的观点，"第三产业"泛指以提供非物质性产品为主的部门，如旅游、娱乐、文化、教育、科学和政府活动等。20 世纪 60 年代以后，全球呈现出工业型经济向服务型经济转型的大趋势，服务业在就业和国民生产总值中的比重不断加大，2000 年全球服务业增长值占 GDP 比重 63%，主要发达国家占到 71%，在社会进步、经济发展、社会分工的专业化需求刺激下，现代服务业应运而生，它包括新兴服务业，也包括对传统服务业的技术改造和升级。

如果按照现代服务业的标准来判定，现代服务业发展大大快于传统服务业，1970～1986 年美国现代服务业的产值和就业分别增长了 173.3% 和 200.8%，远高于传统服务业 91% 和 85.3%。现代服务业的发展大大加快了信息流、资金流、技术流、人才流和物流，已经成为衡量一个国家经济发展水平和现代化程度的重要依据，也是国际竞争的新焦点。

案例资料来源：引自《复旦商业知识在线》2012 年 11 月 28 日，杨奇霖、王颖颖"商业案例：现代服务业的创新与发展"。

案例讨论题：鉴于服务业在现代经济中的重要性，你对发展服务经济有何建议？

本章小结

（1）国际服务经济，是指以第三产业为主要载体，以人力资本为基本生产要素，以国际服务贸易、服务外包等为主要表现形式并以跨国为基本生产单元而联结起来的一种有别于传统农业、工业经济的经济结构、增长方式以及社会形态。

（2）"服务化""融合化""网络化""高端化"是国际服务经济的形态特征。

（3）由于服务经济具有高人力资本、高技术、高附加值的特性，因此国际服务经济在当今的世界经济格局中有着举足轻重的作用。

思 考 题

1. 请阐述国际服务经济的定义？
2. 服务经济与农业经济、工业经济有何不同？
3. 试分析国际服务经济在现代经济中的地位与作用？

网络练习

1. 请在网上查阅发展服务经济的对策。
2. 试阐述发展现代服务经济对我国经济的影响。

第一章 迎接服务经济时代的到来

自 测 题

1. 为什么说服务经济是现代经济充分发展的社会经济形态?
2. 服务经济由哪些机制交融演进而成?
3. 简述国际服务经济的八个特征。

第二章 国际服务经济发展现状

本章学习目标
- 掌握国内外服务业的发展现状；
- 掌握国内外服务贸易的发展现状；
- 掌握国内外服务外包的发展现状。

开篇案例

随着经济金融日益全球化、一体化，以金融服务外包为主体的国际金融服务产业转移步伐不断加快。从我国金融服务外包特点出发，制定具有科学性、前瞻性和可操作性的金融服务外包发展战略，大力发展金融服务外包产业，对我国产业结构升级和经济发展方式转变具有十分重要的意义。

我国金融服务外包仍处于初级发展阶段，主要由以下三个方面决定：

一是金融服务外包监管等配套政策出台时间较短，尚不完善。我国金融服务外包始于20世纪90年代的IT外包，但直至2004年中国银监会才陆续出台了一些与银行业务外包有关的规定，保险业尚未出台与保险业服务外包有关的监管规定或指引。

二是包括金融服务外包在内的服务外包业规模较小。全球市场份额方面，截至2007年3月底，印度外包产业占全球市场份额为44%，而中国仅占4.9%的市场份额；信息服务外包方面，印度软件和服务外包产业2006~2007年总收入超过478亿美元，而我国软件外包2006年规模只有约10.9亿美元，相差40余倍；金融离岸外包服务方面，印度独揽全球80%的金融离岸外包业务，我国占比很低。

三是服务外包企业发展仍处于初级阶段。一般地，可将外包企业的发展划分为三个发展阶段：第一阶段是以为发包方提供较低成本的人力资源和基础设施等为竞争力；第二阶段是以流程建设和行业经验为竞争力，能够告诉客户他不知道的东西，帮助他找到更好的方法，现在只有少数几家中国服务外包公司具备这一能力；第三阶段是以知识产权（IP）为竞争力，这是服务外包企业的最高境界，这类企业需要有极强的行业背景，具备提供咨询服务的能力，实际是某个垂直行业的标准制定者。三个阶段越往上端，附加价值越高，竞争实力越强。目前大多数中国服务外包公司仍处在第一阶段。

案例资料来源：摘选自《当代金融家》2010年3月5日，杨琳"中国金融服务外包现状及前景"。

案例讨论题：当前我国的服务外包发展水平仍处于初级阶段，对此你有何看法？

第二章 国际服务经济发展现状

第一节 国际服务产业发展现状

一、全球服务业发展现状

1. 全球服务业逐渐取得经济主导地位

在经济全球化和信息化的推动下,自20世纪70年代开始,全球产业结构呈现出"工业型经济"向"服务型经济"的重大转变。自此拉开了国际现代服务业突飞猛进的发展序幕。全球服务业也呈现出快速增长的势头,使得各国的服务业产值在其国家的整个经济中的比重持续上升,如今多数国家的服务业产值在整个国家的经济活动中逐渐取得了主导地位(徐冠华、刘冬梅等,2009)。

从时间上来看,服务业比重的增加逐年加快,特别是低收入国家和中等收入国家的情况更加明显。而从国家来看,据有关资料显示,美国、德国、英国和法国这些发达国家,其服务业产出比重近年来已经上升到接近或达到70%,这些原来以制造业闻名的国家,现在却是以服务业为经济的绝对主体和动力源泉。相比于这些发达国家,发展中国家的比重相对要小得多,但也都超过了50%以上,并呈现出快速增长态势,对本国经济的发展同样起到了很强的促进作用。

2. 全球服务业就业人数持续增加

随着经济的发展,人均国民收入水平的提高,劳动力在第一、第二、第三产业中的比重,表现为由第一产业向第二产业、再由第二产业向第三产业转移的趋势,推动这种转变的动力是在经济发展过程中各产业之间的人均收入存在着差异。国际经济发展的历史经验表明,人均GDP在1 000美元以上,产业结构处于快速变动期,特别是服务业将处于加速发展的转折点,由此可见,经济增长和就业结构变化之间具有很强的相关性,经济发展过程也是经济结构变革的过程,发达的经济都有很高的服务业就业人口。

全球服务业就业比重和产出比重一样,自20世纪80年代以来一直处于稳步上升态势。例如,以20世纪90年代各国服务业就业比重的平均值和1980年比重相比,低收入和中等收入国家的比重增加了3~4个百分点,高收入国家的比重增加了近10个百分点。且在1980年低收入和中等收入国家服务业就业比重的平均水平不过40%时,高收入国家的比重已经超过50%。进入21世纪之后,服务业吸纳就业人口的比重,发达国家达到了60%~78%,中等收入发展中国家为45%~62%,低收入发展中国家为30%~45%。

3. 服务业和制造业之间逐步形成良好的互动机制

服务业和制造业之间的关系正在变得越来越密切,并形成良好的互动机制(杨书群,2012)。这主要表现在许多制造企业的专业服务呈外包趋势,制造业中服务的投入大量增加,使制造业和服务业之间彼此依赖的程度日益加深。美国企业自20世纪90年代以来,致力于提高企业的核心竞争力,而把企业的专业服务进行全球外包,这一成功的运作,极大地提高了美国产品和服务的全球竞争力。这也进一步刺激了其他国家制造业对服务业空前高涨的关注热情,全球各地的许多制造商(诸如汽车、家电、计算机等)同服务企业一样注重管理他们的服务。这些制造商已充分认识到企业要进行全球竞争必须要提供优质的服务,这不仅是企业一个至关重要的竞争手段,也是企业获得竞争优势的潜力所在。

另外,服务业迅速发展,可以为制造业的发展提供更大的空间并可大大提高其质量。近几年来,国外许多原有的制造型企业通过大规模的进入或兼并工业服务业来整合原有的业务,如通用电气公司(General Electric Company, GE)通过进入金融业为其客户提供贷款,来刺激其产品的销售;惠普公司(Hewlett-Packard Development Company, L. P., HP)通过兼并服务性企业,从而为客户提供从硬件到软件,从销售到咨询的全套服务;IBM公司在20世纪90年代由制造型企业成功转型为服务型企业等。这些均有力地说明了现代服务业与制造业之间日益密切并相互促进的互动关系。

4. 服务领域跨国公司成为推动服务业全球化的主体

目前,全球最大的500家公司共涉及51个行业,其中28个属于服务行业,从事服务业的跨国公司有281家,超过半数。另外,在制造业企业中,有相当一部分企业的服务业务的收入已接近或超过其制造业务的收入。传统制造业跨国公司正加速向服务型跨国公司转型,如IBM将笔记本电脑制造卖给联想就是其向服务型跨国公司转型的战略举措。随着这一进程的加速,越来越多的传统制造业跨国公司将成为名副其实的服务业企业。与此同时,跨国公司通过掌控研发、市场营销等核心环节和强大的供应链管理体系,在国际竞争中的地位不仅没有削弱,反而有所增强,具体表现为三个方面的提高:一是在世界产业链中的竞争优势和地位进一步提高;二是在世界价值链和利润分配中的地位进一步提高;三是对世界市场的影响力和支配力进一步提高。

5. 服务业跨国投资增长迅猛,服务业跨国购并大潮迭起

21世纪以来,服务业的对外投资存量翻了两番,占全部外商直接投资存量的比重由47%上升到67%,2012年服务业外国直接投资(Foreign Direct Investment, FDI)流量为6 723亿美元,约占当年FDI总量的73%。近年来,服务业跨国投资继续以较快速度增长,2012年服务业跨国投资比重占66%以上。

6. 服务业跨国转移由制造业追随型逐步向服务业自主扩张型转变

服务业进行跨国经营最初的动机就是向已经从事跨国生产经营的顾客提供服务,留住原来的顾客,占住已有的市场份额。但随着信息技术的应用和产业分工的深化,服务业开始不断从传统制造业中独立出来,信息、咨询、设计、财务管理、售后服务、技术支持等专业服务公司不断发展壮大,服务业转移也逐步向自主扩张型转变,不仅为原来的客户提供服务,还可以为东道国其他公司提供服务,甚至可以向第三国出口服务。如近年来跨国公司研发活动向海外大规模转移,并日益向更充分利用全球创新资源的自主扩张型转变,就是典型

第二章 国际服务经济发展现状

的例子（沙振权等，2011）。

二、国内服务业发展状况

1978年以来，我国经济总量飞速增长，经济结构也在不断完善，发展现代服务业尤其是服务业也正式提上了发展日程。目前，我国服务业发展速度快、势头强猛，成为现代服务业中最具有发展潜力的组成部分。从宏观看，我国现代服务业发展状况如下：

1. 内部结构日趋优化

电信证券业、软件业、计算机服务、创意产业以及商务服务业、现代会展业、创意产业以及商务服务业等生产性服务行业内部不断变化发展和完善。传统服务业虽然在经济运行结构中仍发挥着重要的作用，但新兴生产性服务行业快速发展，并且创新性和运行效率高。因此，生产性服务企业实现了产业结构的改善和优化，创新了商业模式，促进传统行业的改造和升级，使得生产领域得以升级，流通领域得以变革（曹勇、佘硕，2009）。

2. 服务业在一定程度上缓解了就业困难

近五年来，中国服务业得以充分发展，使得就业率不断提升，就业率达到20%，就业人数大大增加。2013年中国参加服务业的人数占到了总人数的50%以上，在一定程度上缓解了就业难的问题。

3. 服务水平和行业效率还有待进一步提高

与制造业相比，我国的服务业对外开放时间晚，开放程度低，很多行业长期处于垄断经营状态，导致服务业缺乏竞争，效率低下，因此提供服务的成本非常高。例如，我国的物流业虽发展较快，但整体服务水平和效率还比较低：一是服务方式和手段比较原始和单一，多数从事物流服务的企业只能简单地提供运输（送货）和仓储服务，在物流成本控制、物流方案设计以及供应链管理等以信息技术为基础的物流增值服务方面，没有能力全面展开；二是物流企业组织规模较小，网络化的经营组织尚未形成，缺乏必要的竞争实力；三是物流企业经营管理水平较低，多数从事物流服务的企业缺乏必要的服务规范和内部管理规程，服务质量有待进一步提高。

4. 服务业呈现聚集化发展，但发展水平偏低

从全世界来看，欧洲、印度、爱尔兰、巴西、墨西哥、美国等国家和地区都把服务外包作为经济发展的重要动力，在经济一体化的背景下，服务业在中国得到新的解读，其领域得到新的开辟、拓宽和重新分类，从此改变了传统消费性服务业的缺点。现代服务业范围宽广，也包含企业自我服务等内容，像市场调查、合理性的市场研究、新产品技术研发、风险资本、采购管理、物流配送、市场营销、人力资源培训、信息处理等活动，基本上实现独立化、专业化、准时化和外包化，且有专门的机构进行管理实施。这些技术专一、业务精确、

国际服务经济概论

效率较高、准时的机构不仅能够让企业集中力量做好专业化生产，而且可以使企业提升自己的核心竞争力，减少成本投入，增加利润，最终形成产业集聚。

相比较而言，我国服务业较世界发达国家发展水平明显偏低，历史上根深蒂固的困扰发展的体制机制尚未破除。中国现代服务行业主要发展商贸、仓储和餐饮等传统服务行业，而现代物流、信息服务行业和保险业等生产性服务行业所占比率较低，于是造成了我国服务业层次低但发展潜力巨大的现状。以后应根据我国服务业发展的局限性，以相关的支持性战略政策为基础，大力挖掘服务行业的潜力，大力推进机制体制的创新改革。

第二节 国际服务贸易发展现状

一、全球国际服务贸易的现状

1. 国际服务贸易发展迅猛，增长速度高于货物贸易

随着经济全球化和区域一体化的发展，世界经济复苏增长，企业和个人对服务的需求更加强烈，服务的国际间流动逐步兴起，服务贸易成为新的外贸增长点。根据世界贸易组织（World Trade Organization，WTO）的统计，全球服务贸易总体上呈迅猛增长的态势，2012年全球服务贸易总额达到70 620亿美元，占世界贸易总额的24%，其中服务贸易进口额达35 420亿美元，出口额达35 200亿美元，两者均比2010年增长4%。值得关注的是，国际服务出口的增长率高于货物出口的增长率，1990~2012年的服务出口年均增长率为7%，高于同期货物出口增长率的6%，服务出口规模已经达到货物出口规模的1/4。

2. 新兴服务行业不断涌现，服务贸易结构进一步调整

服务贸易不但发展速度惊人，规模不断扩大，而且涉及的部门越来越多，涉足的领域日益广泛。在全球科技产业化浪潮的席卷之下，高新技术广泛应用到服务产业，同时会计、咨询、建筑设计、计算机信息服务等新兴服务行业正在不断涌现并迅速扩张。

正是由于这些新兴服务业的兴起，世界服务贸易结构进一步得到调整。有关数据显示，一直占世界服务贸易额60%左右的运输、旅游服务在发展中呈下降趋势，其他服务（包括通讯、金融、信息、专利许可和其他商业服务等现代服务行业）则增长较快，所占比重不断上升。1988~2012年全球运输服务贸易年均增长率3%，其中金融、电信服务贸易增长率则高达7.4%，这一增长趋势使运输服务、旅游服务在世界服务贸易中所占比重不断下降，分别从1990年的28.4%和33.1%下降到2012年的18.4%和25.8%，由此可见，世界服务贸易正逐渐由传统的以自然资源或劳动密集型为基础的传统服务贸易转向以知识技术密集型或资本密集型为基础的现代服务贸易。

3. 发达国家与发展中国家发展仍不平衡，但差距正在缩小

目前，发达国家在世界服务贸易中仍占主体地位。从规模上看，2012年发达国家占世

第二章　国际服务经济发展现状

界服务贸易的比重超过74.4%，而且发达国家在服务贸易上对发展中国家存在大量顺差。从结构上看，发达国家凭借其技术与经济实力、制度优势以及规则的制订权利，在发展迅猛的知识含量高的新兴服务贸易领域存在绝对的比较优势，发展中国家在总体结构上存在明显劣势，只是在竞争日益激烈的旅游及运输等传统服务贸易部门有一定的竞争能力。比较乐观的是，发达国家有逐步向发展中国家转移服务贸易的趋势，这一趋势使发展中国家在国际服务贸易中所占的比重不断上升。据国际货币基金组织（International Monetary Fund，IMF）统计，发达国家2013年的服务贸易出口额为1990年的10.42倍，而发展中国家和地区则达到12.91倍，远远高于发达国家的增长速度，2013年发达国家服务贸易出口额占全球服务贸易出口额的比重比2001年的80%下降了6个百分点，特别是亚洲地区的发展中国家和地区服务贸易发展较快，中国、中国香港和韩国都已经进入2013年全球服务贸易出口的前15名。

4. 在服务贸易自由化的同时，贸易壁垒日趋隐蔽化

1994年的服务贸易总协定（General Agreement on Trade in Services，GATS）诞生第一次为服务贸易自由化提供了体制上的安排与保障，各国政府逐步开放服务市场，服务贸易自由化趋势遍及各个服务行业，从传统的商贸、旅游、运输到新兴的信息、金融、法律等，都成为各国谈判和扩大市场准入的对象。1997年WTO相继达成《基础电信协定》、《信息技术协定》和《开放全球金融服务市场协定》三项协议，再一次显示了日益明显的服务贸易自由化趋势。

在全球贸易自由化的浪潮下，鉴于服务贸易不易征收关税的特殊性，各国纷纷采取隐蔽的非关税壁垒措施保护本国的服务业。例如，政府通过制定不利于外国竞争者的标准制度，对外国服务提供者的进入和在境内从事服务活动设置障碍；政府在安排服务支出时，优先考虑支持本国企业；政府对本国服务出口实行隐蔽性补贴、减免税等。通过采取各种隐蔽措施，使本国服务业在国内及国际服务市场竞争中处于有利的地位。

二、我国国际服务贸易的现状

随着世界经济全球化的不断深入，服务业在产业结构调整中的地位不断上升，特别是近二十多年来，世界服务贸易发展非常迅速，在全球贸易中的比重迅速上升。我国服务贸易虽然起步较晚，但发展潜力巨大，发展空间广阔。自2001年11月10日（中国加入WTO）以来，我国服务贸易进入重要的发展时期，进出口增长迅速，贸易规模稳步扩大，贸易结构渐趋优化，国际竞争力提高，地位明显提升，已经成为世界服务贸易的重要国家之一。

1. 规模扩大，国际地位提高

我国服务贸易进出口总额从2001年的719亿美元扩大至2012年的4 346亿美元，12年间增长6倍多。其中，出口总额由2001年的329亿美元增至2012年的1 905亿美元，增长5.8倍，年均增长17.3%；进口总额由2001年的390亿美元增加到2012年的2 042亿美元，增长5.2倍，年均增长16.2%。

国际服务经济概论

在贸易总额迅速增长的同时，我国在世界服务贸易中的排名持续上升，在国际服务贸易中的地位已不容忽视。自2003年以来，我国服务出口额居于发展中国家首位。2012年，我国服务出口和进口世界排名双双攀升，其中出口居世界第五位，进口居世界第三位。

2. 传统服务贸易比重降低，新兴服务增长迅速

我国服务贸易主要集中在传统服务项目，以劳动密集型为主。加入WTO以来，随着产业结构调整步伐的加快，我国服务贸易结构在发展中渐趋优化。主要体现在旅游、运输和建筑等传统服务占较大比重，但呈现下降之势；而一些现代服务比重快速上升，特别是高附加值服务出口显示出强劲增长态势。

2012年，我国旅游、运输和建筑服务出口占服务出口总额的55.5%，较2005年下降近10个百分点；而计算机和信息服务、专有权利使用费和特许费、咨询服务、广告宣传出口占服务出口总额的比重为21%，比2005年上升约10个百分点。这一变化趋势与世界服务贸易的发展方向是一致的。2001年，运输、旅游和其他商业服务进口占我国服务进口总额的79.3%，2012年下降至70.4%。此外，我国的新兴服务进口逐年增加，尤其是保险服务、专有权利使用费和特许费、咨询服务进口增长迅速。我国服务贸易基本形成了旅游、运输等传统服务与计算机和信息服务、咨询、广告等现代服务全面发展的格局。

3. 服务贸易整体处于逆差状态

我国是服务贸易后起之国，在传统服务贸易上具有一定优势，在一些与制造业发展密切相关的生产性服务以及新兴服务贸易的发展上相对滞后。自1992年以来，在服务贸易增长迅猛、进出口规模不断扩大的同时，我国整体服务贸易一直处于逆差状态，且逆差额持续扩大。2001年我国服务贸易逆差61.3亿美元，2009年扩大至295.1亿美元，为历史最高点。2012年，我国服务贸易逆差下降25.7%，为219.3亿美元。除对中国香港呈现贸易顺差外，我国与其他四大服务贸易伙伴均为逆差。总体上看，我国服务贸易没能与货物贸易同步发展，一直是服务贸易净进口国。加入WTO后我国服务贸易平衡状况的变化显示，我国在传统服务贸易上具有一定优势，并且还有较大的发展空间；在一些生产性服务贸易上对国际市场的需求加大，反映出我国制造业发展的客观需求；新兴服务贸易发展相对滞后，国际竞争力还不高。在短期内，由于运输、旅游、金融、保险、专有权利使用和特许等的逆差状况难以改变，我国服务贸易整体仍将维持逆差格局。

4. 国际市场结构稳定，贸易伙伴集中

我国服务贸易主要伙伴国家和地区基本保持稳定，集中度较高。服务贸易进出口集中于中国香港、欧盟、美国、日本、东盟等国家和地区，这些国家和地区的贸易进出口约占我国服务贸易进出口的60%。2012年，中国香港、欧盟27国、美国、日本和东盟继续成为我国前五大服务贸易伙伴，我国与这些国家和地区的服务进出口达到2 365亿美元，占我国服务进出口总额的64%。

第二章 国际服务经济发展现状

5. 对外开放逐步扩大

加入WTO以来,我国服务业快速发展,年均增速远高于经济的平均增速,我国发展服务贸易的基础越来越坚实。经过努力,我国已经初步形成较为完善的、有效的服务贸易促进体系。我国发布了《国际服务贸易统计制度》,建立了中国服务贸易统计数据库,初步建立起我国的服务贸易统计体系;出台了《关于支持会计师事务所扩大服务出口的若干意见》;认定了国家文化出口重点企业和重点项目;建立了软件出口创新基地;举办了中国服务贸易大会、大连软件交易会等大型展会活动;组建成立了服务贸易协会等。这一切都有力地推动了服务贸易发展。与此同时,服务贸易跨部门联系机制发挥了积极协调作用,各部门、各地方在发展服务贸易方面出台了积极有力的支持措施,各项鼓励政策的出台对加速我国服务贸易发展、优化服务贸易结构、推进新兴服务贸易成长等均产生了重要作用。

6. 我国国际服务贸易发展存在的问题

我国的服务业占国民经济的比重处于较低水平,发展比较落后。因此大力发展服务贸易是中国经济和对外贸易发展的重要任务。近年来,我国的服务贸易有了较快的发展,截至2010年10月,我国服务贸易进出口的排名均上升至世界第五位。尽管面临着国际金融危机的严峻形势,我国服务贸易增长仍高于世界平均水平。当然,与货物贸易发展一样,当前我国服务贸易也存在着一些影响和制约发展的潜在问题,具体表现为:

(1) 发展滞后,长期处于逆差。

虽然我国服务贸易快速发展,并在进入20世纪90年代以后,服务贸易的增长速度超过了货物贸易的增长速度,但是无论在"质"或者"量"上都很难与发达国家匹敌。从服务贸易的差额看,我国服务贸易长期处于逆差状态。自1992年首次出现逆差以来,每年的逆差在20亿~100亿美元,实现服务贸易的平衡发展迫在眉睫。

(2) 传统服务贸易成为发展"瓶颈"。

我国的服务产业主要集中在旅游和运输上,占到服务贸易总额的56%以上。与此相比,金融、保险、通讯等新兴的服务贸易行业在我国所占比重不足8%。这说明我国在新型的服务产业上,技术和知识的发展有待加强。2012年,中国第三产业的增加值占国内生产总值的比重在40%左右,低于发展中国家50%的平均水平。服务业总体上供给不足,服务水平低;传统服务业仍处于低水平、低附加值的发展阶段;新兴服务业起步较晚,国际竞争力不强。服务贸易占对外贸易比重偏低,仅为世界平均水平的一半;服务贸易行业发展不平衡,传统服务贸易占比高达60%,与发达国家和世界整体水平相比存在较大差距。

(3) 行业专业综合型人才匮乏。

服务贸易是属于人力资源密集型行业,随着我国服务贸易的快速发展,对服务贸易领域的人才需求也急剧增加。由于我国服务贸易的发展还比较落后,对服务贸易的人才培养还不是很重视,导致服务贸易方面的人才储备严重不足,尤其是新兴服务业和知识型服务业所需的新型高级人才更是缺乏。当前,我国发展服务贸易不仅需要一批金融、保险、运输、旅游等方面的人才,更需要一批精通国际金融、国际商法、国际物流等相关专业知识和技能的专才。人才的缺乏，已成为当前制约我国服务贸易发展的重要因素。

（4）管理落后，相关法律法规不健全。

服务贸易壁垒除了传统贸易壁垒以外，新型的贸易壁垒如制度性壁垒、知识产权壁垒等成为国际服务贸易的主要壁垒。我国先后颁布了《对外贸易法》《海商法》等一系列涉及服务贸易领域的法律法规，但是在实际运用过程中，这些法律法规较抽象，可操作性较差，一些条文与国际规定不太吻合。并且，针对外国对我国的服务贸易设置壁垒、实行歧视性待遇等现象，法律中未有相关保护措施可寻，这无疑会使我国企业的利益受损。与发达国家相比，我国的立法确实存在着较大差距，未形成完整体系，甚至不少领域至今仍是空白。

第三节 国际服务外包发展现状

国际服务外包是企业充分利用国外资源和企业外部资源进行产业转移，实现全球资源优化配置的一种形式。其主要体现在跨国公司利用发展中国家的低成本优势，将生产和服务外包到发展中国家。与外商直接投资（FDI）相比，由于离岸外包更具有降低成本、强化核心能力、扩大经济规模等优势，越来越多的跨国公司将离岸外包作为国际化的重要战略选择。离岸外包兴起于制造业，但进入21世纪以来，随着服务业全球化的趋势日益增强，离岸服务外包已经成为经济全球化的主要载体，新一轮全球产业结构调整和国际产业转移的主要推动因素。由于发展中国家的技术水平、人才素质、信息服务能力、基础设施环境等要素水平不断提高，同时，与发达国家相比，保持了各类要素价格的低成本优势，大量的服务业从发达国家离岸外包给发展中国家。因此，承接新一轮跨国公司服务外包成为发展中国家利用外资，扩大服务贸易，参与经济全球化的新途径。

一、全球离岸服务外包发展现状

进入21世纪以来，全球服务外包市场潜力巨大，离岸服务外包产业规模持续扩大，已经成为推动全球服务贸易增长的主要动力和全球跨国直接投资增长的主要引擎（王铁雁、刘娜等，2012）。

1. 全球服务外包市场发展迅速

2012年，全球服务外包市场虽然受金融危机影响经历了近5年来的最低增长，但仍然保持了较大规模，全球服务外包总量为8 099.1亿美元，相当于2006年的1.2倍。其中，IT服务支出为5 885亿美元，业务服务支出为2 214.1亿美元，分别相当于2006年的1.2倍。此后，全球服务外包市场保持平稳增长，到2012年已经达到9 910亿美元。

（1）全球服务外包以ITO为主导。

全球信息技术服务外包（Information Technology Outsourcing，ITO）保持了稳定、长期增长的态势。2012年，ITO占全球服务外包总量超过60%。据联合国贸发会（UNCTAD）统

第二章 国际服务经济发展现状

计，1990 年 IT 服务外包市场为 90 亿美元，2012 年达到 2 800 亿美元，是 1990 年的 31 倍。从地域分布来看，北美和西欧等发达经济体 IT 服务支出约占全球总量的 83%，美洲地区约占 42%，欧洲、中东、非洲地区（EMEA）占 42%，亚太地区占 16.1%。从业务类型来看，全球 IT 外包支出在 IT 服务总体市场中占最大份额，达到 39.9%；项目型服务、支持与培训分别达到 2041 亿美元和 1 496 亿美元。据互联网数据中心（Internet Data Center, IDC）预测，到 2014 年，全球 IT 服务支出将达到 8 946.4 亿美元，相当于 2009 年的 1.2 倍。

（2）BPO 市场规模迅速扩大。

随着服务业市场专业化不断细分，服务提供商业务领域不断拓展，以及云计算、物联网等新技术的应用，都带来了业务流程外包（Business Process Outsourcing, BPO）的快速增长。

从地域分布来看，2013 年，美洲市场与西欧发达经济体支出约占全球的 85%，其中，美洲市场占 54.8%，欧洲中东非洲 30.3%，亚太地区占 14.9%。2013 年，亚太地区业务服务支出为 550 亿美元，增长率达到 7%，是增长最快的市场。从业务类型来看，客户关怀服务达到 586.8 亿美元，占 52.3%，其余分别为财务与会计服务（258.8 亿美元）、人力资源服务（183.5 亿美元）、培训服务（68.8 亿美元）、采购服务（25 亿美元）。

2. 全球离岸服务外包市场持续扩大

据麦肯锡预测，全球离岸服务外包市场将从目前的 800 亿美元增长到约 5 000 亿美元。其中，IT 服务、业务流程、工程服务分别为 2 400 亿美元、1 500 亿美元、1 200 亿美元。目前，在 5 000 亿美元的潜在市场中，仅有 12% 实现了离岸，到 2014 年潜在市场中将有 32% 实现离岸，市场规模将达 1 600 亿美元。到 2020 年，潜在市场需求将达到 1.65 万亿～1.8 万亿美元，其中，中国、印度、巴西和俄罗斯新增 4 500 亿～5 000 亿美元。

（1）ITO 在全球离岸市场中仍占据主导。

从业务类型来看，2013 年，全球信息技术服务、业务流程服务和设计研发服务分别占市场份额的 74%、11.7% 和 14.7%。2013 年，全球离岸 IT 服务外包市场规模为 418.5 亿美元。其中，应用软件定制开发、系统集成、应用管理外包分别为 91.36 亿美元、84.31 亿美元、80.69 亿美元（见表 2-1）。

表 2-1　　　　2009~2013 年全球离岸 IT 服务外包市场规模　　　　单位：百万美元

项　　目	2009 年	2010 年	2011 年	2012 年	2013 年
IT 咨询	1 353.5	1 402.1	1 473.6	1 572.5	1 695.9
系统集成	6 332.2	6 558.0	7 064.1	7 678.4	8 431.1
基础设施管理外包	2 410.3	2 725.0	3 157.4	3 694.1	4 452.7
应用管理外包	5 145.8	5 631.3	6 267.3	7 054.3	8 069.3
应用软件定制开发	7 997.5	8 084.4	8 432.5	8 691.5	9 136.4

国际服务经济概论

续表

项　　目	2009 年	2010 年	2011 年	2012 年	2013 年
其他	8 289.5	8 567.2	8 956.3	9 452.8	10 068.2
合计	31 528.8	32 968.0	35 351.2	38 143.6	41 853.6
增长率（%）	1.7	4.6	7.2	7.9	9.7

资料来源：国际数据公司（IDC）。

（2）全球离岸服务外包逐步向 BPO 和 KPO 拓展。

目前，虽然全球 BPO 离岸市场较小，但 2007~2012 年复合增长率将达到 25.1%，高于离岸 ITO（18.8%）的复合增长率。据联合国贸发会预测，知识流程外包（Knowledge Process Outsourcing, KPO）的市场规模以 46% 的复合年增长率，从 2003 年的 12 亿美元增长到 2012 年的 196 亿美元。近年来，随着全球产业结构调整速度加快，国际分工日益细化，导致服务外包产业链正加速向上下游两端延伸，尤其是向上游的研发设计环节、下游的售后服务环节延伸，业务类型逐渐由基础信息技术层面的外包业务向较高层次的流程外包业务拓展。服务外包几乎涵盖了 IT、金融、通讯、研发、设计、企业管理、人力资源、咨询、文化、创意等各个领域，尤其是高技术含量、高附加值环节所占比例逐渐提高。据美国商务部统计，2012 年美国呼叫中心及数据输入工作外包 1 773 亿美元，比 2002 年增加了近 1 000 万美元。调查表明，大约有 29% 的亚洲企业大部分或全部的供应链管理进行了外包，欧洲和美国则有 27% 的企业外包了供应链管理业务。在制造业设计研发方面，全球潜在离岸规模为 1 200 亿美元左右，仅有 150 亿美元左右实现离岸，2012 年离岸规模超过 240 亿美元。以市场研究、整体解决方案、金融研究、数据挖掘、设计开发等为主的高端外包活动在全球开始兴起和发展（王燕妮、李华，2012）。

（3）全球离岸服务外包发包方以发达国家为主。

目前，全球服务外包发包市场仍主要集中在美国、西欧和日韩三大市场。2007 年，三大市场分别占比为 66%、18% 和 4.9%。2013 年来自三大市场份额分别占 64.7%、17.9% 和 5.6%。从离岸方式来看，美国主要选择印度、中国、菲律宾等国家，这些地区虽然空间距离较远，但成本低、人力资源丰富。欧洲、日本则以近岸外包为主要特征，主要选择空间距离较近、文化相近的区域。欧盟侧重于东欧、俄罗斯等国家，日本外包业务的 40% 以上是在中国市场。

（4）全球离岸服务外包承接方以发展中国家为主。

目前，全球承接离岸服务外包主要来自亚洲、拉美和东欧三个地区。从三大接包地区来看，亚洲是全球承接离岸外包最多的地区，约占全球份额的 45%。但由于成本、文化、区位、语言、技术能力等因素影响，不同地区的接包特色、接包优势也逐步显现。拉美地区主要承接美国与西班牙语系国家的外包业务；东欧地区主要凭借与发包方地域接近的优势，承接面向西欧国家的外包业务；亚洲地区正逐步发展成为面向全球的离岸服务外包目的地。从承接国家来看，印度、中国、菲律宾、爱尔兰、俄罗斯、巴西等国家由于具有成熟度高、交付能力强、人力资源丰富、成本较低等优势，成为世界离岸服务外包的主要承接国家。与此

第二章　国际服务经济发展现状

同时，中东和非洲国家，如埃及、约旦、突尼斯等，由于教育水平不断提高，劳动力成本较低，逐步成为重要的承接地，越来越多的欧美和亚洲公司选择在这些国家设立地区或全球中心。

印度仍然是离岸服务外包最大的承接国家。长期以来，印度凭借其在语言、IT专业人才规模、长期积累的国际渠道、服务外包质量，以及国家产业政策支持等方面的优势，占全球ITO与BPO市场40%以上的份额。2012年全球KPO的70%转移在印度，30%左右转移在中国和其他发展中国家。在全球20大ITO与BPO供应商中，有7家是印度公司。根据麦肯锡—印度软件业和服务公司协会（McKinsey-NASSCOM）联合发表的报告，2010年，印度BPO总值增加到1 500亿美元，ITO总值增加到1 500亿美元。但是，近年来，由于印度开始出现人才供给能力减弱、招募成本和难度上升等问题，跨国公司出于自身经济安全和分散风险的考虑，开始重视对中国、马来西亚、菲律宾、俄罗斯、墨西哥、巴西、罗马尼亚以及非洲等其他发展中国家发包，这些新兴国家正成为印度强有力的竞争者。

二、全球离岸服务外包的主要趋势

1. 离岸服务外包成为企业国际化战略的主要选择

企业国际化战略是全球服务外包发展的主要推动力（卢锋，2007）。据高德纳咨询公司（Gartner）调查，2002年仅有1%的美国企业愿意将部分业务离岸外包，到2012年，愿意选择离岸外包的公司已经增加到50%以上；欧洲前"500强"公司中有近50%的企业计划将更多的服务业务离岸外包。1996年，美国销售额5 000万美元以上的大公司中有25%选择了外包，2000年销售额1 000万~5 000万美元的中小企业也很快加入外包行列，到2012年，美国年收入超过1亿美元的公司中有40%离岸外包，约有1/20的IT职位转移到海外。美国福雷斯特研究公司（Forrest Research Inc.）预测，2000年以来，美国大约离岸40万个服务业工作岗位，到2015年，美国将有330万白领工作岗位和1 360万美元的工资转移到海外。

2. 全球离岸服务外包市场呈增长态势

一是传统发包市场继续释放。根据哈克特集团有限公司（Hackett Group Inc.）对200家跨国公司的调查显示，企业计划外包的技术类职位比例由2008年的15.4%增加到2010年的25.5%。根据EquaTerra对200多家IT外包服务供应商的调查显示，金融危机后，欧美国家四成以上的企业为了降低成本，减少对软硬件开发的投资，加大了对业务的外包力度。其中，欧洲IT企业的外包需求比美国企业更大，64%的欧盟受访企业认为外包需求会增加。二是新兴发包市场增长加速。近年来，在信息技术全球化和经济全球化的推动和影响下，亚太、中欧、中东、非洲、拉美等发展中国家市场IT服务消费额已经占全球的15.4%，这些新兴市场的服务外包发展势头较快。从2008年的IT服务消费增长率来看，中欧、中东和非洲地区增长14.7%，拉美地区增长10%，亚太地区（除日本外）增长超过10%。2009年年初，塔塔咨询集团将其在东欧、中东、非洲和拉美的四个业务部门合并为新兴市场部，拓展

国际服务经济概论

这些新兴市场业务。

3. 国际并购快速发展将推动全球服务外包规模化发展

近年来，服务外包行业的国际大型并购案增加。2008年，印度企业并购数量为98起，并购金额34亿美元。印孚瑟斯技术有限公司（Infosys）以6.58亿美元收购英国安讯（Axon）；塔塔咨询服务公司（TCS）和威普罗公司（Wipro）分别以5亿美元和1.3亿美元购买花旗的企划部（Business Planning Department）和技术部门，这些大型国际并购使服务外包企业快速形成了自己的离岸机构，提高了离岸承接能力和业务拓展能力。同时，也加速了全球服务外包的规模化发展。

4. 接包市场综合优势和多元化趋势明显

（1）离岸服务外包向发展中国家转移成为必然趋势。

发展中国家以其诸多优势促使发达国家进行服务业离岸外包。低成本优势是服务外包向发展中国家转移的最重要原因，其次是发展中国家劳动力素质的提高，最后是发展中国家的投资环境日益改善对发达国家的吸引力不断增强（李晓华，2014）。例如，呼叫中心劳动力成本在发达国家占总成本的50%~70%，但外包到印度，劳动力成本比英国低80%~90%，除去设施、培训、管理等相关成本，在印度设立呼叫中心节约费用30%~40%；又如越南开发软件成本比美国低九成，仅为在印度开发软件所需成本的1/3~1/7，而且越南IT业较低的费用可以留住主要雇员，低消耗地维持项目团队，从而保持客户的延续性与熟悉程度。

除成本优势外，由于承接服务外包可以带来就业增加、产业结构提升、技术溢出效应等，许多发展中国家不断制定和完善服务外包政策与法规，加强信息安全和知识产权保护，改善通讯、电力等技术设施，加大服务外包教育培训力度，使承接服务外包的综合优势日益明显。由于跨国公司在降低成本的前提下，同样保持了服务质量，向发展中国家离岸服务外包的趋势将持续。

（2）接包国家的综合优势吸引了更多的离岸业务。

2007年，科尔尼全球离岸服务目的地指数（TM1）研究发现，单纯地依靠低成本竞争已经不足以吸引离岸业务。维持未来长期竞争力的关键，还在于依靠改善人员技能、业务环境、监管环境、商业环境、基础设施投资等要素。近年来，主要接包国家都存在不同程度的成本上升，中国和印度平均薪酬成本分别上升约30%和20%，但两国的人才优势、基础设施优势、业务环境优势、体制优势、政策优势等方面弥补了成本优势的下降，在全球离岸服务外包中依然保持优势地位。此外，菲律宾工资提高约30%，但在财会、人力资源管理、薪资管理、后勤保障等服务外包方面能力提升；巴西工资上升，但大学生增长快，IT行业优势突出，导致业务流程外包SAP和其他数据服务业务规模快速拓展；智利由于商业环境、税收结构等因素十分有利，实现了服务外包增长；迪拜发展离岸服务主要凭借宽松的税收、投资和居住政策；埃及则拥有在中东地区最庞大的人才资源，吸引越来越多的跨国公司设立外包中心；南非、以色列、土耳其等国家，由于政治环境和基础设施有所改善，也开始逐步

第二章 国际服务经济发展现状

吸引离岸外包业务。

（3）接包市场多元化格局趋势明显。

目前有更多国家进入接包市场，全球有 70 多个国家和地区出台了促进服务外包产业发展的政策。中国、印度、爱尔兰、以色列、东欧国家等已将服务外包产业发展作为重要的国家战略。同时，一些发达国家的欠发达地区为促进就业和本地经济发展，也出台相关政策以促进产业发展。例如，美国爱达荷州、印第安纳州也开始通过承接服务外包来促进本地就业与经济发展。

5. 离岸服务外包价值链由低端向高端发展

（1）离岸服务外包产业链向高端发展。

与上一轮的玩具、内衣、机电加工产品等劳动密集型产业转移相比，新一轮的离岸服务外包具有知识密集、附加值高的特征。从行业来看，软件信息技术服务、金融服务、通讯服务、生物技术服务、制造业服务、医疗服务、公共服务、文化创意服务等都是服务外包的主要领域；从生产环节来看，企业从外包简单的制造加工环节，发展到外包研发、设计、金融、供应链管理、物流等核心业务环节，外包主要集中在产业价值链的高端环节。有关数据统计，低端外包服务全球业务收入从 2003 年的 77 亿美元增长到 2012 年的 438 亿美元，年增长率为 21.3%；而高端外包服务全球业务收入从 2003 年的 12 亿美元增长到 2012 年的 170 亿美元，年增长率为 34.3%。

（2）知识流程（KPO）离岸趋势成为显著特征。

KPO 是跨国公司将业务流程的高端离岸外包到低工资国家，与 BPO 相比，KPO 是通过提供业务专业知识使企业获得高附加值。由于新技术的迅速发展带来的社会专业化分工日益细化，一个企业往往难以做到各个环节的技术全面，知识化流程越来越多地外包。例如，数据研究、市场分析、研发设计、律师服务、知识产权研究、决策支持系统等。

尤其值得关注的是，在知识流程业务中，企业核心关键业务的离岸外包在大量发生，如设计服务。以半导体产业为例，20 世纪 90 年代半导体供应商开始将封装和测试环节外包，随着集成度的提高，制造设备的成本支出增长，半导体器件供应商又将前端制造工序外包，只保留设计环节，以便牢牢掌握核心技术。2000 年以后，随着半导体市场开发成本不断上升，许多厂商设计开发费用随着销售收入的下降而减少。美国 TCX 公司董事长拉克什库玛（Rakesh Kuma）认为，美国电子行业外包的包装、装配和测试业务，营业额已经达到了行业总量比重的 20%、50% 和 100%，芯片设计也将部分和全部外包，这反映出芯片设计外包业务已经成为发展趋势。

（3）跨国公司高端服务业转移加速。

近年来，跨国公司高端服务环节向发展中国家转移的现象大量发生（赵弘，2009）。飞利浦公司向中国转移了手机生产环节后，又将手机研发、设计全部外包给中国电子（CMC）。跨国公司高端服务业转移的加速，推动了全球服务外包价值链向高端发展，其主要原因有三个方面：一是产业转移的需要，跨国公司在上一轮的制造业转移中，在东道国产生了大量的服务需求，由此推动高端服务业的积极跟进。二是获取全球创新资源的需要。目前,跨国公司离岸外包的目的已经不仅仅是降低人力成本,而是充分利用各国人才和创新要素,向开发新产品、新业务、新技术等综合能力转变。三是发展中国家技术积累增强,教育水平提高,高素质人才增加,已经具备了承接跨国公司高端服务业转移的能力。

6. 企业外包动因由成本驱动向构建核心能力转变

企业外包业务的动因除降低成本之外,更多地为增强核心竞争力,这是新一轮离岸服务外包的重要特点。正是这一驱动使企业不断地外包自己不擅长的业务,专注于自己的擅长业务。外包对企业核心能力的强化主要体现在构建核心技术、突出核心业务、改善体制弊端等方面。

(1) 企业通过外包构建核心能力的重要标志是核心业务外包。

通常来看,企业业务流程大致分为三类:一是具有后台管理性质的业务,如 IT 人力资源、金融和财务、设施管理等,这一部分业务最适合外包;二是运营业务,如物流、客户服务等,这一部分可以根据企业决策需要进行外包;三是具有核心竞争力的关键业务,如核心技术研发、设计、市场营销等,这一部分通常不实施外包。但是,随着消费市场的日益发达,产品生命周期缩短,消费者的个性化需求不断提高,要求企业提供的产品越来越个性化。因此,为了迅速提高市场开发能力,企业开始将核心业务外包给专业公司。外包作为一种缩短产品生命周期的竞争方式,有规模的公司都在尝试用更少的人员去开发更多的产品。因此,公司的利润增长更多地依靠外包获得。

(2) 外包核心业务成为构建企业核心能力的重要手段。

由于发展中国家在许多领域的核心关键技术、设计十分薄弱,往往采取向发达国家外包,然后购买其知识产权方式取得所有权。如中国的汽车、机械、航空以及电子产品等行业的许多核心设计技术都是通过这种方式获得的。此外,外包具有改善发展中国家体制弊端,完善竞争机制的作用。一个计划如果在企业内部实现,往往受内部官僚机构的影响,外包则充分利用外部机构,可以减少内部机构的摩擦影响,降低企业制度成本。上述分析判断,未来时期,发展中国家向发达国家发包的规模将逐步扩大。

7. 离岸服务外包交易方式和业务模式不断创新

(1) 离岸外包交易方式不断拓展。

从交易方式上看,离岸服务外包已经由传统的"一对一"向"一对多"模式发展,由传统的"在岸—离岸"向"在岸和离岸混合"模式发展。服务外包使跨国公司如同一个枝繁叶茂的参天大树,而承接企业则像大树上的枝权,越来越多,越分越细。传统的外包方式大多限于甲、乙双方之间,即乙企业承接甲企业产品,负责生产加工、服务向甲公司交货。由于承接商规模不断扩大,渠道增多,大规模的总承包商更多地进行转包和分包,即乙承接甲公司业务,乙将业务转包给丙公司,由丙公司为甲方生产,如此繁衍,外包业务链条不断扩展。为了减少地域差异,降低风险和管理成本,跨国公司许多外包业务采取通过海外子公司转包给东道国的本土公司或其他公司的方式完成,形成了混合模式。这一模式将为国内服务外包企业创造更多的市场机遇。

(2) 服务外包模式不断创新。

从服务发包商与承包商之间的关系上看，已经逐渐成为新型的战略合作伙伴关系，很多承包商已经成为跨国公司全球价值链上的重要组成部分。从业务提供方式上看，服务外包供应商已经从个体承接向联合承接转变，供应商之间由互为竞争对手向建立企业联盟、合资、合作、虚拟组织等协作模式发展，共同提供外包服务；从服务方式上看，外包服务已经由单纯的项目外包发展到离岸共享中心、全球交付、现场服务、ITO和BPO捆绑服务等模式拓展。随着信息技术升级，越来越多的IT服务提供商将向业务流程服务领域渗透，为客户提供整合服务。如软件服务（SaaS）、平台服务（PaaS）、基础设施服务（IaaS）等模块化服务。

三、中国的服务外包发展现状

近年来，以服务外包、服务贸易为主要特征的新一轮世界产业调整正在兴起，为我国发展面向国际市场的现代服务业带来新的机遇。中国是服务外包发展最快的国家之一，2012年中国的软件出口与服务外包达到了123亿美元，增长69%，占软件与信息服务业的12.46%。根据易观咨询的统计显示，2012年中国离岸软件外包市场的规模达到了180亿元人民币的规模。现在，中国已经成为国际服务外包市场的重要竞争者及主要目的地（李钢、李西林，2013）。

1. ITO业务仍需扩展，BPO有待突破

当前我国服务外包企业的业务类型仍然以信息技术外包（ITO）为主，占到了总规模的86%，业务流程外包（BPO）为辅，占总规模的14%。其中以ITO业务为主的企业占到了71.4%，以BPO为主的企业占到19%。ITO与BPO并重的企业占到了9.6%。76%的企业ITO业务超过70%，这些企业的ITO业务主要以软件开发为主，一半以上的企业软件开发占到了整个业务的70%以上；另外，测试也是ITO业务的一种主要形式，36%企业的测试业务在10%~30%；系统维护业务排在ITO业务的第三位，有28%的系统维护业务在5%~15%；本地化业务排在ITO业务的第四位，有20%的企业本地化业务在5%~15%。另外，在中国BPO虽然刚刚起步，但是BPO业务已经有了长足进步，无论从业务规模，还是从企业数量来看均占到了一定比例，并且发展速度较快（宋炳林，2013）。

2. 对日外包占据了半壁江山，欧美外包稳步发展，国内市场得到重视

我国服务外包排在前三位的市场是：日本49%、欧美30%、国内18%、其他地区3%，从以上的数据可以发现日本仍然是我国服务外包产业的最重要市场，不过来自欧美市场的外包份额正在稳步快速地上升，并且根据统计数据来看，一些优秀企业正在逐步将从事对日外包业务所积累的服务能力、财务资源投入到承接来自欧美的离岸外包业务；另外，更为值得关注的是国内市场也越来越得到了服务外包公司的重视，并且也在有计划、有步骤地开发高端市场及优质客户，其市场份额及重要性也在稳步上升，换个角度来看，潜力巨大的国内市场机会一定不能错失。服务外包企业通过承接海外业务，不断增强自身的能力，也更有利于参与国内市场的竞争。

3. 外资企业占据较大比例，本土服务外包商崭露头角

外商独资企业和民营企业仍然是我国服务外包企业的主力军，其所占比重超过了80%。其中，外商独资更是高达45%，这也说明服务外包产业正在逐步吸引更多的海外直接投资。另外，海外背景对服务外包企业进行市场开拓，提升全球交付能力提供了良好的条件。同时，国有和国有控股公司占到了15%，股份制公司占到了5%。

4. 中国服务外包提供商竞争能力分析

中国服务外包业务目前主要来自日本，较多属于详细设计、模块编程及软件测试等低端业务。（Kearney，2006）。与国际领先外包承接地相比，中国企业在竞争能力上还存在较大差距，下面主要从企业规模、能力成熟度模型（Capability Maturity Model for Software，CMM）/软件能力成熟度模型集成（Capability Maturity Model Integration，CMMI）认证情况、核心竞争能力认知三个方面对中国服务外包提供商的竞争能力进行分析。

（1）企业规模直接制约其离岸业务的承接能力。

目前承接国际服务外包销售额超过两亿元人民币的企业占到了大约16.5%，销售额在1亿~2亿元的占到了大约16.5%，销售额在5 000万~1亿元的占到了大约23%，1 000万~5 000万元的占到了大约16.5%，500万~1 000万元的占到了大约11%，销售收入在500万元以下的企业占到了大约16.5%。从销售额的分布情况来看，服务外包企业的销售额高、中、低规模分布相对比较均匀。从本次调研的情况分析，参与调查的服务外包企业之中员工数超过1 000人的企业达到了5家，人数最多的企业达到了5 000人，这五家企业总销售额占到了所有参与企业的37.1%，另外还有一批企业正在逐渐步入千人规模。另外，在调研的企业之中500~1 000人的企业占到了25%，100~500人的公司占20%，还有26%的企业在100人以下，人数最少的公司是20人。尽管我国已经出现了一些上千人的外包企业，但是印度的前五大外包企业都在5万人以上。与印度的企业相比，我国的外包企业还有很大的差距，规模的差距也使我国的服务外包企业在与印度等国家的服务外包企业在离岸外包市场的竞争上处于劣势。

（2）CMM/CMMI认证率大幅提升，但仍有不少企业并未认证或认证级别较低。

当前我国有超过60%的企业已经通过了CMM/CMMI3级及以上的认证，CMM认证已经成为企业开拓欧美市场的基本门槛。相比较而言，大企业对CMM认证更为重视，通过级别也较高，而人数在100人以下的小企业则大多没有通过CMM认证，即使有通过的企业，基本也都在3级以下。

（3）领域知识、技术能力、稳定的客户关系成为企业重要的核心竞争能力。

领域知识、技术能力以及与客户的稳定关系成为服务外包企业重要的核心竞争能力。在调研的服务外包企业中，当前我国选择具备最擅长技术领域的企业占到了60.9%，选择与

第二章 国际服务经济发展现状

发包方长期稳定关系的企业占到了52.2%，选择项目管理与咨询水平的占到了30.4%。调研企业选择的其他因素还包括运转有效的招聘机制、品质管理水平、行业知名度、完善的人员培养、激励措施、高效率的人力招聘、较低的人员流失率等。领域知识、技术能力、关系能力排在了前三位。根据调研还发现有些企业的核心竞争力选择了运转有效的招聘机制，这主要是因为人员外派业务，即车身车间（Bodyshop）或IT人员配备（IT Staffing）是这些公司的主要业务，快速有效的招聘能力已经成为这些公司竞争力的主要表现。

5. 中国服务外包产业发展关键制约要素分析

从发展现状来看，我国服务外包企业尚未建立足够的市场、信誉、海外直接接包能力不强、市场开拓能力不足和高端人才缺乏等是目前制约中国服务外包业发展的关键要素。

（1）企业成立年限较短，并未建立起足够的市场信誉。

有超过30%的服务外包企业成立时间超过了8年，有35%的企业成立时间在5~8年，成立3~5年占到了10%，成立时间少于3年的占到了25%。从以上数据可以发现，成立时间5年以下、5~8年、8年以上的企业大致各占1/3，另外年销售收入超过1亿元人民币的企业成立年限都在7年以上。由此可以得出，服务外包企业的竞争能力与发展年限密切相关，公司在发展过程中得到了技术能力和流程能力的提升，逐渐建立公司声誉，与客户的信任关系不断增强，这些方面的积累是企业获得市场认同的基础。

（2）海外直接接包和长期合同的比率有待进一步提高。

海外直接接包比率超过75%的企业占到37%，海外直接接包比率在50%~75%的企业占到31%，海外直接接包比率小于25%的占到了大约两成，海外直接接包比率在25%~50%的企业占到了13%，这些数据表明虽然中国服务外包企业的海外接包能力在不断提升，但是海外直接接包的比率仍然较低。在服务外包中，服务外包提供商越来越重视与客户建立伙伴关系，越来越多的服务外包企业倾向于与客户签订长期的外包合同。因为长期的外包合同有利于服务提供的稳定性、持续性，因此服务外包企业也越来越重视与客户建立长期合作、互惠、互利的信任关系。根据数据分析来看，长期合同1年以上达到全部合同3/4以上的企业大约占到40%，然而其中也有约两成企业的长期合同比例低于1/4，这些数据表明我国服务外包企业长期合同的比率仍然偏小。

（3）市场开拓能力不足与高端人才缺乏。

从制约IT服务外包企业的主要因素来看，绝大多数的服务外包企业都认为人力资源能力、市场开拓能力是制约服务外包企业发展的主要问题。另外，还有将近五成的企业认为语言文化问题、资金问题是主要的制约因素，且这些企业主要是以中小型外包企业为主，从而也在一定程度上反映出中小企业与大企业相比在资金上面临着更大的压力。除此，其他的一些制约因素还包括主要人才的缺乏，如项目经理、系统架构分析师、流程经理、市场开拓人才和程序开发人员等，这与前面分析的制约外包企业的主要因素是人力资源能力和市场开拓能力形成了对应关系。

国际服务经济概论

案例分析

中韩自贸协定第12轮谈判将在韩举行年内或签署

韩国产业通商资源部2014年7月10日表示,中韩自由贸易协定(FTA)第12轮谈判7月14~18日在韩国大邱市举行,两国就服务贸易、投资领域的自由化方式达成了进一步协议。韩国产业部评价认为,虽然双方在货物贸易领域没能取得显著进展,但在服务贸易和投资、规则与合作领域很大程度上缩小了意见分歧。在开放服务市场方式上,中韩两国一致同意在自由贸易协定生效时先发表采用正面清单方式拟定的协定文本,之后经过后续谈判重新拟定采用负面清单方式的文本。在投资领域,两国决定将现有的投资自由化相关议题和投资保护规定写入协定,过一段时间后进行进一步谈判,重新拟订包含有关投资自由化内容的协定文案。双方还同意,在新的协定文案中将按照负面清单方式写入投资自由化相关内容。据韩国产业部介绍,两国在规则与合作的谈判中也取得了不少进展。两国就有关竞争和电子商务领域的协定内容完全达成了一致,还在环境领域、海关程序、经济合作以及政府采购等方面也取得了进展。7月初,国家主席习近平对韩国进行国事访问期间,中韩两国元首商定争取年内正式签署中韩自贸协定。中韩自贸协定第12轮谈判是两国首脑会谈之后的首次正式谈判,因此备受瞩目。中韩自由贸易协定第13轮谈判将于9月在中国举行。

案例资料来源:引自《环球网》2014年7月10日。

案例讨论题:当前自由贸易盛行对国际服务经济的发展现状有何影响?试从利弊两方面进行阐述。

本章小结

(1) 在经济全球化和信息化的推动下,全球产业结构呈现出"工业型经济"向"服务型经济"的重大转变。

(2) 国际服务贸易发展迅猛,增长速度高于货物贸易。

(3) 进入21世纪以来,服务外包已经成为推动全球服务贸易增长的主要动力和全球跨国直接投资增长的主要引擎。

(4) 我国的服务经济取得了长足的进步,但相比较发达经济体而言仍存在较大差距。

思考题

1. 试阐述国内外服务业的发展现状。
2. 试阐述国内外服务贸易的发展现状。
3. 试阐述国内外服务外包的发展现状。

第二章 国际服务经济发展现状

网络练习

试上网了解印度在服务外包方面取得的成就及具体做法,并分析其对我国进一步提升服务外包水平的借鉴意义。

自 测 题

1. 我国的服务经济发展现状如何?取得哪些方面的进步?尚存在哪些不足?
2. 对全面提升我国服务经济发展水平,缩小与发达国家以及印度等发展中国家的差距有何切实可行的政策建议?

第三章 国际服务经济的理论基石

本章学习目标

- 了解劳动价值论；
- 了解三次产业演进理论；
- 了解比较优势理论；
- 了解分工理论；
- 了解竞争力理论；
- 了解服务经济的其他相关理论。

☞ **开篇案例**

假设世界上只有两个国家：英国和葡萄牙，只有两种产品：呢绒和酒，生产1单位的呢绒英国需要投入100单位劳动，葡萄牙则需要90单位；生产1单位酒，英国需投入120单位劳动，葡萄牙需要投入80单位劳动。投入不变情况下共生产出2单位呢绒和2单位酒。英国在生产酒和呢绒上劳动投入都比葡萄牙多，生产呢绒所投入的劳动是葡萄牙的1.1倍（100/90），酒是1.5倍（120/80），表明英国在两种产品的生产都处于绝对劣势。但是在呢绒上的效率比酒要高，也就是说应该在呢绒上具有比较优势。从机会成本角度看，生产1单位的呢绒的产量需要放弃100/120的酒，生产1单位酒需要放弃120/100单位的呢绒，生产呢绒机会成本小，而葡萄牙生产1单位呢绒需要放弃90/80的酒，90/80大于100/120，因而英国在生产呢绒上具有比较优势。从葡萄牙的角度，生产呢绒的投入是英国的90%（90/100），在酒上67%（80/120），说明葡萄牙在两种商品的生产上都具有绝对优势，但是在酒的生产上具有更大的优势，也就是葡萄牙在酒的生产上具有比较优势。从机会成本角度看，葡萄牙生产1单位的酒的产量需要放弃80/90的呢绒，生产1单位呢绒需要放弃90/80单位的酒，生产酒的机会成本小，而英国生产1单位酒需要放弃120/100的呢绒，80/90小于120/100，因而葡萄牙在生产酒上具有比较优势。现在让英国和葡萄牙进行分工，各自生产自己具有比较优势的产品，英国生产呢绒而葡萄牙生产酒，英国可以生产出的2.2单位的（220/100）呢绒，葡萄牙可以生产2.125单位（170/80）的酒。这样分工生产的结果是两种产品产量都高于分工前。假定英国以1单位的呢绒换取葡萄牙1单位的酒，那么英国可以多消费0.2单位的呢绒，而葡萄牙可以多消费0.125单位的酒。

资料来源：引自海闻、P.林德特和王新奎著的《国际贸易》，格致出版社。

讨论题：比较优势是国际贸易的理论，你认为该理论是否适用于国际服务经济学？

第三章　国际服务经济的理论基石

第一节　迈向服务经济时代：基于劳动价值论的阐释

在现代经济的三次产业结构中，服务业的产值占国内生产总值的比重不断提升，发达国家大多已超过60%，有的甚至高达70%以上，发展中的经济体的服务业虽然发展落后，且起步晚，但其产值占国内生产总值比重也在不断提升。服务业在促进各国经济发展和吸纳就业中正在发挥着越来越重要的作用。如何认识服务劳动？服务劳动是不是生产劳动？创不创造价值？成为理论界长期讨论的话题。本节拟基于马克思的劳动价值对上述问题进行探讨。

一、服务劳动是否是生产劳动

马克思对生产劳动的分析采用了从一般到特殊的分析方法。在分析劳动过程时，马克思考察的是生产劳动一般，他撇开了各种特定社会形态，说明凡是生产物质产品的劳动就是生产劳动。劳动过程"从产品的角度加以考察，那么劳动资料和劳动对象表现为生产资料，劳动本身则表现为生产劳动。"而在对特定社会形态进行考察时，他说："这个从简单劳动过程的观点得出的生产劳动的定义，对于资本主义生产过程是绝对不够的"（杨作书，2006）。

因此，在考察资本主义生产过程时，马克思进一步分析了生产劳动特殊，即与特定的历史的生产关系相联系的生产劳动。在资本主义生产关系下，资本主义劳动过程的实质是雇佣工人生产剩余价值的过程，对于资本家来说，生产劳动与非生产劳动的区分不再依据是否生产实物产品，而是依据是否为资本家生产剩余价值。只有那些能为资本家带来剩余价值的"直接同资本交换的劳动"才是生产劳动，而不管此时劳动生产的是实物产品还是非实物产品。如果劳动同某种收入相交换，却并不创造剩余价值，那么，即使劳动创造了实物产品，也只能是非生产劳动。因为对于资本家来说，这种不能为他带来剩余价值的劳动是毫无实际意义的。马克思指出："劳动的物质规定性，从而劳动产品的物质规定性本身，同生产劳动和非生产劳动之间的这种区分毫无关系。例如，饭店里的厨师和侍者是生产劳动者，因为他们的劳动转化为饭店老板的资本。这些人作为家仆，就是非生产劳动者，因为没有从他们的服务中创造出资本，而是把自己的收入花在这些服务上。"

因此，同一种劳动既可以是生产劳动，也可以是非生产劳动，关键取决于它是否使资本增值。"例如密尔顿创作《失乐园》，他是非生产劳动者。为书商提供工厂式劳动的作者，则是生产劳动者。"可见，区分生产劳动和非生产劳动并不是以物质生产作为界限的。并且，商品经济条件下的生产劳动也并非特指某种具体的劳动形式，而是只要是能够生产出新价值的劳动都应该是生产劳动。因此，能够生产出新价值的服务劳动也是生产劳动。

此外，经济、社会的发展及其带来的巨大变化是深化认识生产劳动性质的现实依据。当今世界，科技进步和经济全球化步伐加快，产业结构的变化显著，第三产业发展迅速，服务劳动在社会总劳动中的比重增大。在这种情况下，倘若我们仍把创造价值的劳动局限于物质

国际服务经济概论

生产领域，就会得出非常荒谬的结论：随着经济的发展和社会的进步，越来越多的人的劳动不是生产劳动、不创造价值。这显然有悖于现实和历史发展趋势。

二、服务是不是商品

服务劳动生产的是无形产品，我们称这种产品为服务产品，也可称其为"服务"。商品是用于交换的劳动产品，是使用价值和价值的统一体。服务是不是商品，关键看它是否具有上述属性，而不在于它是否以实物形态存在（程大中，2002）。

首先，我们分析服务是否为劳动产品，是否具有使用价值。有人认为，服务虽然是人类劳动但却没有实物产品。那么，作为劳动意义上的服务到底生产了什么？这种劳动的成果如何体现？其实，这种产品虽然看不见摸不着，生产出来的同时即被消费了，但它仍是具有使用价值的劳动产品：第一，从服务劳动的投入看，有投入就必有产出，就必然生产出服务产品；第二，服务产品具有满足人的某种物质或精神需要的功能，是构成社会财富的重要内容，财富是与使用价值相等同的；第三，从消费者的消费后果看，有消费后果必有消费对象，既然有消费对象存在并被消费，就必然有这种对象被生产出来。那么，服务业的产出是什么呢？服务业的产出就是服务这种无形产品。这种产品虽然看不见、摸不着，但它确实是客观存在的，只不过在它生产出来的同时就被消费了。

其次，分析服务产品是否用来交换，是否具有价值。在服务产品从生产到消费的过程中，交换确实发生了。消费者消费了服务产品后支付了费用；生产者收回货币，交付了服务产品，双方实行的是等价交换。确实，从服务产品生产和消费的同时性来看，服务生产完成后，消费者双手空空，什么也没有，这是因为服务产品已被他消费了。那么，服务作为交换的对象，是不是只是取得了"商品的形式"，有价格而无价值呢？马克思认为，商品之所以有价值，"仅仅由于它们是人的劳动的表现……不是因为它们本身是物，而是因为它们是社会劳动的化身。"服务正是这样一种"社会劳动的化身"。只不过这种社会劳动不是"化身"在实物上，而是"化身"在非实物的无形产品上，"化身"在一种流动的运动着的形式上。马克思明确肯定这种价值的存在。例如，在《资本论》第 2 卷中，他就认为不生产"使用物"的客运劳动创造价值和剩余价值。

其实，衡量服务是不是商品，不在于它是否有形，是否能同提供这些服务的人分开而存在。马克思在谈到裁缝和歌唱家的劳动时说："某些服务，或者说，作为某些活动或劳动的结果的使用价值，体现为商品。相反，其他一些服务却不留下任何可以捉摸的，同提供这些服务的人分开存在的结果，或者说，其他一些服务的结果不是可以出卖的商品。"

马克思此话的真正含意是指裁缝一类的服务提供的商品是一种能同自身分开存在的结果——将衣服做好了这样一种结果。这种结果由于能同裁缝自身分开而存在，因此，裁缝在提供这种服务时，不需消费者在现场，而是可以在这种服务完成以后，把这种服务的结果提供给消费者就可以了。消费者也完全可以在裁缝的这种服务完成后，对这种服务的结果进行消费和评价。如果这种结果不合格，消费者可以拒绝为此支付货币和拒绝消费，这种结果也就不能成为商品。因此，这种服务是其结果而不是过程表现为商品。而歌唱家一类的服务却

第三章 国际服务经济的理论基石

不能像裁缝一样提供一种同自身分开存在的结果,而只能提供一种不能同自身分开存在的服务的过程。消费者必须在歌唱现场进行消费,而不能像消费裁缝的服务一样,等歌唱完了以后才对歌唱的结果进行消费。马克思在这里把服务分成了两种类型:一类是服务的结果体现为商品的服务,像裁缝一类的服务,它的一个重要特点是,服务的结果在服务过程的最后时点上产生,服务过程和服务结果不具有同一性。对于这一类服务,生产过程不需消费者的参与,生产结果即服务结果可以体现为商品。而另一类是服务的结果不体现为商品的服务,如歌唱一类的服务,它的一个重要特点是,服务的结果是在服务过程的每一个时点上产生,服务的结果就是服务的过程,两者具有完全的同一性,消费者必须参与生产过程。因此,对于这一类服务,其生产过程体现为商品。由以上分析可知:服务是一种用来交换的非实物劳动产品,是具有使用价值和价值的商品。

三、服务劳动创不创造价值

对服务劳动是否创造价值的问题,国内学者提出了许多不同的看法。20世纪80年代初期有人认为,服务有价值,但不是服务劳动创造的,而是来自物质生产部门的价值转移;服务性劳动不形成价值,服务生产价格是物质生产部门创造的价值以类似生产价格形成的方式转化而来的;服务收入不是服务劳动者创造的,而是通过国民收入的再分配由物质生产领域转移过来的。90年代以来情况虽有所改观,但仍有不少论者认为服务劳动不创造价值,至少不是所有服务劳动都创造价值。如有的认为"对第三产业的劳动是否创造价值的问题,不应简单地做出全称判断";还有的则认为第三产业部门的价值不是由服务劳动创造的,而是由第三产业部门的非劳动要素创造的,传统的劳动价值理论容不了三次产业理论。这些观点都是值得商榷的。

价值是凝结在商品中无差别的一般人类劳动,商品的价值只能由生产该商品的劳动创造,服务产品的价值自然也就只能由生产服务产品的劳动创造出来,而不可能是由物质生产部门的劳动创造出来后,通过某种途径无偿转移的。实物生产中的活劳动只能创造实物产品的价值,实物产品中凝结的劳动时间决定服务价值的说法,是经不起推敲的。首先,如果服务的价值是由生产实物产品的活劳动创造的,则实物产品本身的价值必然始终少于生产其所耗费的劳动量,这显然违背了马克思关于商品的价值是由生产该商品的社会必要劳动时间决定的原理。同一劳动量,绝不可能既形成实物产品的价值,同时又形成服务产品的价值。其次,如果服务的价值由实物生产中的活劳动创造,则难以解释服务领域投入的不变资本通过服务具体劳动转移的问题,因为不变资本不可能在服务领域发生转移,它也不可能转移到实物生产领域中去。再次,如果服务价值来自对实物生产中的活劳动创造的价值的转移,那么按此说法,随着服务在国民经济中比重不断增大,即使生产单位实物产品的社会必要劳动时间不变,其价值也会随服务比重的增大而不断减少。于是,决定价值量的不再是价值规律,而是价值量的大小由服务比重决定的"新规律",并将导致价值规律被否定,劳动价值论被抛弃的结果。此外,对于"价值转移论"来说还有一个关键的问题是:这种价值转移的途径是什么?价值难道可以违背等价交换原则不经过交换就从实物生产领域转移到服务生产领域吗？如果实行等价交换，那这种转移又如何发生？可见，所谓"价值转移论"是完全站不住脚的。

值得注意的是，马克思对生产劳动的认识，也是随着研究的深入而不断丰富和充实的。在研究的开始阶段，他以资本主义的棉纺织业为例，认为只有物质生产部门的体力劳动才是创造价值的劳动。而当他将目光转向"劳动过程本身的协作性质的发展"，考察总体工人的劳动时，认为作为局部工人的脑力劳动者由于"成为总体工人的一个器官"，"不一定要亲自动手"，也参与了价值的创造。当马克思进一步把研究范围从物质生产领域扩大到非物质生产领域时，他明确肯定服务与物品的交换是"等价物换等价物"，服务劳动也形成价值。

第二节 向服务经济转型的必由之路：基于三次产业演进理论

产业结构理论的研究可分为两个层次：一是从广义概念出发研究产业间的关系及其演进规律，主要是三次产业间的关系；二是从狭义产业概念出发研究产业间的关系，主要是工业部门内各产业间的关系（陈晓涛，2007）。

经济学家费雪把第一产业和第二产业以外所有其他的经济活动统称为第三产业，并指出第三产业的本质在于提供服务，确立了对现代产业结构理论影响极为深远的三次产业分类法（李相合，2007）。

克拉克继承了费雪的研究成果，搜集和整理了若干国家按年代的推移，劳动力在第一、第二、第三产业之间移动的资料，经过分析得出了后来被称为"配第—克拉克"的结论：随经济的发展，即随人均国民收入水平的提高，劳动力首先由第一产业向第二产业移动，当人均国民收入水平进一步提高时，劳动力便向第三产业移动，劳动力在产业间的分布状况为第一产业将减少，第二、第三产业将增加。

美国经济学家库兹涅茨在其出版的《各国经济增长的数量方面》和《现代经济增长》两部著作中，从国民收入和劳动力在产业间的分布两个方面，对伴随经济发展的产业结构变化进行分析研究，收集和整理分析了二十多个国家的庞大数据，把三次产业分别称为"农业部门""工业部门""服务部门"，并提出了产业结构演进规律：第一，农业部门实现的国民收入在整个国民收入中的比重，以及农业劳动力在全部劳动力的比重，随着时间的推移处于不断下降之中。第二，工业部门的国民收入的相对比重，大体是上升的，然而工业部门劳动力的相对比重，大体不变或略有上升。第三，服务部门的劳动力相对比重在所有国家都呈上升趋势。但是，国民收入的相对比重却未必和劳动力的相对比重的上升是同步的。

德国经济学家霍夫曼则对工业结构的演变规律做出了开拓性的研究，他的研究成果主要体现在《工业化的阶段和类型》一书中。他把全部产业分为消费资料产业、资本资料产业和其他产业，他根据近20个国家的时间系列数据，分析了制造中消费资料工业和资本资料工业的比例关系。所谓霍夫曼定律，就是在工业化的进程中霍夫曼比例不断下降的规律：在工业化的第一阶段，消费资料工业的生产在制造业中占有统治地位，资本资料工业的生产是不发达的；在工业化的第二阶段，与消费资料工业相比，资本资料工业获得了较快的发展，

第三章 国际服务经济的理论基石

但消费资料工业的规模,显然还比资本资料工业的规模大得多;在第三阶段,消费资料工业和资本资料工业的规模达到了大致相当的状况;在第四阶段,资本资料工业的规模将大于消费资料工业的规模。虽然霍夫曼的这一理论对工业结构,特别是对工业结构中重工业化规律的研究做出了重要贡献,然后霍夫曼定律及其修正主要揭示了工业化的第一阶段即"重工业化"的结构演化规律。

20 世纪 70 年代前后,以钱纳里为首,以世界银行经济学家为代表的国外经济学家,对产业结构进行了进一步研究并取得了丰硕成果,对工业化和经济发展理论做出了重要贡献。特别是钱纳里和塞尔奎因提出的"发展模式"理论,吸收了克拉克和库兹涅茨的研究成果,把研究对象扩展到低收入的发展中国家。他们通过对多国数据的研究,得出生产要素和生产率的产业部门增长格局,用以说明在不同的收入层次上产业部门增长因素变化的一般类型,并通过对 100 多个国家和地区的 50 年代和 60 年代的经济结构全过程的研究,提出投资和储蓄只是经济发展的必要条件,而不是充分条件,最重要的是需要进行全面的结构转变。钱纳里等还特别强调应对结构变动过程的各种制约因素进行分析,这些因素应包括收入水平、资源禀赋、人口规模、政府政策和发展目标,以及国际资本、国际先进技术和国际贸易环境等,这些研究成果对工业化和经济结构理论具有重要影响,对于推动各国产业结构转换和经济进步也起到了重要作用。

产业结构理论在世界范围的发展,则得益于日本的实践和日本经济学家的研究。日本经济学家盐野谷裕一对霍夫曼定理做了更为精密和深入的剖析;筱原三代平从理论研究论证了规划日本产业结构的基准;佐贯利雄在 1981 年出版的《产业结构》一书中,揭示了日本在第二次世界大战后仅用 40 多年时间,实现轻纺工业到基础工业到重加工工业服务业的产业结构的三次转换,较快地推动了产业结构高级化过程,这一基于日本的案例充分论证了产业结构演进理论的实践性和应用性。

20 世纪 70 年代以来,以西方主要发达国家为代表的世界产业结构变化呈现出新的发展趋势。其中一个显著的特点表现为第三产业的劳动力及国民收入的相对比重均保持向上的势头,其占比达到 50% 以上。以上趋势的抬头,主要是产业结构软性化的结果。产业结构软性化趋势有两方面的内容:一是在产业结构发展过程中,第三产业的比重不断增高,出现"经济服务化"趋势;二是在所有产业中,伴随着高加工度化趋势,知识技术密集程度增高,经济发展对高技术人才的依赖大大增强。产业结构软性化趋势的客观性也可以从结构演进的动因中得到说明,初级需要的满足是人们不断推动消费向发展和享受发展,对"精神"、"闲暇"消费的需求逐渐提高,这必然要求服务业的迅速发展,成为第三产业迅速扩张的一个动因。同时经济发展也要求生产服务的第三产业跟上其发展速度。另外,伴随着技术进步和加工度的深化,单纯靠投入大量一般劳动力和资本密集,已不能促进经济的进一步增长,知识技术"软件"资源作用的提高,必然使对高技术人才的依赖度提高。

综观现代经济发展及产业结构的演变趋势,呈现出一个国家或地区工业化、现代化进程与其服务业迅速增长过程是同步的。在经济发达国家中,以提供"服务"为特征的第三产业,无论是其占国民收入的比重,还是占劳动力的比重,都超过了 50%。在新兴工业国家和地区,也呈现服务业迅速发展的特征,这种随着经济迅速增长,服务业在三次产业结构中

占据很高地位现象,被称为"经济服务化"现象。主要体现在以下两个方面:

(1) 服务业在国内生产中的比重不断增加。各主要发达国家1996年服务业产值都已占到GDP的60%以上,美国和法国的比例更高,分别达到71.42%和71.7%。几乎所有的发达国家,服务业占GDP的比重都远远超过了第一产业和第二产业的占比总和,美国第三产业是第一、第二产业总和的2.5倍,法国是2.53倍,日本是1.51倍。

(2) 服务业的就业人数占就业人数中的比例最高。越是发达国家这种趋势越明显,1998年美国第三产业的就业人数是第一、第二产业就业人数总和的2.77倍,加拿大则是2.83倍,服务业的稳定增长成为整个国民经济持续增长的主要支撑力。

第三节 国际服务经济的兴起:基于分工理论的视角

服务业作为一个独立产业是从工业中分离出来的,其形成是社会分工不断深化的必然结果。究其原因在于,社会专业化和协作化的程度越高,与此相应的服务业的发展越快。例如,工业分工的细化使得商业、运输业分离出来,成为专门从事商品交换和商品运输的行业。由于生产力的发展,生产分工越来越细,专业化水平提高,科技水平不断进步,组织管理水平同时也大大提高,使交易成本大大降低,这就促进了生产和生活过程中的自我服务转化为社会服务。因为社会服务比自我服务更节约时间成本,大量的自我服务就必然转化为社会服务。服务最深刻的根源在于实物生产过程中辅助劳动(自我劳动)的独立化和社会化,也就是生产劳动社会分工的发展。工业劳动生产率的提高,使许多人从直接生产过程中分离出去,这为服务业的发展提供了强大的物质基础和丰富的劳动力资源。服务业是在工业的母体中孕育并逐渐成熟,最终脱离工业逐渐发育为具有自己个性特征而与工业并列的新型产业。

在世界经济从工业化的制造经济阶段转向服务经济阶段的过程中,生产型服务业首当其冲的是要为工业制造业服务,这种中间需求服务本身就是工业制造业产业内部不断分工演进的结果。如前所述的,亚当·斯密和杨格所论述的分工都指出"迂回式生产"分工的特征,这种制造企业生产过程或产业链条内部的拉长、延伸、分化构成了工业化分工的根本内容。服务经济最初正是来自这种制造企业或产业内部的活动分化,它本身或许就是制造企业或产业自身生产活动中的一个部分或一个环节,或许是在新的分工体系中不断涌现的新的中间服务环节;其次,在从制造经济转向服务经济的阶段,其首要的结构变动特征也在于制造业与服务业之间相对关系地位的改变。在此前,社会经济的主导力量是工业制造业,发展最为迅速和显著的是工业制造业,工业制造业也是社会生产分工最为发达和活跃的领域,当工业经济达到相当发达的程度时,就显现出产业和企业内部日益复杂的分工体系。此时服务活动也作为一个相对独立的环节日益被分化而出,同时也作为连通日益分化而出的各个分工环节的网络体系而存在发展。正如配第特所说的,新工业产品的生产加快了产业间劳动分工的步伐,也带动了对其他经济部门,包括对服务业需求的扩大以及服务业内部的分工深化。新工业主义虽然比较极端地认为服务业只是工业发展的从属,但他们也确实点出了现代服务活动

第三章 国际服务经济的理论基石

繁荣发展的一个根本原因：现代工业生产方式出现重大变革，工业产品生产和生产组织变得越来越精巧而复杂，由此衍发出对中间性服务越来越复杂的需求。谢尔普和里德尔（Shelp and Riddle）对服务经济阶段中的服务核心定义等理论，基本上将服务经济阶段的所有重要服务都涵盖在了围绕工业制造业生产所衍生的劳动分工体系之中，这也印证了沃克用现代工业生产过程日益复杂和多样化所导致的不断扩展的"新劳动分工体系"来解释现代生产服务不断增长的原因的观点。

从本质上来讲，金融服务中的诸如信贷服务和证券服务等都是从企业内部对资金的运营调控活动中分工独立出来的；如企业内部活动增加从而衍生出资金灵活调度的需求，这在规模日益增长的企业内部再由其自身来完成会导致成本增高和力不从心，因而也就有了最早的"票号"的出现，将富余资金存入票号，放贷给需要资金扩张经营的企业，证券服务的起因发展也是类似道理。在工业化后进入新的服务经济阶段的过程中，金融等服务就日益呈现出这种由分工环节拓展不断推动其发展的趋势。在市场和企业不断扩张的基础上，生产内部越来越衍生出各种各样、多元而复杂的金融服务需求，除了传统的融资服务外，各种金融衍生产品随着企业生产经营的复杂化而不断涌现。虽然在细项分类中我们基本上把诸如金融这样的行业归入经济网络型服务业一类中，但是它产生发展和扩张的根本原因与其他生产服务业是一致的，都是产业中间需求的产物，而且随着产业分工的不断深化、拓展，这种需求呈现出日益复杂的趋势。

关于在服务经济阶段呈现非常显著增长趋势的"生产者服务"或"经营服务"，其内容包括：工程建筑服务、研究发展（Research and Development，R&D）、设计、信息和数据处理、租赁和商务服务、技术服务、会计、法律、公司企业管理、广告和其他经营服务，服务经济本身就是工业产业内部环节分工的体现。原本属于制造业企业生产源头的技术设计，在日益发达的分工体系中，逐渐分化出来，成为独立的研发机构，为企业生产提供更集中更高效的技术支持；审计、税务等企业内部会计活动在日益复杂的生产和经济制度体系下，也逐渐需要交由外部的专业化机构独立完成，从而保证生产制造过程得以更高效更流畅的进行。同时，当制造业的生产体系日益复杂，分工链条和环节日益多元化时，就会不断衍生出对整个生产体系进行协调控制管理的各种管理性服务，这些管理服务在日趋复杂的市场和生产过程中又会进一步促进以上那些专业性服务以更高的效率和先进的手段为其提供辅助配套服务，这样循环迂回从而形成了基于制造业复杂的生产体系内部分工基础之上的生产服务空前发展的局面。

第四节 国际服务经济的发展动因：基于竞争力理论

竞争力理论又称国家竞争优势理论，是由竞争战略和国际竞争力领域的国际权威之一、哈佛商学院著名学者迈克尔·波特教授提出的。他在《国家竞争优势》一书中提出了全球竞争的基本原则：要问的不再是为什么某个国家有竞争力，而是为什么某个国家在某个产业特别具有竞争力。在此基础上，波特进而提出了国家竞争优势的"钻石理论"。

国际服务经济概论

波特对多个国家、多个产业的竞争力进行深入研究后认为,产业竞争力是由生产要素,国内市场需求,相关与支持性产业,企业战略、结构和同业竞争四个主要因素,以及政府行为、机遇两个辅助因素共同作用而形成的。其中,前四个因素是产业竞争力的主要影响因素,构成"钻石模型"的主体框架。四个因素之间彼此相互影响,形成一个整体,共同决定产业竞争力水平的高低。"钻石模型"构筑了全新的竞争力研究体系,提出的竞争优势理论可以视为对比较优势原理的升华,且大大超出后者的解释范围。

服务业的国家竞争优势对一国或地区服务业的发展至关重要,竞争力理论可以阐释国际服务经济的发展动因,具体表现为以下几个方面:(1)生产要素方面的竞争优势。生产要素分为初级要素和高级要素两种,初级要素包括自然资源、气候、地理位置、非技术人力和半技术人力等,这些要素是被动继承的,或是仅需要简单的私人及社会投资就能拥有的。高级要素通常是创造出来的,包括现代化通讯的基础设施、高等教育人力及大学研究所等。服务经济的发展仅靠初级要素难以长久维持,必须借助不断发展的高级要素使之持续升级和实现专业化,从而构成了服务经济进一步发展的动因。(2)需求方面的竞争优势。波特认为,国内市场的需求会刺激企业的改进和创新,是产业发展的动力;同时,内需市场的大小对企业能否形成规模经济有着重要的影响。同有形产品相比,服务经济的消费者直接参与了服务的生产和消费过程,因此服务经济的兴起依赖于需求要素。(3)相关产业方面的优势。相关产业是指为服务产业提供投入的国内产业,其发达和完善程度关系着主导产业的产品成本、品质和信息交流,从而影响主导产业的竞争优势。相关产业的产品有效率,服务经济才会获得发展的驱动力,相关产业的产品在国际上具有竞争优势,有利于服务经济的发展。(4)企业战略、结构和同业竞争方面的优势。企业的目标、战略和组织结构往往随产业和国情的差异而有所不同,各种差异条件的最佳组合便形成了国家竞争优势,国内竞争程度高的国家,厂商所受压力大,技术改进与创新要求迫切,有利于建立国际竞争优势。来自本国竞争者的压力会使企业时时有落后的忧患意识和超前的欲望,是推动服务领域企业创新的动力。(5)辅助要素方面的竞争优势:机遇与政府。包括重大技术革新在内的一些机遇事件会使某种进程中断或突变,从而导致原有行业结构解体和重构,给某些企业提供排斥和取代另一些企业的机会。另外,政府的作用日益重要,一国政府可以通过有关的经济管理制度、法令与条例、金融、投资、税收等政策选择来影响该国服务经济的发展(李素喜,2008)。

第五节 如何更好地发展服务经济:基于比较优势理论

比较优势理论的思想主要来源于亚当·斯密的绝对优势理论,大卫·李嘉图的相对优势说、赫克歇尔—俄林的要素禀赋学说、克鲁格曼的新贸易理论和新兴古典学派的内生分工贸易理论等。一般认为,亚当·斯密在其代表著作《国富论》中首次提出了绝对优势理论,在亚当·斯密的绝对优势学说的基础上,大卫·李嘉图创立了比较优势学说。20世纪30年代赫克歇尔—俄林提出的要素禀赋学说(Heckscher-Ohlin Theory,H-O模型),经过萨缪尔森等人的后续完善,逐步形成了现代形式的比较优势理论。

第三章 国际服务经济的理论基石

一、比较优势理论对服务经济的适用性分析

建立国际服务经济理论体系，首要解决的是国际贸易理论中的比较优势理论对服务经济解释力的问题，关于这个问题，越来越普遍的观点认为比较优势理论具有普适性，由于传统的比较优势理论没有明确将服务排除在外，因此不必刻意地把服务贸易与商品贸易划分开来。例如，在李嘉图的经典模型中，用保险单代替布匹，那么只要一国的保险价格相对较低，则葡萄酒和保险单的贸易仍然会给两国带来贸易利益。持这一观点的代表人物有辛德利、史密斯、萨皮尔、卢茨和劳尔。萨皮尔和卢茨通过实证研究，提出传统的比较优势理论不仅适用于货物贸易，也适用于服务贸易，要素禀赋对货物贸易和服务贸易模式的决定具有重要的作用（萨皮尔、卢兹，1981）。辛德利和史密斯提出，尽管服务同商品相比存在显著的值得我们关注的区别，但比较优势理论的强有力逻辑完全可以超越这些区别，所以没必要专门寻求解释服务贸易的研究方法或理论，比较优势完全可以解释服务贸易（辛德利、史密斯，1984）。美国著名国际经济学家理查德·库伯认为，无论是商品贸易，还是服务贸易，作为一个简单的思想，比较优势是普遍有效的。对传统比较优势论的依赖是基于一个简单的命题，每个团体所专注的共同利益正是自身效率更高的那项活动所带来的，这个命题总是有效的，试图解释各个团体所拥有的比较优势结构的不同理论确实存在，但是其中一些甚至全部都是错误的。正如存在于商品生产中那样，比较优势业存在于服务业中（唐明，2002）。

20世纪70年代以来，经济学家们不断通过实证研究，对比较优势理论在服务贸易领域的应用进行检验，发现服务贸易领域同样存在着比较优势的"合理内核"，只不过因为服务自身的某些特征，导致比较优势理论对于服务贸易领域中的某些具体的问题上不能做出合理的解释，需要对此进行修正。

总的说来，学术界大多数学者认为，服务贸易是国际贸易的一种形式，国际贸易理论完全可以用来解释服务贸易，即服务经济也存在比较优势。当然，由于服务贸易具有许多货物贸易所不具备的特征，因此两者的比较优势是不尽相同，影响两者比较优势的因素也不是完全相同的，因此在运用比较优势理论解释服务贸易的相关问题时，应给予适当的修正。

二、影响服务贸易比较优势的因素

大多数经济学家认为，既然商品贸易中的比较优势理论可以用来解释服务贸易，那么影响货物贸易比较优势的因素也会影响服务经济的比较优势。概括起来，经济学家认为影响服务贸易比较优势的因素主要如下：

1. 要素禀赋

在 H-O 模型的基础上，迪尔多夫建立了"一种商品、一种服务"的模型来探讨服务

国际服务经济概论

贸易的比较优势。他的分析了包括以下三种情况：(1) 同商品贸易互补的服务贸易；(2) 要素服务贸易；(3) 没有物理运动的要素服务贸易。他提出，如果给定某些条件，要素禀赋是可以用来分析国际服务贸易的（迪尔多夫，1985）。达杰克和基尔兹克斯基运用 H-O 模型证明了服务贸易的数量和方向取决于各国的要素禀赋（达杰克、基尔兹克斯基，1989）。同年，密尔文运用 H-O 模型来分析要素服务贸易时，得出服务贸易和货物贸易一样可以导致均衡，但要素密集度的效应要大得多，对要素征税同样会影响贸易要素和非贸易要素的比价，影响贸易的格局（密尔文，1989）。兰格海默通过对法国、德国、日本和美国四国服务贸易资料的实证研究，也得出发达国家和发展中国家之间的服务贸易模式与它们的要素禀赋是密切相关的（兰格海默，1989）。琼斯和卢安提出要素禀赋在一定程度上影响服务贸易的比较优势（琼斯、卢安，1990），克莱维斯、巴格瓦蒂法尔维和格默尔等人相继提出服务价格的国际差异是服务贸易发生的基础。克莱维斯和巴格瓦蒂借助传统的贸易理论，主要是萨尔特的依附经济模型，解释由要素禀赋决定的服务价格与服务贸易比较优势之间具有相关性，认为发达国家在金融、工程咨询、信息处理等资本、技术密集型服务具有比较优势。从专业化中获取收益的新基础，即使贸易国具有相同的技术和要素比例，这种专业化也存在。第一，该模型提出具有较大国内市场的厂商在世界市场中有竞争优势。第二，该模型把贸易、生产率和增长三者联系在一起，这使得对比较优势的解释更具有现实意义（梯伯特，1993）。

到了 20 世纪 90 年代，格罗斯曼和赫而普曼又从研究与开发（R&D）的角度将比较优势研究从静态分析扩展到动态分析。他们构建了产品创新与国际贸易的多国动态一般均衡模型，来研究通过 R&D 产生的比较优势和世界贸易的跨期演进。格罗斯曼和赫而普曼的框架明确提出对私人投资 R&D 的激励和对 R&D 活动的资源配置，资源通过分配到 R&D 部门，会导致差异产品生产，然后就会形成沿着贸易均衡动态路径的赫克歇尔—俄林贸易模式，这种贸易模式会导致比较优势动态化的发展。通过理论回顾，我们发现在比较优势理论的发展过程中，出现了两个重要的变化：一是实证方法被引入比较优势理论分析中，理论学者通过对经验资料的实证分析来检验理论，从而增强理论的可靠性。二是新的因素进入了理论分析家常识上相对价格较低，具有比较优势，而发展中国家在工程承包等劳动密集型服务上具有比较优势（克莱维斯、巴格瓦蒂，1986）。

2. 规模经济

现代国际贸易理论的发展，已经突破传统的"完全竞争"和"规模报酬不变"的假定，探讨在不完全竞争和规模经济条件下国际贸易的决定问题，对服务贸易的研究同样如此。马库森以生产者服务贸易为例，分析了规模经济对于服务贸易的影响。他认为，在服务贸易中，由于规模经济的作用，首先进入服务产业的厂商成本较低，在这一产业具有比较优势，可以阻止后来者的进入（马库森，1986）。基尔兹克斯基运用寡头垄断模型，解释取消国内服务业管制可以促使厂商为获取规模经济而进行国际竞争，增强本国服务贸易的比较优势（基尔兹克斯基，1987）。

第三章　国际服务经济的理论基石

3. 技术差异

琼斯和卢安建立了一个特定要素模型，分析最终贸易方式选择的问题。他们将服务贸易分为服务要素贸易和服务产品贸易两类，认为它们的相对收入取决于一国服务的技术优势，贸易方式的选择取决于贸易双方在技术上的差异（琼斯、卢安，1990）。伯格斯运用修正的赫克歇尔—俄林—萨缪尔逊模型（H-O-S模型），探讨了服务贸易、服务技术出口对服务贸易双方的影响（伯格斯，1990）。他提出，服务贸易自由化和服务技术的出口一般会改善出口国的贸易条件。尽管传统的比较优势理论不仅适用于货物，而且在一定条件下也适用于服务，但是比较优势的实现对于货物和服务来说却是不同的。比较优势原则适用于服务贸易时，要考虑到某些服务行业具有一定的特征，这些特征会使某些服务或某些服务部门的具体比较优势与货物的比较优势有一定的区别。在货物贸易中，不同国家的货物贸易的比较优势可以按相同的标准通过成本计算而确定，但这在服务贸易中却是行不通的。因为服务的差异性，使得服务产品是无法批量生产的，服务的标准会因时因地而发生变化，从而影响服务产品的成本计算。同时，在不考虑交易成本的情况下，货物的比较优势通过贸易或投资都可以实现，贸易与投资是完全可以替代的。而对于要求生产者移动到消费者所在地的服务，由于服务是不可被运输和不能被储存的，交易成本的存在使得服务贸易过程中，生产者必须移动去提供服务而不是出口服务。因此我们在用比较优势理论分析服务贸易时，既要考虑到其适用性，又要同时考虑到服务的特殊性。

基于前面的分析，当立足于比较优势理论，要促进一国或一地区的服务经济又快又好的发展时，可以从要素禀赋、规模经济和技术差异等方面入手，即通过发挥上述因素的比较优势，进而推动服务业的蓬勃发展。

第六节　其他理论

除上述理论，还有以下一些与国际服务经济相关的理论。

一、服务产业发展的阶段理论

1. 罗斯托的经济增长的阶段理论

罗斯托作为非均衡经济发展理论的代表人物之一，他根据经济史的一些事实，提出了经济发展的五个阶段的理论。即"根据经济发展水平，任何社会都可以归入下面五种情况之一：传统社会、起飞前准备阶段、起飞阶段、成熟阶段和大众高消费阶段。"在这五个阶段中，服务与服务产业的发展及其重要性，由低到高递进。在传统社会，生产力主要集中在农业，服务产业还处在萌芽阶段；起飞准备阶段是一个转型时期，社会逐步趋向商业化，服务业发展开始抬头，大量的农业劳动力向工业、交通、贸易和服务业转移；起飞阶段，传统产业实现了工业化，步入了现代化进程，新的价值结构已经形成并占据了主导地位，生活的服务化开始深入人心，服务业的发展进入了一个全新的阶段；成熟阶段，也可以说是一个"纯技术阶段"，在这一阶段，高科技的发展使各个行业都受益匪浅。服务产业的发展也进入飞速发展时期，成为国民经济发展中占主导地位的产业。服务产业已经超过了工业和农业，成为三次产业的主体；在大众高消费阶段，人们的衣食住行的需求得到完全满足，人口高度城市化，就业劳动力高度"白领化"，物质资料极大丰富。人们的需求已经从物质的需求转向了服务的需求。社会全面进入了服务型社会。国民经济的发展也已全面步入服务经济与体验经济时代。在这个阶段，服务与体验成为商业发展中的关键（刘书瀚、刘小军，2005）。

2. 贝尔的三阶段理论

美国社会学家丹尼尔·贝尔提出了"后工业社会"理论为核心的人类社会发展的三阶段理论，此三阶段即"前工业社会、工业社会和后工业社会"。分析了在这三个阶段中服务产业的发展问题：在前工业社会，生产率低下，剩余劳动力多且素质差，所以服务业主要为个人服务和家庭服务；在工业社会则以与商品有关的服务业（商业）为主；在后工业社会则是以知识型服务和公共服务为主，并进一步分析了后工业社会的特征：（1）后工业社会是服务社会；（2）知识、科技和技术在社会生活中占据主要地位；（3）专业人员和技术人员具有突出的重要性；（4）价值体系和社会控制方式发生了很大变化。总之，以贝尔的后"工业社会理论"来看，服务业在经济发展的各阶段中，基本的发展历程为：个人服务和家庭服务——交通通讯以及公共设施——商业、金融和保险业——休闲性服务业和集体服务业（李建，2004）。

二、服务产业与经济结构的变动理论

1. 现代经济增长与产业结构的变动理论

西蒙·库兹涅兹认为现代经济增长具有如下的特征：人均产值持续增长、人口加速增长、生产结构和社会结构发生巨大变化。在此基础上，库兹涅茨进一步总结，现代的经济增长实际上就是经济结构的变化。它绝不仅仅是一场工业革命，它还是一场农业革命和交通通讯革命为主要代表的服务业的革命。在资源的流向上，现代经济增长的过程并不仅是各种资源向工业部门流动。更主要的是服务业在这一过程中吸纳的劳动力最多："工业化"过程并不仅是工业化过程，而是"工业服务化"的过程（黄维兵，2003）。

2. 服务与工业的关系——产业服务化和服务产业化理论

20世纪80年代，一些西方经济学家产业服务化理论认为，尽管需求最终决定生产，但是在需求结构变化不大的情况下，由于生产制度、生产要素、生产环节的变化，生产方式发生了重大的变化。服务已经渗透到生产环节的每一个领域。这种服务主要体现为中间性服务和互补性服务，即：（1）直接作为企业的中间投入；（2）作为商品交换过程中的一部分的流通和金融服务；（3）与新生产结构相适应的人力资本的形成服务；（4）对整个生产体系

第三章 国际服务经济的理论基石

进行空间上的协调和规制的所需服务。在工业生产的过程中，商品和服务是互补的，且生产者服务是服务增长的最强部分。支持产业服务化的经济学家如夏普和李尔德等人认为产业服务化必将成为今后经济发展的一个不可扭转的趋势，现代工业已经不再是传统的工业，而是新工业。

在它们中又分成两种观点：一种认为工业将变成"服务密集"，任何服务产品的生产都会融入越来越多的服务作为中间投入要素，无论什么产业将逐渐地转向服务化发展。另一种观点认为服务产业的生产方式将摆脱过去的小生产方式而融入更多的工业生产方式，服务将向产业化发展（肖祥辉、李忠民，2005）。服务产业化理论认为，西方经济中服务产业发展过度，已经超出了工业生产能力所能允许的范围。服务产业生产率增长缓慢已经成为一种障碍，阻碍着整体生产率的恢复和提高。因此，服务业的产业化便成为新资本积累和生产发展的前提条件。在这一理论中，鲍莫尔—富克斯假说为服务产业化理论提供了很好的理论基础。

鲍莫尔—富克斯假说的基础模型是鲍莫尔的两部门非均衡增长模型，这一模型的思想特别适用于分析服务业。其基本的观点可以概括为：（1）与其他产业相比，特别是与制造业相比，服务业的劳动生产率增长滞后，服务就业增长相对较快。但主因是服务业的劳动生产率增长的相对滞后。(2) 服务的需求弹性对服务产业的增长有重要影响。利用鲍莫尔—富克斯假说模型进行分析的最终结果就是：如果越来越多的劳动进入劳动生产率相对较低的部门，如劳动增长率滞后的部门，经济增长最终将趋于停滞。因此，服务产业必须提高其劳动生产率，否则将阻碍整个经济的持续增长。而对于提高劳动增长率而言，引进新技术，进行工业化的产业化经营是一条可行之路（邹统钎等，2008）。

☞ 案例分析

发展服务业应把握好两个优势

根据世界银行统计，目前世界服务业增加值占GDP的比重已达67%，发达国家超过80%。现代化的重要标志之一是服务业比重超过70%，服务业就业比例达到70%~80%。美国82%的就业人员从事服务业，2010年美国经济构成中只有10%是制造业，其余全部是服务业。服务业既带来了更多的就业机会，也带来了GDP的稳健增长。20世纪90年代以来，全球海外直接投资总额的一半以上流向了服务业，为服务贸易的发展提供了强劲动力。

我国服务业的市场化、产业化、社会化水平都不高，服务业产值仅占GDP的41%，不仅与发达国家差距较大，而且也低于世界中低收入国家43%的平均水平。我国商品流通、餐饮、修理、零售行业、交通运输等传统服务业，占整个服务业的40%左右。传统服务业以生活性消费服务为主，是直接性的、针对人的、面对面的消费服务。传统服务业具有高需求弹性、低自然资源依赖，服务的生产与消费具有两者同时进行、难以物化储存而必须由服务人员直接提供以及就业容量大等特点。作为发展中的人口大国，我国有13亿多人口，且

国际服务经济概论

处于收入快速增长阶段,对生活性服务业的需求越来越大,拥有巨大的潜在服务市场。按照"十一五"规划的目标,服务业增加值占国内生产总值比重和就业人员占全社会就业人员比重要将分别提高3个和4个百分点。这有利于经济社会自然、和谐、可持续发展和人民物质文化生活水平的不断提高。

案例资料来源:引自《陇南日报》2008年9月4日,张家华"发展服务业应把握好两个优势"。

案例讨论题:结合比较优势理论,你认为如何促进我国服务经济更好发展?

本章小结

(1)劳动价值论认为,服务劳动属于生产劳动,能够创造价值。

(2)三次产业演进理论从广义概念出发研究产业间的关系及其演进规律,同时从狭义产业概念出发研究产业间的关系。

(3)比较优势理论经修正后适用于国际服务经济的理论分析。

(4)分工理论认为,服务业作为一个独立产业是从工业中分离出来的,其形成是社会分工不断深化的必然结果。

(5)竞争优势对一国或地区服务业的发展至关重要,竞争力理论可以阐释国际服务经济的发展动因。

(6)国际服务经济的其他理论还包括服务产业发展的阶段理论和服务产业与经济结构的变动理论等。

思 考 题

1. 服务劳动是不是生产劳动?是否创造价值?试从劳动价值论加以解释。
2. 产业结构理论的研究目的分为哪两个层次?
3. 为什么比较优势理论经修正后适用于国际服务经济学?

网 络 练 习

1. 尝试在网络上搜索体现服务经济学理论的案例。
2. 尝试梳理国际服务经济学的理论发展脉络。

自 测 题

1. 服务产业发展的阶段理论包括哪些?请简要阐述。
2. 产业竞争力是由哪些因素构成的?
3. 请简要阐述产业服务化和服务产业化理论。

第四章　国际服务经济竞争力：全球视角

本章学习目标
- 了解国际服务产业竞争力的构成及概况；
- 了解国际服务贸易竞争力的构成及概况；
- 了解国际服务外包竞争力的构成及概况。

☞ **开篇案例**

服务业开放需要有新突破

当前，中国经济发展面临着新的国际国内环境，稳步增长和保持经济竞争力的提升面临众多的困难和制约因素，客观上要求中国加大对外开放的力度，特别是服务业的开放。如果说此前中国制造业的发展和货物贸易的迅速增长得益于对外开放，那么，在中国新一轮对外开放中，与货物贸易相比，服务业的发展及竞争力的提升，也唯有扩大开放才得以实现。服务业的扩大开放关系到中国经济的可持续发展及在全球经济中的竞争地位。需要认真把握和处理。

服务贸易发展状况是见证服务业开放水平的重要标志。加入 WTO 以来，中国服务贸易增长进入快速通道，除了 2009 年受金融危机影响有所下降之外，都保持了高速增长。2001 年中国服务贸易进出口额仅为 719 亿美元，到 2013 年达到 5 396.4 亿美元，增长了 6.5 倍。但总体分析，中国的服务贸易仍处于较低的发展水平。2013 年，中国服务贸易额处于世界第三位，出口 2 105.9 亿美元，进口 3 290.5 亿美元，但这一规模与世界第一大服务贸易国美国相比，差距很大。2013 年，美国服务贸易出口额和进口额分别为 6 819.7 亿美元和 4 503.4 亿美元，是中国的 3.2 倍和 1.4 倍。同时中国服务进出口总额占我国对外贸易总额的比重为 11.5%，而美国的占比则达到 22.45%。

需引起我们高度重视的是，中国服务贸易逆差呈现日益扩大的趋势，从 2001 年 61.3 亿美元扩大到 2013 年的 1 184.6 亿美元，较上年同比增长 32.1%。逆差较大的部门主要集中在运输、保险、专利使用费和特许费等，顺差部门主要有工程建筑和计算机服务。2009 年，旅游服务从顺差变成了逆差。高额贸易逆差表明中国服务贸易的竞争力同国际相比存在较大差距。2013 年，全球服务出口占世界贸易出口的比重为 20%，中国还不足 9%。

国际服务经济概论

此外,从结构看,现代服务业的份额虽在逐渐增加,但我国传统服务业仍占服务贸易的主要比重。2013年运输服务业和旅游业的进出口额仍占服务贸易总额的60%;从服务业外资地区结构看,主要来自中国香港、美国、欧盟、日本等发达国家和地区。2013年外商在服务领域的投资总额已超过制造业的投资规模,这说明我国经济结构正在发生积极的变化,对服务业的投资仍有巨大潜力。

案例资料来源:引自《凤凰财经》2014年5月28日,http://finance.ifeng.com/a/20140528/12427645_0.shtml,内容有删减。

案例讨论题: 你认为中国在扩大服务业开放、提升服务业竞争力方面能有哪些对策?

第一节 国际服务产业竞争力

科学技术的不断发展,经济结构的不断调整与优化,世界经济正面临着产业结构朝着技术、知识、服务密集的方向进行调整的时期,其中国际服务业越来越成为各国经济增长的重要支柱。目前,经济学家们对国际服务经济竞争力的研究越来越深入,大多数国家政府也越来越重视其服务经济的国际竞争力。为了搞清楚国际服务经济竞争力究竟是什么,本章将从国际服务产业竞争力、国际服务贸易竞争力和国际服务外包竞争力这三个方面对国际服务经济竞争力进行全面的阐述。其中,国际服务产业是国际服务贸易和国际服务外包的基础,因此国际服务产业竞争力决定了国际服务贸易竞争力和国际服务外包竞争力的层次,而国际服务贸易竞争力和国际服务外包竞争力同时也将反作用于国际服务产业竞争力,影响着国际服务产业竞争力的大小。本节将首先介绍国际服务产业竞争力。

服务产业竞争力实质上是一个比较的概念,界定其内涵必然涉及内容和范围这两个方面的问题:从比较的内容来看,服务产业竞争力的中心问题是各区域服务产业竞争优势的比较,其实质是服务产业的比较生产力。所谓比较生产力,是指企业或产业能够以比其他竞争对手更有效的方式持续生产出消费者愿意接受的产品,并由此获得满意的经济收益的综合能力;从比较的范围来看,服务产业竞争力比较的范围是国家或地区,也就是说,服务产业竞争力是一个区域的概念。参照这一界定,可以将服务产业国际竞争力定义如下:国际服务产业竞争力是指某国或某一地区的服务产业相对于他国或地区同一产业在生产效率、满足市场需求、持续获利等方面所体现的竞争能力。

一、国际服务产业竞争力:构建基础的力量

如前所述,国际服务产业竞争力是指某国或某一地区的服务产业相对于他国或地区同一产业在生产效率、满足市场需求、持续获利等方面所体现的竞争能力。是什么力量构建了国际服务产业的基础呢?后面将分别从宏观、中观和微观三个层面来对国际服务产业竞争力的决定基础进行探讨。

从宏观层面看,即国际间国家和地区的层面。在这一层面上决定产业国际竞争力基础的

第四章 国际服务经济竞争力：全球视角

因素主要有以下几个方面：一是政府行为。刘晓辉等（2007）认为，对于市场经济制度和市场竞争主体成熟程度不一样的国家，政府在提升产业国际竞争力时所起的作用是不一样的。在市场经济制度和市场竞争主体比较成熟的发达国家，政府只是影响产业国际竞争力的一个辅助因素。而在市场经济制度和市场竞争主体均不成熟的发展中国家或地区，政府就是一个决定因素，如我国。二是国际直接投资。国际直接投资包括两个方面的内容：利用外资以及本国产业的对外直接投资。双向的外部直接投资对于提升一国竞争优势都有正面影响，其积极影响主要表现在人员、技术、资本、设备、管理的流动上。三是生产要素。生产要素是一个国家在特定产业竞争中有关生产方面的表现。波特（1990）认为生产要素分为两种：初级生产要素和高级生产要素。他认为能创造出生产要素的机制远比拥有生产要素的程度重要。一个国家想要经由生产要素建立起产业强大而又持久的竞争优势，必须发展高级生产要素。四是相关与支持性产业。对一国某一产业的国际竞争力有重要影响的另一个因素是该国该产业的上下游产业及其相关产业的国际竞争力。如果一国存在着具有国际竞争力的供应商、完善的相关产业和支持产业，则能够使该国的主导产业降低生产成本，提高产品质量，交流产品信息，从而建立起自己的竞争优势。五是市场需求。市场需求包括国内市场需求和国际市场需求，又包括市场需求规模和市场需求层次。对发达国家来说，由于国内经济国际化程度较深，产业的发展大多处于成熟阶段。因此，国际市场需求和市场需求层次对产业竞争优势的形成都起着重要作用。而在一些发展中国家，构成产业国际竞争力基础的因素则是国内市场需求和市场需求规模。

从中观层面看，即国家产业的层面。哈佛大学经济学家贝恩于1959年出版的《产业组织》一书中提出，判断一个行业是否具有竞争性，不能只依据市场行为（如定价行为）或市场绩效（如是否存在超额利润），而要同时根据该行业的市场结构的若干要素，如市场集中度、进入退出壁垒来判断。哈佛学派以新古典学期的价格理论为基础，构造了一个"市场结构（Structure）—市场行为（Conduct）—市场绩效（Performance）"的分析框架（简称"SCP分析框架"）。该层面构建产业竞争力基础的因素主要包括以下几个方面：第一，市场结构。市场结构是对市场内竞争程度及价格形成等产生战略性影响的市场组织的特征。决定市场结构的因素主要是市场集中程度、产品差别化程度和进入壁垒的高低。第二，市场行为。市场行为是企业在重复考虑市场供求条件和其他企业的关系的基础上，所采用的各种决策行为。第三，市场绩效。市场绩效是在一定的市场结构和市场行为条件下市场运行的最终经济效果，主要从产业的资源配置效果和利润率水平、与规模经济和过剩生产能力相关的生产相对效率、销售费用的规模、技术进步状况与X费效率、价格的伸缩性以及产品的质量水准、款式、变换频率和多样性等方面，直接或间接对市场绩效优劣进行评价。

从微观层面看，即个体企业的层面。产业是由企业构成的，一个国家的企业竞争力会直接影响到该国产业在国际上的竞争力，而决定企业竞争力的核心因素是企业的资源状况以及企业运用这些资源的能力。一是知识体系。巴顿（Barton，1992）认为，核心竞争力是指企业特有的、不易交易的并为企业带来竞争优势的专有知识和信息，是企业所拥有的提供竞争优势的知识体系。这一体系包括四个维度：第一，企业的专有技能及员工的学习能力；第二，企业的技术系统，即成员知识的系统合成；第三，企业的管理系统，组织的管理制度；第四，企业的价值观系统，即企业成员共有的价值观和行为规范。二是管理整合。哈默尔（Hamel，1994）与普拉哈拉德（Prahalad，1994）认为核心竞争力的培育需要各种技能、技术、知识、资源、和能力的整合，这种整合能力是管理。整合的实质是通过管理的介入增强要素间的协同性，从而形成各要素功能的倍增和放大。而企业的本质是资源、能力和制度的有机结合，从而创造顾客价值的组织形式。而怎样才能使各种资源相协调，各种能力相配备，各种制度相兼容，最重要的就是管理整合。三是企业规模。企业规模之所以影响着产业的国际市场地位及竞争力，其根本原因在于企业规模的经济性，这种经济性具体表现在：企业规模的扩大，导致单位产品成本的下降，有利于增强产业的技术创新能力，增强企业的抗风险能力，提高企业的管理效率。四是企业文化。企业文化从层次主要分为精神文化、制度文化和行为文化三个层次。精神文化包括企业的目标、企业的价值观、企业的经营观念等；制度文化是指企业为实现精神文化所倡导的内容而在管理模式、管理方法上所做的制度性的规定；行为文化则是为规范企业内部人员的具体行为而制定的行为标准。国际上很多百年公司经历了多次产业转换而仍保持长久不衰，很重要的原因是其优秀的企业文化保障了核心竞争力的平稳过渡。

二、世界服务产业竞争力概况：以美、日、中三国为例

目前，经济全球化进程的步伐不断加快，在信息、知识、技术和全球化力量的共同作用下，全球的服务业得到了空前的大发展。较之货物经济为全球经济主导的20世纪70～80年代，服务经济现已成为世界贸易的主流。20世纪80年代以来，随着服务业在国民经济中的地位越来越重要，各主要发达国家都开始产业结构的调整，重视服务产业竞争力的培养。目前，世界服务经济呈现出国家（地区）分布格局不平衡性，发达国家仍然占据主导地位，发展中国家的服务经济地位不断上升，但就产业竞争力而言，发展中国家与发达国家的差距仍非常明显。后面以美国、日本和中国的服务产业为例简述世界国际竞争力概况。

1. 美国国际服务产业竞争力

美国服务产业总体上呈现出总额大、顺差多、增长快的特征。自1996年起，美国服务贸易进出口额一直位居世界第一，不仅总额巨大而且增长速度快，增长势头十分强劲。2012年美国服务贸易顺差额达到1 855.96亿美元，服务贸易出口额占美国GDP总额的3.8%，占总商品与服务贸易出口总额的27.9%，总体服务业的水平已逐步发展成全世界最为领先的服务贸易巨头。与此同时，美国的服务贸易产业结构也出现了一些新的变化，张希坤（2012）对美国服务业竞争力的分析表明，美国最具竞争力的是人文休闲娱乐部门，其贸易竞争指数最高时曾达到0.964；紧随其后的是建筑、金融和专利特许经营部门，这些部门在整体上基本都保持上升的趋势，竞争力优势明显；美国还是全球最大的专利和特许经营出口国。而以上行业属于知识、技术和人力资本密集型的现代服务业，这些新变化使得美国服务业的结构得到了很好的调整，不再依赖于传统的运输、旅游等服务行业。由此可以反映出美国服务业最具竞争优势的是知识、技术和人力资本密集型的现代服务业。

第四章 国际服务经济竞争力：全球视角

2. 日本国际服务产业竞争力

提高服务业的效率和竞争力，是日本经济发展中的一个重要课题。在人口老龄化和日元持续升值的背景下，日本经济正从引以为傲的制造业向服务业转型，从典型的内需型行业向海外转移。张楠（2011）通过对日本服务业和制造业1971~2009年对外直接投资量的对比发现，从20世纪80年代开始，日本服务业FDI的总体水平超过制造业FDI，成为国内对外投资的主要形式，而日本服务贸易出口也一直居于世界服务贸易出口的前五位。侯珺然（2012）对日本产业竞争力研究表明，日本服务业占GDP和就业的比重一直维持在70%左右，且呈不断增长态势，与制造业一起发挥着经济增长双引擎的作用。2000~2005年，日本服务业生产率上升2.8%，在G7中最高。虽然增速较快，但与美国的差距还是很大。据"EU KLEMS，MARCH2008"[①]统计，日本服务业中除汽车销售业、信息服务业、娱乐业和废弃物处理业，其他服务领域的劳动生产率水平在1995~2005年比1980~1995年均有不同程度的提高，与美国的差距进一步缩小。劳动生产率提高较明显的有11个行业：电力、煤气、自来水、批发、运输、通讯、金融、保险、租赁、法务、技术、广告、面向企业的服务业，以及公务和教育；还有6个行业劳动生产率提高的幅度有限，具体是研发、零售、不动产、餐饮、旅馆、医疗福利及其他服务业。日本服务业生产效率的提高主要是靠信息化推动的。

3. 中国国际服务产业竞争力

我国服务产业国际市场占有率比较低，尤其是我国保险、金融、专利许可以及个人文化和娱乐服务业国际市场占有率相当低，至2012年国际市场占有率依然还不及1%；但总体上呈缓慢上升趋势，尤其是建筑服务业和计算机信息等部门国际市场占有率上升得相对较快。同时，我国服务贸易竞争优势指数虽然常年为负，虽然总体有上升的态势，但是增势不明显，说明我国国际服务产业竞争力依然相当薄弱，虽然在增强，但依然需要大力地发展与支持。

其中，制约我国服务产业国际竞争力的主要因素主要有以下几点：

首先是我国服务业的生产要素。我国的自然资源和初级劳动力较为丰富，在旅游业、运输业等资源密集型和劳动密集型服务行业具有一定的竞争力。服务性产业的国际竞争比较优势主要是技术、知识、管理以及货币资本的积累，而非传统意义上的生产成本。而许多服务项目如金融服务、技术服务都是知识技术密集型服务，运输、通讯服务等也都属于资本密集型服务。我国经济依然处于从农业经济向工业经济的过渡和转型时期，资本和技术的积累都比较薄弱，通讯网络设施较落后，技术人才要素缺乏，高等教育及科研水平较低。因此，我国在金融、保险、咨询和专有技术等知识密集型的服务领域处于竞争劣势地位是不可避免的。

其次是我国服务业的需求条件。我国总体生产规模和居民消费水平相对于发达国家而言

---

① 来源 Eu Klems 网站：http://www.euklems.net/。

依然较低，大部分服务业的发展尚处于幼稚阶段。国内市场需求规模较小，其发展规模远未达到规模经济的水平，因而生产成本较高，导致服务产品的价格居高不下，制约了服务的生产性需求和消费性需求，而服务需求的不足难以带动国内服务业的发展，国内整体服务水平无法提高，服务经验得不到积累。因此，就不可能向国际市场提供有竞争力的服务项目。

再次是我国传统的计划经济体制对服务业发展的抑制，客观上造成了我国服务业整体发展的滞后。一方面，计划经济将各种服务活动纳入政府职能系统。服务成为企事业单位向职工提供的福利。另一方面，由政府兴办的服务企业处于市场垄断的地位，形成了国有服务部门的优越心理定式，使其生产效率低下。由于存在政府垄断，我国部分服务业长期以来处于一种竞争不充分的状态，如邮政和电信部门长期以来对我国基础电信的垄断、四大国有商业银行对我国商业银行服务业的垄断等。这种垄断不仅破坏了正常的公平竞争秩序，而且导致企业缺乏创新的动力和压力，使服务业创新不足、效率低下和竞争力缺乏（李军，2004）。

同时，我国长期以来服务业市场条块分割的局面，难以在不同服务部门间形成良性的互动循环。服务产品的流通不仅具有超越空间的特性，还有连续性、网络性、互补、互助等多种特征。服务业市场条块分割必然导致我国服务业竞争力难以提高。

最后，我国劳动力资源单一，已经成为制约服务贸易发展的因素，人力资本优势才是服务生产迎合市场的重要保证。现代服务业大多依托技术知识和管理，因而服务贸易的比较优势不再是传统意义上的成本优势，而源于集知识、技术、管理与人力为一体的人力资本。我国整体劳动者受教育程度低，难以向国际市场提供有效、高质量的服务。

第二节 国际服务贸易竞争力

国际服务产业是国际服务贸易的基础，国际服务贸易是国际服务产业的表现形式，国际服务产业竞争力决定了国际服务贸易竞争力的层次，对于服务贸易国际竞争力的研究是对产业国际竞争力研究的一个细化和应用。因此，国际服务贸易竞争力主要体现为某国或某一地区的服务产业相对于他国或地区同一产业在满足国际市场需求方面的竞争能力。服务贸易国际竞争力的研究，是以服务贸易的特点为背景，利用产业国际竞争力研究的方法对其进行深入的考察。

一、国际服务贸易竞争力：体现形式的关键

因为世界各国和各地区经济的实际发展状况不尽相同，那么对于服务贸易竞争力影响要素的选择也难免有所不一。目前对于服务贸易竞争力主要因素的研究，主要根据影响服务贸易要素的评价指标来衡量服务贸易竞争力状况。鲍文和莱因巴克（Bowen and Leinbach, 2003）以亚洲新兴工业化国家的航空货运服务业作为研究目标发现，航空运输服务的竞争力与所在航空公司的知识密集度、规模以及国际化程度正相关。董小麟和董苑玫（2006）认为要改善中国服务贸易竞争力需要从服务立法、工业与服务业关系、行业结构、行业组织

第四章 国际服务经济竞争力：全球视角

作用和政府支持六个方面着手。朱喜安（2006）从生产要素、需求条件、相关产业支持、企业的战略、结构和竞争程度六个方面来说明服务贸易竞争力的优势和劣势状况。林红（2007）从服务贸易规模、经济实力与产业支持、服务贸易进展和贸易环境四个方面对于中国服务贸易的竞争力状况进行了全面的评价。何德旭和夏杰长（2009）将国际竞争力定义为以母国为基地、以繁荣母国经济为目标的对外扩展能力，扩展能力包括出口能力和对外投资能力。

二、世界服务贸易竞争力概况：中美两国服务贸易竞争力比较

本部分将采用何德旭和夏杰长（2009）提出的出口竞争力的评价指标体系对中美服务贸易竞争力进行比较。主要通过中美两国国际服务业的国际市场占有率、贸易竞争优势指数（TC 指数）以及显性比较优势指数（RCA 指数）来探讨两国在国际服务贸易方面的情况。

1. 国际市场占有率

国际服务贸易竞争力绝对指标主要包括服务贸易出口总量、净出口额，相对指标有国际市场占有率。其中，国际市场占有率是指一国出口总额占世界出口总额的比例，反映一国某行业出口的整体竞争力，比例提高表明竞争力增强。服务业出口市场占有率越大，说明该国服务业国际竞争力越强。如表 4-1、表 4-2 所示，对中国服务业与美国服务业的净出口额及其占世界的比重、不同部门的市场占有率进行了对比。

表 4-1 中国服务业部分部门国际市场占有率 单位：%

项 目	2001年	2002年	2003年	2004年	2005年	2006年	2007年	2008年	2009年	2010年	2011年	2012年
服务（总计）	2.21	2.47	2.53	2.87	2.96	3.23	3.57	3.81	3.80	4.61	4.13	4.38
运输服务	1.36	1.61	1.96	2.40	2.71	3.30	4.08	4.32	3.45	4.36	4.05	4.36
旅游服务	3.81	4.18	3.24	3.96	4.25	4.50	4.29	4.28	4.58	4.88	4.54	4.50
其他服务	1.54	1.76	2.37	2.44	2.36	2.53	2.99	3.36	3.56	4.58	3.98	4.33
通讯服务	0.78	1.47	1.52	1.02	0.82	1.04	1.43	1.63	1.32	1.46	1.63	1.61
建筑服务	2.73	3.53	3.39	3.16	4.66	4.15	6.46	9.75	9.95	15.34	13.30	10.84
保险服务	0.81	0.47	0.58	0.67	1.11	0.89	1.19	1.59	1.90	2.05	3.08	3.32
金融服务	0.10	0.05	0.12	0.06	0.08	0.06	0.08	0.11	0.18	0.50	0.27	0.62
计算机信息服务	0.86	1.08	1.45	1.75	1.70	2.26	2.70	3.10	3.42	4.30	4.92	5.50
专利许可	0.13	0.13	0.11	0.16	0.20	0.13	0.18	0.26	0.19	0.34	0.26	0.36
其他商业服务	2.55	2.86	4.06	4.22	3.87	4.21	4.82	4.89	5.27	6.53	5.30	5.91
个人文化服务	0.13	0.19	0.20	0.18	0.42	0.38	0.77	1.00	0.25	0.29	0.34	0.34

资料来源：WTO 统计数据库。

国际服务经济概论

表4-2　　　　　　　　美国服务业部分部门国际市场占有率　　　　　　　　单位:%

项　　目	2001年	2002年	2003年	2004年	2005年	2006年	2007年	2008年	2009年	2010年	2011年	2012年
服务（总计）	17.7	17.55	15.2	14.83	14.1	13.9	13.6	13.3	14.1	14	13.82	14.28
运输服务	12.4	11.75	10.4	9.45	9.3	9	8.6	8.4	9	9.1	9.04	9.29
旅游服务	19	18.09	15.5	15.1	14.8	14.2	13.8	14.2	14	14.1	13.99	14.66
其他服务	19.3	19.93	17.2	17.17	16	15.9	15.6	15.9	16	16	15.62	16.02
通讯服务	25.6	21.42	21.7	14.32	16.5	20.5	20.4	20.5	20.8	24.9	12.13	12.60
建筑服务	2.7	7.88	1.5	4.29	0.8	1.1	0.9	1.1	1.2	**	2.79	**
保险服务	12.2	9.95	11	12.93	15.3	15.3	14.2	15.5	17.4	17.3	15.78	16.58
金融服务	22.5	24.5	22.9	23.72	22.2	21.4	20.6	20.6	22.2	21.8	23.37	23.86
计算机信息服务	18.5	17.04	15.2	13.00	12	12.1	11.9	10.8	11.5	10.6	6.26	**
专利许可	49.3	54.62	46.4	47.42	42.5	43.3	43.6	41.9	40.5	39.1	41.74	42.92
其他商业服务	13.4	14.71	11.5	11.66	10.1	10.1	10	9.9	10.9	**	10.67	11.29
个人文化服务	40	**	36.6	**	32	36.3	36.6	34.1	38.9	**	36	**

注：** 表示数据缺失。
资料来源：WTO 统计数据库。

国际市场占有率说明了一国服务出口在国际市场中所占的份额，表示一国服务贸易的出口竞争力。由表4-1我们可以得出以下结论：（1）我国服务贸易国际市场占有率总体上呈缓慢上升趋势，我国服务业出口国际市场占有率从2001年的2.21%增加到2012年的4.38%；（2）我国在传统服务业运输和旅游业上国际市场占有率呈现出增加的态势，其他商业服务类的国际市场占有率也呈现出缓慢上升的趋势；（3）我国保险、金融、专利许可以及个人文化和娱乐服务业国际市场占有率相当低，至2012年国际市场占有率还不及1%，建筑服务业和计算机信息国际市场占有率上升得相对较快，特别是建筑服务业出口市场占有率从2001年的2.73%上升到2012年的10.84%。说明我国的服务业出口优势主要在于生产性服务业部门上，逐步拓展到消费性的服务业部门，还有相当广阔的空间。

表4-2显示了美国服务业分部门的国际市场占有率。据表4-2可得：（1）美国服务业国际市场占有率较高，但是呈现出下降的趋势，2001年美国服务业出口占国际服务业出口总量的17.7%，而2012年，美国服务出口市场占有率降为14.28%；（2）从服务业各部门来看，美国在运输和旅游服务业方面的国际市场占有率趋于下降，而其在金融、通讯、计算机、专利许可和个人文化娱乐业上面的国际市场占有率相当高，特别是专利许可出口占到了世界专利许可出口的40%以上，而中国专利许可出口市场占有率还不及1%；（3）美国在传统的服务业如运输和旅游服务业的国际市场占有率正逐渐降低，说明美国在一些传统的服务业上正逐渐丧失其竞争力。

从中美两国服务业的国际市场出口占有率来分析，我们可以得出如下结论：
（1）2001年，中国服务业出口占世界服务出口的比例仅2.21%，而美国服务出口市场占

第四章 国际服务经济竞争力：全球视角

有率高达 17.7%，据此，我们可以得知，中国服务贸易出口竞争力总体上与美国相比仍存在很大差距；(2) 2012 年，中国服务业出口占世界的比例达到 4.38%，而美国则衰退为 14.28%，说明中国服务业出口的规模在扩大，国际竞争力处于上升阶段；(3) 中国应大力发展自身具有比较优势的服务业如建筑服务业和计算机信息服务业以及劳动力密集型的传统服务业如运输业，进而推动其他高科技服务业的发展；(4) 美国的服务业虽然总体上较强，但是从表中可以得知，美国出口市场占有率最低的服务部门为建筑服务业，美国服务业出口市场占有率最高的部门主要为高科技服务业如金融服务业、专利许可服务业和通讯服务业等。

2. 贸易竞争优势指数

服务贸易竞争优势指数（TC 指数）是一国服务业或服务业某部门的净出口占该国该产业或该部门进出口总额的比例，用于分析服务业或服务部门的国际竞争力，总体上可反映出某产业或某部门的比较优势状况，其计算公式如下：

$$TC_{ij} = (X_{ij} - M_{ij})/(X_{ij} + M_{ij}) \tag{4-1}$$

TC_{ij} 为比较优势指数，X_{ij} 为 i 国第 j 种商品的出口额，M_{ij} 为 i 国第 j 种商品的进口额。比较优势指数取值范围为 (-1, 1)，当其值接近 0 时，说明比较优势接近平均水平；当其值大于 0 时，说明比较优势大，且越接近 1 越大，说明该产业的出口竞争力越强；当其值小于 0 时，说明比较优势小，且越接近 -1，出口越少，说明该国该产业的出口越少。在国际上越没有竞争力。表 4-3、表 4-4 分别为 2001~2012 年中国与美国的服务业各个部门的贸易竞争力指数（TC 指数）的测算结果。

表 4-3　　　　　中国服务业分部门贸易竞争优势指数　　　　　单位:%

项目	2001 年	2002 年	2003 年	2004 年	2005 年	2006 年	2007 年	2008 年	2009 年	2010 年	2011 年	2012 年
服务（总计）	-0.09	-0.08	-0.08	-0.06	-0.06	-0.05	-0.03	-0.04	-0.10	-0.06	-0.15	-0.19
运输服务	-0.42	-0.41	-0.40	-0.34	-0.30	-0.24	-0.16	-0.13	-0.33	-0.30	-0.39	-0.38
旅游服务	0.12	0.14	0.07	0.13	0.15	0.17	0.11	0.06	-0.05	-0.09	-0.20	-0.34
其他服务	-0.14	-0.13	-0.01	-0.02	-0.06	-0.07	-0.03	-0.03	-0.02	0.10	0.04	0.05
通讯服务	-0.09	0.08	0.20	0.08	-0.11	-0.02	0.04	0.02	-0.01	0.04	0.18	0.04
建筑服务	-0.01	0.13	0.04	0.05	0.23	0.15	0.30	0.41	0.23	0.48	0.60	0.54
保险服务	-0.85	-0.88	-0.86	-0.88	-0.86	-0.88	-0.84	-0.80	-0.75	-0.80	-0.74	-0.72
金融服务	0.13	-0.28	-0.21	-0.19	-0.05	-0.72	-0.42	-0.29	-0.25	-0.02	0.06	-0.01
计算机信息服务	0.14	-0.28	0.03	0.10	0.06	0.26	0.33	0.33	0.34	0.52	0.50	0.58
专利许可	-0.89	-0.92	-0.94	-0.90	-0.94	-0.94	-0.92	-0.90	-0.93	-0.88	-0.90	-0.89
其他商业服务	0.06	0.13	0.25	0.23	0.17	0.17	0.14	0.09	0.14	0.28	0.19	0.22
个人文化服务	-0.28	-0.52	-0.36	-0.62	-0.42	-0.07	0.35	0.24	-0.48	-0.50	-0.53	-0.64

资料来源：根据 WTO 统计数据库计算而得。

国际服务经济概论

表 4-4　　　　　　　　美国服务贸易分部门贸易竞争优势指数　　　　　　　　单位:%

项　目	2001年	2002年	2003年	2004年	2005年	2006年	2007年	2008年	2009年	2010年	2011年	2012年
服务（总计）	0.13	0.15	0.14	0.13	0.14	0.14	0.16	0.17	0.18	0.18	0.20	0.20
运输服务	-0.15	-0.13	-0.19	-0.21	-0.20	-0.17	-0.11	-0.07	-0.04	-0.04	-0.04	-0.04
旅游服务	0.17	0.17	0.17	0.16	0.17	0.17	0.19	0.22	0.24	0.24	0.27	0.28
其他服务	0.24	0.24	0.24	0.25	0.26	0.23	0.24	0.22	0.22	0.23	0.23	0.24
通讯服务	-0.06	-0.10	0.02	-0.02	0.02	0.09	0.04	0.11	0.12	0.14	0.23	0.26
建筑服务	0.64	0.07	0.08	-0.02	0.07	0.06	0.15	0.19	**	**	0.12	**
保险服务	-0.66	-0.66	-0.62	-0.60	-0.58	-0.61	-0.63	-0.61	-0.58	-0.59	-0.57	-0.52
金融服务	0.37	0.46	0.51	0.53	0.53	0.53	0.51	0.5	0.54	0.57	0.64	0.64
计算机信息服务	0.03	-0.20	-0.10	-0.07	-0.05	-0.08	-0.12	-0.11	-0.12	-0.16	-0.23	**
专利许可	0.42	0.47	0.49	0.48	0.49	0.54	0.55	0.57	0.56	0.53	0.53	0.49
其他商业服务	0.29	0.31	0.29	0.31	0.30	0.23	0.23	0.2	0.21	**	0.20	0.22
个人文化服务	0.94	**	0.80	**	**	**	0.78	0.74	0.72	**	**	**

注：** 表示数据缺失。
资料来源：根据 WTO 统计数据库计算而得。

表 4-3 显示了中国服务贸易分部门的竞争优势指数。据表 4-3 可得：（1）21 世纪以来，我国服务贸易竞争优势指数虽然常年为负，但其值接近于 0，说明我国国际服务贸易竞争力接近世界平均水平。（2）从服务业内部结构来看，我国服务贸易仅在计算机信息服务业、其他商业服务业以及建筑服务业这些服务部门的 TC 指数大于 0，而技术密集型服务部门如专利许可服务业等部门的 TC 指数接近于 -1，说明在这些技术密集型服务部门其出口接近于 0，表明我国技术密集型服务行业的出口竞争力水平还很低。

从表 4-4 美国服务贸易分部门贸易竞争优势指数可以看出，美国服务贸易竞争优势指数由 2001 年的 0.13 增加到 2012 年的 0.20，表明美国服务贸易净出口为盈余，即美国服务出口大于进口，并且美国服务贸易竞争优势指数值越来越大于 0，说明美国的国际服务贸易竞争力在不断增强。

从美国服务业部门内部的竞争优势指数来看，2001 以年的美国运输服务、旅游服务、通讯服务、保险服务以及金融服务的 TC 指数均在上升，说明美国这些部门的国际服务产业竞争力在增强，其中通讯服务的表现尤为突出；而在建筑服务、计算机信息服务、其他商业服务及个人文化服务业的 TC 指数在下降，说明美国建筑服务业及计算机信息服务业的出口竞争力在逐渐减弱。与国际市场占有率中的分析结果相反的是，美国的旅游业虽然出口规模在减小，但其竞争优势指数值在增加，表明美国旅游国际服务贸易竞争力有一定提升。

综上所述，中国服务贸易竞争在计算机、旅游以及建筑服务业方面相对具有较强的出口竞争力，但随着人民币升值以及生产要素成本的增加，中国传统服务业比较优势不够明显，在其他技术密集型的服务部门贸易竞争优势指数偏低，有些服务业 TC 指数接近于 -1，即

第四章 国际服务经济竞争力：全球视角

主要依靠进口来满足需求。美国在金融、专利许可、个人文化娱乐以及通讯、电信方面具有较强的出口竞争力，尤其专利许可、金融业和个人文化娱乐业的出口竞争力极强。从对中美两国服务贸易竞争优势指数的比较分析可知，中国的出口竞争力主要还是表现在传统的劳动密集型行业，美国出口竞争力主要体现在技术密集型行业，并且这种竞争力有增强的趋势。尽管这样，中国的计算机服务业的出口竞争力也越来越强，而美国的计算机信息国际服务贸易竞争力有着逐渐减弱的趋势。

3. 显示性比较优势指数（RCA）

一国某产业的显示性比较优势指数（Revealed Comparative Advantage Index，RCA）反映的是一国某产业出口量占该产业世界出口量的比重，即反映了一国某产业的出口与世界平均出口水平的相对优势。计算公式为：

$$RCA = (X_{ij}/Y_i)/(X_{wj}/Y_w) \quad (4-2)$$

其中，X_{ij}表示i国j类产品出口额；Y_i表示i国全部产品出口额，包括商品出口额与服务出口额；X_{wj}代表的是世界j类产品出口额；Y_w表示全世界产品出口额。如果当一国RCA指数大于100%时，则说明该国在服务业上具有显性比较优势；相反，如果当一国的RCA指数小于100%时，则该产业就处于显性比较劣势地位。表4-5、表4-6分别为2001~2012年中国与美国的服务业显示性比较优势指数（RCA）的测算结果。

表4-5　　　　　　　　中国服务业分部门显示性比较优势指数　　　　　　单位:%

项目	2001年	2002年	2003年	2004年	2005年	2006年	2007年	2008年	2009年	2010年	2011年	2012年
服务（总计）	0.52	0.49	0.43	0.45	0.41	0.40	0.41	0.43	0.40	0.45	0.4000	0.39
运输服务	0.32	0.32	0.34	0.37	0.37	0.41	0.47	0.36	0.36	0.42	0.3900	0.39
旅游服务	0.89	0.84	0.55	0.62	0.57	0.56	0.49	0.48	0.48	0.47	0.4383	0.40
其他服务	0.36	0.35	0.40	0.38	0.32	0.32	0.34	0.38	0.37	0.44	0.3838	0.39
通讯服务	0.18	0.29	0.25	0.16	0.11	0.13	0.16	0.18	0.14	0.14	0.1569	0.14
建筑服务	0.64	0.70	0.56	0.49	0.64	0.50	0.74	1.10	1.04	1.48	1.2835	0.97
保险服务	0.19	0.09	0.11	0.10	0.15	0.11	0.14	0.18	0.20	0.20	**	0.30
金融服务	0.02	0.01	0.02	0.01	0.01	0.01	0.01	0.01	0.02	0.05	0.0259	0.06
计算机信息服务	0.20	0.22	0.25	0.27	0.24	0.30	0.31	0.35	0.36	0.42	0.4744	0.49
专利许可	0.03	0.03	0.02	0.03	0.01	0.02	0.02	0.03	0.02	0.01	0.0248	0.03
其他商业服务	0.59	0.57	0.69	0.66	0.53	0.52	0.55	0.55	0.55	0.63	0.5118	0.53
个人文化服务	0.03	0.04	0.03	0.03	0.08	0.07	0.09	0.11	0.03	0.03	0.0330	0.03

注：** 表示数据缺失。

资料来源：根据WTO统计数据库计算而得。

国际服务经济概论

表 4-6　　　　　美国服务业分部门显示性比较优势指数　　　　　单位:%

项　　目	2001年	2002年	2003年	2004年	2005年	2006年	2007年	2008年	2009年	2010年	2011年	2012年
服务（总计）	1.50	1.65	1.64	1.68	1.69	1.69	1.66	1.66	1.67	1.67	1.7106	1.70
运输服务	1.05	1.10	1.08	1.07	1.07	1.06	1.05	1.06	1.07	1.08	1.1183	1.11
旅游服务	1.62	1.70	1.67	1.71	1.77	1.74	1.68	1.77	1.66	1.68	1.7313	1.74
其他服务	1.64	1.87	1.86	1.94	1.93	1.94	1.91	1.88	1.89	1.91	1.9334	1.91
通讯服务	1.05	2.01	2.13	2.02	1.93	2.41	1.22	1.23	1.22	1.46	1.5016	1.50
建筑服务	0.23	0.74	0.56	0.49	0.28	0.32	0.11	0.14	0.14	**	0.3448	0.00
保险服务	1.04	0.93	1.15	1.46	1.79	1.80	1.74	1.94	2.07	20.60	**	1.97
金融服务	1.91	2.30	2.43	2.68	2.58	2.51	2.51	2.57	2.63	2.60	2.8919	2.84
计算机信息服务	1.09	1.60	1.61	1.47	1.46	1.49	0.91	0.83	0.83	0.77	0.7741	0.00
专利许可	4.18	5.12	5.14	5.37	5.44	5.68	5.32	5.25	4.80	4.66	5.1654	5.11
其他商业服务	1.13	1.38	1.32	1.32	1.29	1.29	1.22	1.24	1.29	**	1.3199	1.34
个人文化服务	3.40	**	3.83	**	**	**	4.47	4.28	4.61	**	**	**

注：** 表示数据缺失。
资料来源：根据 WTO 统计数据库计算而得。

据表 4-5 我们可得，中国服务贸易 RCA 指数小于 100%，说明中国服务业出口低于世界平均出口水平，表明中国国际服务贸易竞争力较弱；中国服务业 RCA 指数由 2001 年的 0.52 减少到 2012 年的 0.39，说明我国服务业比较优势具有恶化的趋势；从各部门的 RCA 指数来看，2012 年中国各部门服务业 RCA 指数均小于 1，说明我国各部门服务业出口均低于世界平均出口水平，均不具有显性比较优势；而运输服务业、通讯业、保险业和计算机信息业的 RCA 虽然均小于 100，但是其 RCA 指数均具有上升的趋势，表明其显性比较劣势趋于好转；旅游、和专利许可服务业的 RCA 指数偏低，并且呈下降趋势，表明我国旅游和专利许可服务业的出口竞争力在减弱。

表 4-6 显示的是美国服务业分部门的 RCA 指数。从表中可以得知，2001 年美国服务业 RCA 指数为 1.50，2012 年 RCA 指数为 1.70。总体上美国服务贸易 RCA 指数在过去的 10 年中均大于 100%，并且 RCA 指数具有上升的趋势，表示美国服务业显示性比较优势具有增强的趋势。分部门看，我们可以得出如下结论：美国在传统服务业运输和旅游服务业上比较优势指数增加较小，但是美国在运输和旅游业上仍旧具有显性比较优势；美国在过去 10 年中其他服务业 RCA 指数增加较明显，从 2001 年的 1.64 增加到 2010 年的 1.91；在其他服务业上，美国各个部门之间的 RCA 指数又有很大的差别。其中，美国在通讯、保险、金融、专利许可、其他商业服务以及个人文化娱乐服务贸易业上具有显性比较优势，在计算机信息服务业上虽然开始美国具有显性比较优势，但是到了 2010 年，其计算机信息服务 RCA 指数小于 100%，说明美国在计算机信息服务业上在逐渐丧失国际竞争力。

通过前面的比较分析，我们可以得出，中美两国国际服务贸易竞争力具有显著的差距，

第四章 国际服务经济竞争力：全球视角

主要表现在：（1）虽然中国服务业出口规模和国际市场占有率都在增加，但中国国际服务贸易竞争力的相对优势具有恶化的趋势，特别是在技术密集型的专利许可服务部门，其出口竞争力劣势表现得更为明显；（2）尽管美国的服务业出口国际市场占有率处于逐渐衰退的趋势，但是美国的服务业出口相对优势具有增强的趋势，在技术密集型的服务部门其出口竞争力优势增加得更为明显；（3）中国的计算机信息服务业和建筑业发展显著，其出口竞争力显著提升，随着国内劳动力成本的上涨以及人民币升值，中国传统运输国际服务贸易竞争力呈现弱化的趋势，而计算机信息、通讯、保险和金融等服务业的显性比较优势趋于好转。

第三节 国际服务外包竞争力

外包（Outsourcing），是"Outside Resource Using"的缩写，其译为"外部资源利用"，是指企业在充分利用自身核心竞争力的基础上，整合、利用外部最优秀的专业化资源，从而达到降低成本、提高生产效率、增加资金运用效率和增强企业应对市场应变能力的一种业务运作方式（丁洁，2005）。

服务外包是指企业将价值链中原本是由自己提供基础性的、共性的、非核心的业务和流程与企业核心业务和流程相分离，并将这些业务外包给专业服务提供商来完成的经济活动（王小顺，2011）。到目前为止，服务外包经历了境内服务外包、近岸服务外包和离岸服务外包的发展历程。国际服务外包竞争力，是指某国或某区域服务外贸的供应能力以及在承接企业外包出来的基础性的、共性的、非核心的业务和流程等经济活动中体现出来的竞争能力。

一、国际服务外包竞争力：实现手段的要点

在国际服务外包竞争中，我们可以把发包方在选择接包方时所考虑的主要因素，即外包提供方服务外包竞争力的影响因素归纳为：外生因素、催化因素和商业环境因素。

1. 外生因素

首先是政府政策。离岸外包是一个新兴的产业，多数外包提供国的政府已经意识到服务外包的重要性并逐步给予政策上的支持和促进。其次是国家风险。国家风险包括政治风险和经济风险。稳定的政治经济环境是吸引发包商的重要前提。最后是基础设施。当代服务外包建立在IT技术基础上，对信息和通讯技术等基础设施建设条件及相关使用费用有较大依赖，另外承接服务外包需要相当多商务旅行，国际商务旅行基础设施和便利性也是必要条件。

2. 催化因素

首先是地理距离和时区差异。两国在地理上越临近越能减少通讯、差旅等交易费用，因而服务外包的发包商会倾向于选择地理上邻近国家的服务提供商。时区差异为服务外包的发

包国和提供国创造了便利条件，向客户提供无休息日的昼夜服务支持，有利于离岸外包发包方协调其业务管理和运营机制。其次是文化兼容性。文化的亲和力能够加强交流，促进个人关系的形成。在服务外包中，尤其是高风险、高复杂度的IT外包中，外包双方之间的"信任"对于外包关系的建立十分重要。再次是人力资源储备。人才素质在发包商选择外包提供时发挥着举足轻重的作用。服务外包业是IT和知识密集型行业，需要大量的高素质人才：既需要具备战略策划、项目管理、组织领导等综合素养的管理者，也需要具备外包业务运作能力的具体操作人才以及具备国际交流能力的语言人才。最后是语言环境。服务外包行业对语言的能力要求较高。企业将服务外包出去后，对业务实施的每一个阶段，都要求服务提供商能够与发包商进行实时有效的沟通，以传递服务要求、协调业务进程以及纠正工作误差等。这些都需要外包提供方能够保证一定数量和质量的语言人才。

3. 商业环境因素

首先是成本优势。成本是离岸外包最主要的驱动因素，因而各外包提供国的成本差异成为其服务外包竞争力的重要影响因素。其次是知识产权保护和信息安全。知识产权保护和信息安全是服务外包转移方最为关心的问题之一。知识产权问题影响到服务外包的整体运行，服务外包双方在合同的签订和执行中如何按照知识产权法明确各自的权利业务，在发生纠纷时如何寻求法律援助，不仅保证服务外包合同的顺利履行，而且能够确保争议双方的权益。信息安全已经成为服务外包转移方选择承接方的一个必要的标准，转移方非常关注其信息在企业的整个流程中的机密性。最后是服务提供商的技能。具备相当的技术和生产能力、管理水平、质量水准以及国际经验的服务提供商将更受到发包方的青睐。一个国家有这样一批有效率的服务提供商的数量也将决定着该国服务外包竞争力水平的高低。

二、世界服务外包竞争力概况：中印两国服务外包竞争力比较

世界经济一体化使得服务业已成为全球产业结构的主体，第三次世界产业转移以"制造业"开始向以IT技术基础为主要代表的"服务业"逐步转移。在服务外包产业，中国发展起步较晚，与印度等在服务外包产业起步较早的国家相比存在很大的差距。印度自2001年起就是全球离岸服务外包市场最大的承接国，由于其教育体系重视数理逻辑与英语能力的培养，且劳动力成本低廉，一直都是最受发包商青睐的国家。近年来，随着服务外包产业的发展和世界各国尤其是部分发展中国家经济实力的迅猛提升，越来越多的国家看到新一轮国际产业转移所带来的促进产业结构提升和发展信息产业的机会，纷纷采取有效措施积极推进本国服务外包水平的提高，并取得了显著的成效。但是，鉴于印度所具有的先发优势，仍是各国讨论和借鉴的焦点（王伶俐，2011）。

1. 市场结构

我国软件与服务外包产业起步较晚，但在国家政策强有力的推动下，发展非常迅速。据统计，2011年我国离岸服务外包市场已占全球离岸服务外包市场规模的23.2%，成为排在

第四章 国际服务经济竞争力：全球视角

印度之后的全球第二大服务外包承接国。美国是目前我国离岸市场业务的最大发包方，其次是日本。另外，中国台湾和香港地区亦成为内地市场非常重要的业务来源。2010 年我国承接来自美国、日本、中国香港和中国台湾地区的离岸外包合同执行金额达 87.3 亿美元，占我国离岸外包合同执行总额的 60% 以上。如图 4-1 所示。

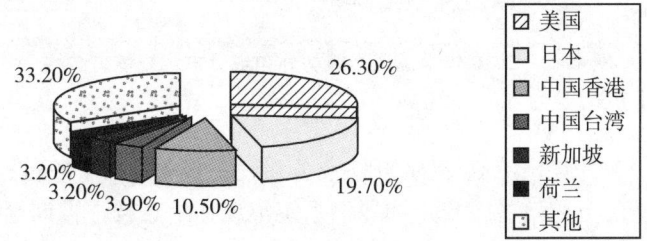

图 4-1　2010 年中国承接离岸服务外包的发包方市场结构

资料来源：邵金菊等. 服务外包：经济效应和影响因素研究［M］. 浙江大学出版社，2011：56-58.

印度从 20 世纪 80 年代中期就开始大力发展软件和服务外包产业，是离岸服务外包市场的最大承接国，占全球接包方市场份额的 40% 左右。在印度承接的离岸服务外包发包方市场份额中，欧美国家所在比重最大，达到 90% 以上，其中 2010 财年美国所占比例为 60%，英国所占比例为 21%，如图 4-2 所示。

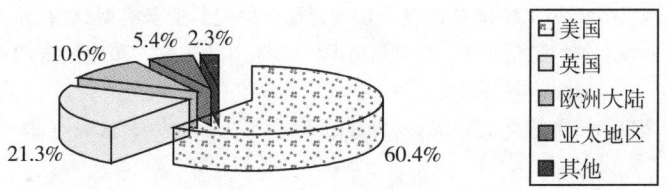

图 4-2　2010 年印度承接离岸服务外包的发包方市场结构

资料来源：印度国家软件业服务公司协会，2011。

全球服务外包的发包国集中在北美、西欧和日本等发达国家和地区，美国占比例最大，约为 2/3，其他部分几乎全部来自欧洲和日本。而发展中国家占据大部分承包商市场，主要是印度、爱尔兰、中国、菲律宾等国家。其中美国和印度分别是发包和承包最大的客户，而且美国市场的服务外包几乎被印度垄断，这不仅为印度创造了巨额利润，还为印度创造了 130 多万个就业职位，对印度的经济发展和社会福利起到了非常积极的作用。《中国服务外包发展报告（2010-2011）》显示，我国 2010 年服务外包产业收入达 262 亿美元，占全球比重将上升到 2.17% 左右，但与印度相比，我国的服务外包竞争力还有相当的差距。

2. 业务类型

在承接服务外包的业务类型方面，目前我国外包业务的承接类型以 ITO 为主，占 60% 以上的份额；对于 BPO 市场，我国仍然处于发展的初级阶段，大多数服务商还是以数据处理事务外包为主，能够承接高端服务的企业较少，如图 4-3 所示。

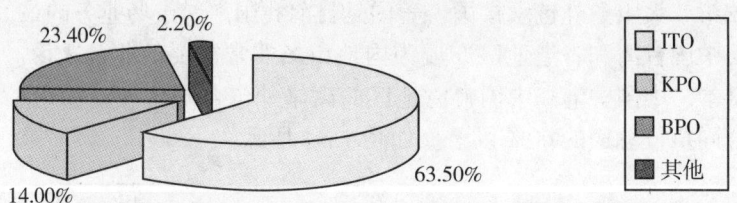

图4-3　2010年中国离岸服务外包细分市场规模与结构

资料来源：中国商务部网站：http://www.mofcom.gov.cn/。

印度正逐渐向服务外包领域高端的 BPO 业务过渡。经过多年的编码经验积累，印度已经逐步在产业价值链的上游站稳脚步，如提供系统集成、信息技术咨询等服务。目前印度是世界最大的 BPO 服务交付目的地，2010 年印度 BPO 占全球市场的 34%。在印度承接国际服务外包业务总额中，BPO 的份额达到了 24.9%，其他的高附加值服务外包也达到了 20.1%，如图 4-4 所示。

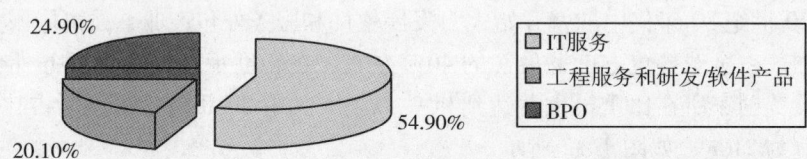

图4-4　2010年印度承接离岸服务外包的业务类型结构

注：工程服务和研发/软件产品为包括工程和研发、离岸产品开发、印度制造软件产品的高附加值服务外包。

资料来源：印度国家软件业服务公司协会，2011，http://www.nasscom.org/。

比起印度，中国的 BPO 市场虽仍处于初期发展阶段，但是连续几年的快速增长显示了强劲的爆发力。2009 年全球业务流程外包市场总额为 5 608 亿美元，2010 年达到 6 167 亿美元，2011 年达到 6 772 亿美元。大力发展 BPO 业务，将有利于我国产业结构的提升、有效规避贸易壁垒、减少贸易摩擦、降低劳务出口成本、提高我国服务业产业的整体竞争力。

3. 企业情况

随着我国服务外包产业的迅猛发展，在一系列国内政策的推动下，我国外包企业自身素质与品牌质量也在不断提升，服务外包发展呈现快速增长趋势。2010 年，我国以承接国际服务外包业务为主的企业数达到了 12 706 家，比 2009 年年底的数量增加近 42%；直接从业人员为 232.8 万人，比 2009 年增长了 50% 以上。目前，印度共有软件企业 4 000 家，外包从业人员超过 250 万人，其中全国 25% 以上的接包业务由三大公司塔塔咨询服务公司（Tata Consultancy Services，TCS）、印孚瑟斯信息系统技术有限公司（Infosys Technologies Limited）和威普罗科技公司（Wipro Technologies）完成。印度排名前十的软件公司人员规模都在万人以上，企业盈利在 20% 以上。

同为发展中国家，印度在服务外包产业发展过程中，依靠地缘优势有针对性地开发了国

第四章 国际服务经济竞争力：全球视角

际市场，并且十分重视通讯和网络等基础设施的建设和相应人才的培养。同时，优惠的产业发展政策、高效的政府服务以及充分发挥作用的行业协会都为印度服务外包抓住了历史先机并保持先发优势提供了坚实的保障。而我国虽然起步比较晚，但是有日韩地区的语言、文化、地缘优势、稳定的国家环境、强大的制造业基础与良好的基础设施、巨大的国内市场和潜在需求、丰富的人才储备等诸多优势所在，服务外包的竞争力也开始逐渐显现。我国能否转变成功经济发展方式、升级产业结构对未来国际服务外包竞争力的提高至关重要。

☞ 案例分析

我国服务外包产业须扬长避短

在青岛市召开的 2014 全球服务外包大会上，多名国内外参会嘉宾分别就在新形势下中国服务外包企业如何对接不断变化的国际市场、服务外包产业如何迎来技术变革与模式创新、跨国公司加速布局在中国的共享服务中心对中国服务外包业将带来怎样的机遇与挑战、政府和各级组织机构如何应对挑战从而推动外包产业发展等问题进行了深入探讨。

1. 我国服务外包产业呈快速增长态势

商务部服务贸易和商贸服务业司副司长万连坡在会上表示，当今世界已经步入服务经济时代，随着大数据、云计算、移动互联等新技术的创新和应用，服务外包正在加速服务业在全球范围内的跨国转移。作为新兴经济体，提升在全球价值链中的地位，在更大范围内参与国际分工，是提高国际竞争力的战略性选择。

"而在世界经济复苏和中国经济运行面临下行压力的背景下，我国服务外包产业继续保持了快速增长，并且成为转变外贸发展方式，调整经济结构、促进转型升级的重要动力之一。"万连坡说。

万连坡还对我国服务外包产业发展特点做了五方面概括。他认为：第一，我国的服务外包产业保持快速增长。第二，美国、欧盟、中国香港和日本是购买国际专业服务的主要发包市场。第三，服务外包示范城市的集聚作用日益突出。第四，就业规模稳步扩大。第五，信息技术外包仍然占据主导地位。

商务部研究院院长霍建国在会上表示，目前出现的两个指标上的新变化是，2013年中国服务业的比例首次超过了制造业，服务业比重达到46%，外商对华投资服务业的比例超过了制造业。这两个指标的变化，说明了中国服务业目前有着巨大的发展潜能。因为社会资源配置整体在向服务业调整和转移，而且在国民经济处于下行情况下，就业还是保持较平稳状态，这说明服务业的快速发展包括服务外包2014年的形势，对支撑就业起到了积极的作用。

2. 服务外包仍存在诸多短板

尽管近年我国服务外包产业呈快速增长的态势，并在服务贸易中一枝独秀，但与印度等服务外包业较为成熟的国家相比，还有很大差距。因此，与会嘉宾强调，降低行业运营成本，提升增值服务业务，出台系列扶持政策，加快和促进行业发展乃当务之急。

国际服务经济概论

"在未来的发展过程中，抓好服务业的发展，促进服务业的开放，提升服务业的竞争力，是摆在我们面前一个十分紧迫的任务。"霍建国说。

中国国际交流中心副理事长、原商务部副部长魏建国在会上指出，我国服务外包起步晚，发展快，潜力大，但发展服务外包必须有紧迫感。

"在当前情况下，不是大鱼吃小鱼，而是快鱼吃慢鱼，无论是一个国家，一个民族，还是一个地区，一个省市，还是一个人。在当前大数据时代、云计算时代的背景下，我们的发展速度必须加快。"魏建国表示。

魏建国认为，当前我国服务贸易存在的主要问题主要体现在三个"不够"上：一是政府和市场的结合不够，政府很着急，市场却回应不够。"当前我们把市场作为起决定性作用，政府光发力不够，市场回应也要跟上。目前我国21个服务外包城市发展总体不错，但中国的服务外包光靠这21个城市是不行的。"二是媒体中间人不够。印度、爱尔兰等国服务外包之所以发展快，他们有一个"红娘"的作用，但是在我国"红娘"作用则明显不够。三是当前我们没有一支高素质的专业化队伍，专业人才储备不够。"从服务外包软件开发到各个服务环节，要做到上下紧密结合，必须要有一整套的设计和服务。"

3. 需要多种发展措施并举

针对服务外包行业面临的新情况和新挑战，与会嘉宾就我国外包行业如何抓住机遇，形成合力，从而推动整个产业的可持续发展等问题也提出了诸多建议。

万连坡表示："新一届政府高度重视经济增长的质量和效益，加快产业结构调整和经济结构的战略转型。下一步，商务部将在国务院的领导下，继续会同有关部门共同促进服务外包产业发展。"

中国服务外包研究中心主任骞芳莉表示："中国服务外包产业的布局在现阶段已在4个直辖市，28个省份，115个城市迅速开展起来。但服务外包企业下一步创新和转型布局也显得尤为重要。"她认为，进一步支持和推动我国服务外包的转型升级，关系到产业未来的发展命运。

骞芳莉建议，应从四个方面出台完善针对性的政策，进一步加快转型升级的步伐。一是加快落实新一轮的产业政策，像当年支持货物贸易的发展那样支持服务贸易的发展，支持服务外包的发展，同时也希望各省市能够出台相关的服务外包配套政策。二是引导支持企业转型升级，进一步支持企业内外并举，兼顾国际国内市场发展，优秀中高端人才研发技术，拓展高附加值业务领域。三是积极完善产业发展环境，整合政府高效企业研究机构力量，推动产业研究先行，加强与国际资源的交流与沟通，吸收先进经验。同时搭建国家级的服务外包交易平台，持续推进知识产权的保护工作，建立相关行业标准。四是持续推进"走出去"战略，加强中国服务品牌的宣传和推广，充分发挥中介机构的桥梁作用，鼓励行业协会联盟。

霍建国也表示，在目前情况下，要加快服务业发展，必须要做好以下五方面工作：第一，要加快转变政府职能。在新一轮的改革开放背景下，在解决政府和市场定位的过程中，转变政府职能是一个突破口。第二，要主动扩大服务业开放，把握好开放的节奏和顺序。针对不同行业做出具体安排，有些领域加快开放。第三，要保持对内开放和对外开放的一致

第四章　国际服务经济竞争力：全球视角

性。企业的成长，必须要有一个好的环境，而这个环境包括公平竞争的环境和法制营商的环境。过去我们很多行业发展之所以缓慢，就是因为在公平竞争与法制营商环节上不到位。第四，要加快体制机制创新，促进新兴服务业发展。在当前大数据、大平台的这种作用下，商业模式的创新正在风云突变。价值链的研究，制造业当中的模块化生产等如今已经越走越快，在全社会服务中形成了一大批优秀的电商服务平台。未来随着大数据的发展，很多新兴的服务平台，包括现在的网博会、网上金融，都会以不可阻挡的势头迅猛发展。因此，对此我们要予以积极的技术支持。第五，要创新监管模式，提高风险监管能力。在高速发展的新模式下，金融的风险、电商的风险以及开放的风险、内部和外部众多风险都存在着。面对这些风险，我们需要建立一些稳定的风险防范机制，以及通过法律法规的规范来约束行业在安全、平稳的制度下进行发展，这些也对我们提出了更高的要求，这种事中、事后的发展和监管防范也是整个宏观调控中必不可少的一个环节。

案例资料来源：引自《中国高新技术产业导报》2014年6月25日，林春霞"我国服务外包产业须扬长避短"。

案例讨论题： 当前情况下，我国服务外包竞争力的优劣势主要体现在哪些方面？你对我国服务经济如何扬长避短有何建议？

本章小结

（1）国际服务产业是国际服务贸易和国际服务外包的基础，因此国际服务产业竞争力决定了国际服务贸易竞争力和国际服务外包竞争力的层次，而国际服务贸易竞争力和国际服务外包竞争力同时也将反作用于国际服务产业竞争力，影响着国际服务产业竞争力的大小。

（2）国际服务产业竞争力是指某国或某一地区的服务产业相对于他国或地区同一产业在生产效率、满足市场需求、持续获利等方面所体现的竞争能力。

（3）影响我国服务产业国际竞争力的主要因素主要有：资本和技术的积累都比较薄弱、服务的生产性需求和消费性需求不足、国有服务部门市场垄断、服务业市场条块分割、劳动力资源单一。

（4）国际服务贸易竞争力主要体现为某国或某一地区的服务产业相对于他国或地区同一产业在满足国际市场需求方面的竞争能力。

（5）国际服务外包竞争力，是指某国或某区域服务外贸的供应能力以及在承接企业外包出来的基础性的、共性的、非核心的业务和流程等经济活动中体现出来的竞争能力。

（6）在国际服务外包竞争中，服务外包竞争力的影响因素为：外生因素、催化因素和商业环境因素。外生因素包括政府政策、国家风险、基础设施。催化因素包括地理距离和时区差异、文化兼容性、语言环境。商业环境因素包括成本优势、知识产权保护和信息安全、服务提供商的技能。

国际服务经济概论

思 考 题

1. 美国、日本与中国的国际产业竞争力分别有哪些优势?
2. 中美两国国际服务贸易竞争力之间差距主要在哪?美国有哪些方面的经验值得我国借鉴?
3. 中印两国国际服务外包竞争力之间有哪些差距?印度有哪些方面的经验值得我国借鉴?

网 络 练 习

请上 WTO 官网(http://www.wto.org/)查阅日本服务贸易数据,并按本章公式计算:
1. 服务贸易竞争优势指数(TC 指数)。
2. 显示性比较优势指数(RCA)。

自 测 题

1. 什么是国际服务产业竞争力、国际服务贸易竞争力和国际服务外包竞争力?它们之间有什么关系?
2. 如何计算服务贸易竞争优势指数与显示性比较优势指数?
3. 试述国际服务产业竞争力的决定因素。
4. 试述国际服务外包竞争力的决定因素。

第五章　国际服务经济的主要领域分析

本章学习目标
- 掌握金融服务的基本概念；
- 掌握保险服务的基本概念；
- 掌握旅游服务的基本概念；
- 掌握运输服务的基本概念；
- 掌握技术服务的基本概念；
- 掌握咨询服务的基本概念；
- 掌握信息服务的基本概念；
- 掌握通讯服务的基本概念。

☞ 开篇案例

世界第二大 IT 租赁供应商惠普金融服务公司成立

惠普金融服务公司 2002 年 8 月 19 日宣布正式成立。作为惠普的子公司，惠普金融服务公司主要负责租赁与金融服务方面的业务。在惠普季度财务报告中，作为全资子公司的惠普金融服务公司被作为惠普五大业务板块之一，其营业额将大约占到惠普总收入的 4%。

通过全球租赁和金融资产管理方案，惠普金融服务公司让 IT 金融周期管理变得更简单。它的全程解决方案包括有效节约成本的租赁供应、折扣计划、资产管理和资产回收服务。惠普金融服务公司帮助客户以有效成本存取、管理和更新 IT 资产，其中不仅包括硬件、软件，还包括作为多方卖主或多种技术方案一部分的服务。

与其他致力于向用户提供固定方案的金融服务公司不同，惠普金融服务公司在团队组成、满足用户需求、价格以及服务交付方面，都提供了全球一致的具有高度弹性和定制的方案。除了提供全球租赁和金融资产管理服务之外，惠普金融服务公司还能按客户要求，对作为惠普总体解决方案一部分的多方卖主或原有设防备进行交易。惠普金融服务公司在美国马萨诸塞州安多弗镇（MASS ANDOVER）与荷兰的奈梅亨（NIJMEGEN）设有两个技术更新中心，在这些中心，客房的原有设备将被更新、测试、重新配置，并经过惠普的严格认证。

惠普企业系统集团执行副总裁皮特·布莱克摩尔先生说："在向客户提供作为 HP 总体解决方案一部分的金融服务方面，金融服务公司为 HP 带来了一种集中式的商业模式。我们

国际服务经济概论

确信该公司将加速惠普的快速成长,同时增进股东利益。新惠普能够满足现在和未来用户的所有需求,而惠普金融服务公司满足了用户贯穿整个技术生命周期的金融资产管理需求。"

罗斯曼说:"通过有机整合惠普技术金融公司与康柏金融服务公司两大机构,惠普金融服务公司成为 IT 金融服务的全球领导供应商,不仅拥有更完善的设备,同时能够为用户提供全球一致的一流服务,并将一步步成为全球最好的金融服务供应商。客户正在寻求一步到位的解决方案,而惠普金融服务公司将通过全球范围内最广泛的有效金融服务来提升惠普竞争能力。"

案例资料来源:引自比特网 2002 年 8 月 21 日。

案例讨论题:发展金融服务有何意义?

第一节 金融服务——传统金融业的延伸

近年来,国际服务贸易发展迅猛。随着以金融、信息和通讯等为代表的技术知识密集型代表服务业发展方向的新兴服务业的兴起,金融服务业逐渐成为未来各国经济发展的重要支撑,而金融服务贸易的发展状况成为衡量一个国家金融业国际竞争力的重要标志之一,体现了一个国家参与国际金融业分工的基本情况(朱盛萍等,2012)。

狭义而言,金融服务(Financial Service)是指金融机构运用货币交易手段融通有价物品,向金融活动参与者和顾客提供的共同受益、获得满足的活动。广义而言,金融服务是指整个金融业发挥其多种功能以促进经济与社会的发展。具体来说,金融服务是指金融机构通过开展业务活动为客户提供包括融资投资、储蓄、信贷、结算、证券买卖、商业保险和金融信息咨询等多方面的服务。金融服务贸易作为服务贸易的一个重要组成部分,早在 1986 年开始的关贸总协定乌拉圭回合谈判中就正式提出了有关金融服务贸易的概念。国际金融服务贸易是指由一参加方(指参加贸易谈判的国家和地区)的服务提供者向另一方提供的任何形式的金融服务,主要指在银行业、证券业、保险业及其他金融机构所提供的服务。其主要发展模式主要有跨境交付、境外消费、商业存在和自然人流动四种,但由于境外消费和自然人流动所占的比例较小,因此主要还是以跨国交付和商业存在形式居多。在第二次世界大战以后,特别是在 20 世纪 70 年代以后,国际金融服务贸易的迅速发展。第二次世界大战后 50 多年来,国际金融服务贸易的发展呈现出一系列新的发展趋势,这主要表现在:

一、金融衍生品经济的快速扩张和交易结构的迅速变化

国际金融市场的快速发展,催生了多种诸如股票、债券等有价金融证券及证券咨询、投资服务、融资顾问等新兴的金融服务形式,而这些金融衍生品的快速扩张,直接带动了国际金融服务增长,但同时进一步加大了世界经济的虚拟化程度,也改变了国际贸易的交易结构,提高了服务贸易在国际贸易中的所占比例。

二、金融服务贸易发展速度呈加速趋势

随着世界经济的快速发展以及国际贸易范围的有效扩张，国际贸易额得到了显著提高。贸易额的增长涵盖了货物贸易额以及服务贸易额的增长，但作为国际贸易重要组成部分的服务贸易更是增长迅速，其贸易额占总贸易额的比率也逐年上升，从而带动了国际金融服务贸易额的逐年递增。

三、金融服务贸易发展日益集中化和集团化

金融服务需求多元化也推进了金融服务提供者的集中化，世界各国也都对金融机构的业务范围进行了有效拓展，现在金融服务机构主要集中在：银行、证券交易市场、股票交易市场等，众多中小银行进行合并组建金融集团以发挥其各自优势，增强其整体竞争力，进而促进了金融服务贸易发展日益集中化和集团化。

四、金融服务贸易日趋自由化和全球化

经济自由化和全球化已经成为当今世界经济发展的不可抗拒的历史潮流。从本质上来说，经济自由化和全球化，资源在全球范围内优化配置，特别是要求提供最重要的生产要素——资本的金融市场的自由化和全球化，这也就推动了金融服务贸易的自由化和全球化进程，因为金融服务贸易的自由化和全球化是经济全球化和自由化的重要组成部分。

第二节　保险服务——传统保险业的外延扩张

保险服务（Insurance Service）是指保险公司为社会公众提供的一切有价值的活动。这是一种现代化服务观念，它与传统性服务的最大区别在于它呈现出明显的外延扩张，主要体现在：传统观念认为，保险公司的服务集中体现为经济赔偿与给付，只要对客户履行了赔付的保险责任，也就意味着为其提供了良好的服务；而现代化服务观念则认为，保险服务远非局限于此，围绕经济赔偿与给付这一核心所进行的各种扩散性服务，均在保险公司的服务范畴之内。相比之下，保险服务的内容包括提供保险保障、咨询与申诉、防灾防损、契约保全、附加价值服务等，其中的第一项可称为核心性服务，其他各项可称为扩散性服务。核心性服务与扩散性服务的关系是：核心性服务是根本，扩散性服务围绕核心性服务展开，切不可喧宾夺主。在同行业竞争激烈的情况下，以不影响核心性服务质量为前提，可以适当地增加扩散性服务的比重和种类，以便争取到更多的客户（陈瑶，2007）。作为传统性服务的外延扩张，保险服务贸易的特征如下：

一、非实体性

保险服务是一种非实物形态的使用价值,它以活动的形式提供具有特殊使用价值的劳动。保险服务的非实体性使它具有以下特性:

(1) 生产过程与消费过程同时进行,即保险员工提供服务于客户的过程,也正是顾客消费服务的过程,两者在时间上统一。由于保险服务不是一个具体的物品,而是一种活动、一个过程,所以在保险服务中保险员工与顾客必定直接见面,发生直接的联系。因此,顾客只有积极地加入保险服务的过程中来,才能得到服务,只有积极配合服务提供者的活动,才能得到完美的服务。同时,保险员工只有牢固树立顾客第一、服务第一的观念,充分了解和掌握顾客的服务需求,才能提供"适销对路"的保险服务。

可以说,顾客对服务过程的亲自参与及其在这一过程中主动与服务提供者沟通,服务提供者提供服务及其在服务过程中与顾客的互动行为,影响着保险服务水平的高低,决定着保险公司和顾客的关系。为此,保险公司应该有效地引导顾客正确扮演他们的角色,鼓励和支持他们参与服务过程,了解和掌握不同客户需求的差异性,确保保险服务能够最大限度地满足顾客的要求。

(2) 不可储存性。基于保险服务的生产与消费同时进行,使得其使用价值不能脱离生产者和消费者而固定在一个耐久的物品上,当然也不可能像有形商品那样,被储存起来以备使用。保险服务的不可储存性,要求保险公司有效地解决保险服务供给与需求时间上的差异。

二、完整性

客户购买保险并不限于获得营销员的主动热情,更需要营销人员为其设计科学合理的保险计划,解答各种问题,履行合同规定的赔付。所以保险服务人员要具备相应的专业知识和技能,有良好的服务态度,才能起到良好的服务效果。

三、超值性

保险公司可以为保户提供超过顾客所购买商品本身价值的服务,超过客户对保险商品的期望。一个成功的企业必定是一个能提供超值服务的企业,通过超值服务赢得客户信任,占有更多的市场。

第三节 旅游服务——旅游业未来发展的新方向

旅游业因其广泛的经济关联效应而成为当今世界各国经济发展中的重要内容,作为一个

第五章　国际服务经济的主要领域分析

融合了多种产业的综合性经济部门，它也是服务贸易的重要组成，因而兼具服务产品和贸易品的特点（唐志明，2007）。基于服务贸易四种模式的界定，本节对旅游服务贸易做出如下的归纳和界定：旅游服务贸易是成员国家或地区主体之间以无形的旅游服务产品为交易对象的旨在取得服务报酬的有偿经济活动。

结合生产要素为基础的分类以及GATS服务贸易四种提供模式的划分方法，本节根据生产要素的投入情况可以将旅游服务贸易划分为四种：资源密集型旅游服务贸易、劳动密集型旅游服务贸易、资本密集型旅游服务贸易和技术、知识密集型旅游服务贸易，四种类型的旅游服务贸易在层次上是一种从初级到高级的不断提升。每一种密集使用某种旅游生产要素的旅游服务贸易类型都有可能采取GATS中关于服务贸易四种提供模式中的一种或多种。当然也可以将四种要素密集度不同的方式与四种提供模式进行粗略的匹配：跨境交付模式的旅游服务贸易对网络技术要求相对要高，可以与技术、知识密集型旅游服务贸易相对应；过境消费旅游服务贸易对于资源等旅游吸引物的要求相对要高，可以与资源或劳动密集型旅游服务贸易相对应；商业存在旅游服务贸易对于资本要素的要求则相对要高，可以与资本密集型旅游服务贸易相对应；而自然人移动则要求具备特殊的管理或服务技能，大致可以与劳动密集型或技术知识密集型旅游服务贸易相对应。换句话说，四种旅游服务贸易提供模式分别对应了四种不同的要素禀赋条件。

旅游服务贸易与传统商品贸易相比，其最大特点是就地商品出口和就地服务出口：

（1）就地商品出口。国际旅游者到旅游产品生产地进行消费，出口方就地输出商品即旅游服务而获得外汇收入。这种出口不存在商品的包装、运输、仓储、保险以及关税等开支，也不存在外贸出口业务中有关手续费，换汇比例较高。此外，旅游产品基本以自然资源为主，几乎不存在传统商品贸易的成本问题。

（2）就地服务出口。旅游接待国或地区向旅游者提供无形的服务产品，也提供其他的实物产品，都要消耗大量的劳动。旅游者到该国用外汇支付服务费用，这样就使旅游服务劳动具有就地服务出口的性质，通过这种方式能换取大量服务费外汇收入，这也与传统商品出口不同。

（3）旅游服务贸易的运行具有综合性和整体性。所谓综合性是指旅游者在旅游过程中，支付外币购买旅游商品，以满足旅游消费的需要。旅游消费包括住宿、饮食、交通、游览、娱乐等，是物质和非物质的多种产品的组合，是综合性的消费。所谓整体性是指尽管旅游经济部门和行业提供的服务内容各不相同，但提供服务的过程却是整体的。不同性质的服务必须从质量和内容上满足旅游者的需要。

第四节　运输服务——连接跨区域贸易的纽带

运输服务的发展一直受到各个国家的关注，这不仅仅因为运输业是一国的基础产业，更重要的是作为国际商品贸易的桥梁和纽带，它是国际商品贸易业务过程中必不可少的重要环节之一。一国运输业的发展程度极大地决定了该国运输服务贸易的发展状况。运输服务贸易

国际服务经济概论

源于商品贸易,在全球经济一体化的背景下,商品贸易持续的高增长势必带动运输服务贸易的发展。运输服务贸易是以运输服务为交易对象的贸易活动,按运输对象可分为货物运输服务贸易和旅客运输服务贸易。按运输方式的不同可以分为海上运输服务、航空运输服务、公路运输服务、管道运输服务等。从全球来看,其特征和发展现状如下:

一、发达国家和地区是世界运输服务贸易的主体

运输服务贸易是经济全球化的产物,发达国家凭借其雄厚的资金、先进的航海航空技术和科学的管理模式,先于其他国家实现了运输的规模化、国际化经营。2008年以后,位于运输服务贸易出口额排名前列的国家和地区,包括欧盟、美国、日本、韩国、新加坡、中国香港在内,这些发达国家和地区的出口贸易额在出口总额中占比超过70%。因而,从总体上看,发达国家和地区是世界运输服务贸易的主体,各国间的运输服务贸易不平衡趋势会持续下去并有加剧的迹象。

二、世界运输服务贸易的规模稳步扩大

随着经济全球化和世界经济一体化趋势的加快,各国(地区)间的贸易往来更加频繁,贸易合作更加密切,世界进出口贸易总额不断增加。世界货物贸易的稳定增长,带动了以货物为主的国际运输服务贸易的快速增长。近几年来,世界运输服务贸易规模增长明显加快,随着全球经济形势的复苏,预计此后仍会保持在10%以上的增长速度,贸易规模会稳步扩大。近两年来,世界运输服务贸易的年均增长率高于货物贸易的年均增长率;一方面,符合世界服务贸易增速高于货物贸易增速的大趋势;另一方面,也说明世界运输服务贸易还有更大的发展空间。从总体上看,世界运输服务贸易的规模稳步扩大,增长速度呈上升趋势。在世界经济平稳发展的前提下,预计世界运输服务贸易仍将延续这种稳步扩大的趋势发展下去。

三、世界运输服务贸易增长受制于世界经济波动

海运服务在世界运输服务中所占的比重超过了40%,2008年的经济危机造成全球对货物贸易需求的减少,使得对海运服务的需求大幅减少。代表国际海运服务贸易需求变动的国际波罗的海综合运费指数(BDI),在2008年第一季度达到了历史同期的高值,这表明了海运服务贸易与世界经济以及国际货物贸易之间的强烈相关性。但是到了12月,BDI降低了94%,这种下降的趋势延续到了2009年。2008年前三季度运输服务贸易出口额增长40%的韩国,在2009年前三季度,其出口额降低同比减少了18%,与此同时,中国和中国香港地区的出口额同比减少了17%。根据最新的统计数据,2009年世界运输服务贸易额为1.5万亿美元,较2008年下降了22%,甚至低于2007年的1.7万亿美元,运输服务贸易的增长越来越受制于世界经济的波动(赵书华、徐畅,2007)。

第五章 国际服务经济的主要领域分析

四、世界运输服务贸易的地理格局稳中有变

由于政治、经济等多种原因，各个国家或地区的产业结构和贸易结构发生了程度不同的变化，这导致了各国或地区间的贸易状况发生了变化；同样，各个国家或地区间的运输服务贸易状况也随之发生了改变，但总体上保持稳定。从统计数据来看，北美洲、欧洲和亚洲是世界运输服务贸易的三个重心，2000年三大洲的运输服务贸易出口额合计占世界运输服务贸易出口总额的86.5%，2012年为87.4%，总体上几乎保持不变。但与此同时，三大洲各自的占比却有所变化，2012年北美洲的运输服务贸易出口额占世界运输服务贸易出口总额的11.7%，与2000年相比下降了5.4个百分点；中南美洲基本持平；欧洲、非洲和亚洲的比重分别提高了3.6、1.3和1.5个百分点。从平均增长率来看，非洲以18%的年均增长率高于其他地区，其次是欧洲和亚洲。在位于世界运输服务贸易出口额前15名的国家和地区中，高于平均增长率142%的国家包括亚洲的韩国、中国、俄罗斯、印度和非洲的埃及。因而，预计在未来的一段时间里，在保持三大重心稳定的同时，亚非将在拉动世界运输服务贸易发展中发挥越来越重要的作用（赵倩，2009）。

五、运输服务贸易中各部门的发展不均衡

随着各国国内产业结构和各国间贸易结构的改变，作为连接各国间经贸往来桥梁和纽带的运输服务贸易，其各部门的发展状况也发生了改变，有的部门发展较快，有的部门发展较慢，有的部门甚至未发展。2008年运输服务贸易出口额前几名的国家和地区中，对运输服务项下各部门有具体统计的数据的有美国、加拿大、日本、中国、中国香港、俄罗斯、印度和挪威，其中中国、中国香港和加拿大的海运部门的出口增长率高于其他运输服务部门，俄罗斯空运服务部门的出口增长率高于其他运输服务部门。美国、印度和挪威的包括铁路、公路等运输方式在内的其他运输部门的出口增长率高于海运和空运部门，其中印度和挪威的增长率甚至达到了50%和40%。在以上8个国家和地区中，海运服务出口增长率最高的是中国，为27%；空运服务出口增长率最高的是俄罗斯，为29%；中国其他运输部门的整体出口增长率和日本空运部门的出口增长率均为零。各国（地区）间的经贸往来在一段时间内还会出现波动，包括中国在内的部分国家（地区）对其贸易战略的改变，都会使运输服务贸易项下各部门发展状况差异化的趋势延续下去（曹希、谢永亮，2009）。

第五节 技术服务——现代工业经营管理的重要环节

技术服务（Technical Service）是指当事人一方以技术知识为另一方解决特定技术问题的行为。具体是指为使机械工业产品在安装、调试和运行中保持良好的技术状态，由产品制造企业向用户提供各项组织措施和技术措施的服务。技术服务是现代工业经营管理的一个重

要环节，它有利于用户提高使用机械产品的技术经济效果，也有利于企业本身提高产品质量和改进产品结构，并为扩大市场销售等经营决策提供依据。

技术服务主要包括七个方面的内容：

（1）信息服务：技术服务组织应与有代表性的用户建立长期、稳定的联系，及时取得用户对产品的各种意见和要求，指导用户正确使用和保养产品。

（2）安装调试服务：根据用户要求在现场（或指导用户）进行产品的安装调试工作。

（3）维修服务：维修服务一般分为定期与不定期两类。定期技术维修是按产品维修计划和服务项目所规定的维修类别进行的服务工作。不定期维修是指产品在运输和使用过程中由于偶然事故而需要提供的维修服务。

（4）供应服务：向用户提供产品的有关备品配件和易损件。

（5）检测服务：为使产品能按设计规定有效运转所进行的测试、检查、监控工作，以及所需要的专用仪器仪表装置。由于检测服务的工作量日益繁重，各种专用仪表也日益增多，检测服务趋向于建立各种综合性或专业性的测试中心。

（6）技术文献服务：向用户提供产品说明书、使用说明书、维修手册以及易损件、备件设计资料等有关技术文件。

（7）培训服务：为用户培训操作和维修人员。培训内容主要是讲解产品工作原理，帮助用户掌握操作技术和维护保养常识等，有时还可在产品的模拟器或实物上进行实际的操作训练。

随着现代科学技术的发展，产品结构日益改善，技术精度和复杂程度不断提高，技术服务已从单纯的售后服务发展为售前服务，即在新产品的设计论证阶段就将技术服务的要求列为一项重要内容，并随着设计、试制和生产阶段的进行而逐步具体化，因此在产品交付使用时就能提供一整套基本完善的技术服务。但对一些结构和使用维修比较简单的产品，一般仍采取售后服务的方式。技术服务的组织形式，视产品使用复杂程度和市场占有率而定。企业一般设立专职的或兼营的技术服务机构。对于使用复杂程度高、工作量较大的产品，还可建立服务公司或服务中心。

第六节　咨询服务——高级智能型的智力服务活动

咨询服务（Consultation Service）是咨询受托方（咨询人员或咨询机构）根据委托方（客户）提出的要求，以专门的信息、知识、技能和经验，运用科学的方法和先进的手段，进行调查、研究、分析、预测，客观地提供最佳的一种或几种可供选择的方案或建议，帮助委托方解决各种疑难问题的一种高级智能型信息服务。咨询服务通常是依靠具有专业知识背景、实践经验和创新能力的人才，充分开发利用信息资源，运用现代信息技术和咨询科学方法为客户解决复杂问题的一种有组织的智力活动。根据咨询对象和咨询活动的不同特点，可以将咨询服务划分为5个主要类型。

第五章　国际服务经济的主要领域分析

1. 政策咨询

为某一国家、地区或大型企事业单位的发展战略规划和各种带有政策性、全局性和综合性的重大决策问题提供的咨询服务。政策咨询服务的范围从社会政治、经济、科技、文化等各个领域长期发展战略规划的论证，到综合性的跨行业、跨部门决策问题以及国家重大方针政策和重要建设项目的确定等，涉及的专业领域往往超出特定的学科范围，需要集中许多学科领域的专家学者进行共同研究。政策咨询是决策科学化的重要保证，自20世纪60年代以来深受世界各国重视。著名的美国兰德公司、英国伦敦国际战略研究所、中国国务院发展研究中心都属此类咨询机构。

2. 管理咨询

以企业经营管理为主体的咨询服务，亦称企业诊断。它是针对企业经营管理中存在的主要问题和薄弱环节，提出各种优化方案，供企业领导者决策时参考，以提高企业的经营管理水平，其最终目标是提高企业的经济效益和竞争实力。管理咨询的内容大致包括企业经营战略咨询、管理体制咨询、市场发展咨询等综合咨询，以及生产管理咨询、人事管理咨询、财务管理咨询、质量管理咨询、销售管理咨询、信息技术咨询等专题咨询。针对管理咨询具有实践性、临床性的特点，一般应聘请有关方面的管理专家，深入企业现场，对企业经营管理的各个方面及其全过程进行诊断，在全面了解和掌握企业经营管理有关状况的基础上，对所存在的问题提出基本评估和改进方案。美国安德森咨询公司、德国系统工程公司等即属此类咨询机构。

3. 工程咨询

专门为各种工程建设项目提供的咨询服务。工程咨询以尽可能避免项目决策失误为目的，通常是对工程建设项目从立项评估到竣工投产的全过程进行咨询，一般情况下要参与可行性研究、设计、招标、施工等阶段的咨询服务，包括向现场派驻常任代表或者直接参加施工监理工作。工程咨询在咨询业中历史最为悠久，英国艾特金斯咨询公司、中国国际工程咨询公司等均属此类咨询机构。

4. 技术咨询

咨询人员和咨询机构利用自己掌握的技术知识、信息和经验，为解决客户遇到的技术疑难问题所开展的咨询服务。技术咨询目标具体，技术性强，咨询方式多种多样。从其业务内容来说主要有技术问题诊断、技术经济分析、技术可行性研究、技术发展预测、技术选择与评价、技术推广与培训等。技术咨询以适用技术为出发点，其影响则渗透到社会、经济的各个方面，是促进技术转移、技术改造和技术进步，搞好技术引进、活跃技术市场的重要工具。

5. 专业咨询

就某一特定专业领域里的问题进行咨询服务。专业咨询通常都针对客户提出的问题进行，其特点是涉及面较窄，专业性较强。主要包括环境咨询、金融咨询、会计咨询、法律咨询、医学咨询、心理咨询、生活咨询等。专业咨询服务一般应由相应领域的专家来承担，咨询机构的规模大多比较小，业务方式灵活多样，除采用答复咨询等形式外，有时还通过举办专业培训班或编辑出版各种书刊资料进行宣传指导，或者代理各种专门服务等。随着社会信息需要的急剧增长，专业咨询服务呈现出蓬勃兴旺的发展势头，逐渐成为现代咨询业的主流。

第七节 信息服务——信息管理活动的出发点和归宿

随着信息网络技术和电子商务的发展，国际信息贸易正从国际服务贸易中分离出来，以一种独立的新的贸易形式出现。国际信息贸易指的是与信息产品和信息服务有关的一切跨国贸易形式和活动。因此，国际贸易将由商品贸易（消费品、生产资料贸易）、劳务贸易（运输、旅游、工程承包）和信息贸易（技术、信息商品和信息服务贸易）三分天下，而国际信息贸易的发展是国际贸易商品结构高级化以及国际贸易得以不断扩大的动因之一。信息服务贸易的发展大大拓展了国际贸易的空间和场所，缩短了国际贸易的距离和时间，简化了国际贸易的程序和过程，使国际服务贸易活动全球化、瞬间化、智能化、无纸化、简易化。因此，信息服务贸易已成为知识经济时代深化产业革命的重要角色（谢康，1998）。

一、国际信息服务的兴起

1993年美国提出国家基础信息设施（NII）即"信息高速公路"建设，引起了全世界的强烈反响。1995年，美国政府宣布将"全国信息基础设施"计划推向全球，形成"全球信息基础设施"计划，呼吁世界各国加入"全球信息基础设施"的建设，"通过商讨性、建设性和合作性"程序使所有国家都从信息设施中受益（郭春侠、李颖，2002）。

国际信息服务贸易包括的国际技术与管理咨询服务贸易（如工程咨询、法律、财务服务贸易）、国际经贸信息服务贸易和国际专家服务（如国际教育、技术专家服务贸易）等，大部分都可通过信息网络的"运送服务"方式进行信息的交流和反馈，"足不出户"即可为全球各地的用户同时提供服务。通讯和信息技术的改进，为美国一些技术性咨询公司带来大量贸易盈余，仅在1995年该产业就带来120亿美元的贸易盈余。信息技术服务业中的计算机相关服务业（包括计算机和数据处理服务的销售和购买、数据库和其他信息服务、软件特许使用费），平均每年递增25%以上，几乎是全部服务贸易平均增长率的25倍。到1997年计算机相关服务业在国家信息技术服务贸易中占41%。1993~1997年，信息技术服务业中的这一部分使贸易顺差平均每年增长42亿美元。美国的跨国公司海外分支机构，计算机服务业销售额每年大约增长30%，1996年这部分贸易的总额就超过了280亿美元。由此可见，信息服务业在美国新经济的发展中立下了汗马功劳。欧洲国家和日本，一些发展中国家如印度等，信息服务贸易发展也非常迅速，如印度的软件出口额已占其出口总额的相当比重,成为新兴的软件大国(张强莉,2007)。

二、国际信息服务的意义与发展趋势

1. 信息服务对服务贸易的发展有积极促进作用

根据 WTO 的统计,全球服务贸易总额(国际收支统计口径)从 1980 年的 7 623 亿美元上升至 2003 年的 35 750 亿美元,年均增速达 69%。服务贸易的迅速发展,是新技术革命引起的国际分工深化,全球产业结构调整升级的必然结果。20 世纪 90 年代以来,在服务经济得到迅速发展的同时,一个明显的事实是与信息通讯技术(ICT)紧密关联的服务贸易,如金融、电信、软件服务等,改变了服务贸易的内容与构成,有力地促进了服务贸易的发展。美国学者实证分析了互联网应用水平对美国服务贸易进出口增长率和服务贸易进出口额的影响,结论表明,若美国贸易伙伴的互联网应用水平提高十个百分点,则带来服务进口增长率上升 11%,出口增长率上升 17%,服务贸易进口额增长 0.5%,出口额增长 0.2%。

2. 信息服务业的市场开放是一个漫长的过程

在市场需求、技术进步、业务创新和国际电信管制政策逐步放松等因素共同的推动下,信息服务全球化已经成为全球信息服务业发展的一个基本趋势。但是,由于信息服务贸易对经济竞争力的影响越来越强烈和广泛,它与国家经济竞争力的提高保持着难以割断的联系。目前没有一个国家愿意完全开放本国信息服务市场,也没有一个国家倾向于执行严格的信息服务进口替代政策。虽然世界信息贸易自由化进程已经迈出第一步,即发达国家采取提高竞争力的放松出口管制政策,发展中国家采取放宽进口限制的渐进自由化政策,然而由于国家竞争力原因,信息服务贸易既不可能出现李嘉图式的纯粹自由贸易,也不可能出现传统的工业进口替代那样的保护贸易。有管理的信息服务自由贸易最有可能成为各国发展的预定目标,但这也需要经历漫长的过程。

第八节　通讯服务——优化信息互通的载体

国际通讯服务贸易是指以通讯服务为交易对象的贸易活动。通讯服务包括邮政服务和电信服务两种方式。邮政服务最早只传递信函,随着邮政业务的发展,现在的邮政服务还承办包裹运送、汇兑、储蓄等业务。因此,现在的邮政服务是指借助班轮、班机、班车等运输方式,利用邮政网路,承担信函和报刊的传递、包裹的运送以及部分金融业务,如国际信使专递行业中具有代表性的敦豪国际有限公司(DHL)的信使专递和民航快递服务。电信业务是指以光、电为载体,将语言、文字、数据、图像等各种非电信息转换成电信号,由电气手段将电信号自甲地传送到乙地,然后再还原成原来的信息符号,传递到接收人手里。随着电子科学和光电技术装备的发展,现在的电信服务已不再限于传输,还包括了对信息的储存、处理、编辑、转换、综合等多功能服务,如电传、传真等。在信息技术发展的基础上,电信

国际服务经济概论

通讯还出现了一些新业务形式,如电子信箱、电子货币、会议电视电话、可视图文信息系统等。

通讯服务贸易具有三个特点:第一,通讯服务主要以传输含有信息的物件为主;第二,电信服务能以最快的速度传递信息,并能提供信息的多功能服务;第三,由于任何社会化大生产都必须运用通讯手段来调控,任何政府都要运用通讯手段来宣传政策主张、管理国家,人们要利用通讯手段来交流信息。因此,通讯服务已超越了单纯的通讯而直接介入到社会经济、政治和科技等各个方面。

国际通讯服务有利于国际贸易、国际金融和国际运输等业务的开展,通讯服务的发展大大促进了这些业务的发展。国际通讯服务贸易的作用体现在三个方面:首先,通讯服务主要是对信息的传输和交换。生产、贸易、国防、科技等社会生活各方面都离不开通讯服务,它是现代社会的重要支柱。在当今社会中,竞争的胜利在很大程度上取决于对信息的掌握。生产者掌握了正确的市场信息,就能以更适销、价格比对手更有竞争力的商品占领市场;投资者掌握了金融市场、证券市场的走向,就能选择正确的投资以获取高额利润。指挥员掌握了战场的地形、气候条件、敌我双方的力量对比等就能克敌制胜。其次,通讯服务有利于节约人力和资金。例如,充分利用电话,就可大大减少差旅费和会议费支出,还可大大减轻交通运输的压力。据美国预测,利用现代化的电信手段,实现新型的分散式办公形式,可节约300亿~470亿美元的交通运输投资费用。美国还有人估算,利用通讯代替出差联系工作,每日可节约美国当日石油总耗量的7%。日本电信界认为,用电信手段代替业务面谈,可节省交通能源的60%。最后,通讯服务有利于国际贸易、国际金融和国际运输等业务的开展,通讯服务的发展大大促进了这些业务的发展(赖春萍,1999)。

☞ **案例分析**

IBM助力大连银行构筑门户系统带来全新协作方式

2010年12月27日,日前IBM公司宣布,作为最为灵活、构架最为完整的企业门户解决方案,WebSphere Portal成功助力大连银行搭建了内部信息化门户。随着大连银行信息化建设的不断深入,用户被日益丰富的信息所淹没,用户必须分别登录多个系统以获取完整的信息。为此,大连银行以打造企业级信息共享和协同平台为目标,对国内主流的门户产品进行了认真调研,最终选择领先成熟的IBM WebSphere Portal 6.0作为大连银行的基础门户平台。

WebSphere Portal是一个框架——包括运行时服务器、服务、工具和许多其他特性——企业可以使用这些特性将企业集成到单个称为门户的可自定义界面中。企业门户将各种来源的组件、应用程序、流程和内容组合到统一的界面中展现,用户可通过多种渠道访问该界面。此外,根据用户或工作角色、安全需要、设备设置、个人首选项和管理设置,企业还可以进行门户自定义,如定义工作流以支持业务流程。

此外,在WebSphere Portal搭建的灵活框架和基础结构下,通过单点登录(SSO)、实时

第五章 国际服务经济的主要领域分析

通讯软件（IBM Lotus Sametime）、新一代文档协作平台 Lotus Quickr、社会网络软件 Lotus Connections 等全面的技术支撑。正因 IBM WebSphere Portal 汇聚了 IT 系统各种领先的中间件技术，所以能全方位地为大连银行提供一个完整、灵活、开放、可扩展的架构，创建了一流的、安全、功能强大的门户系统。

通过部署 WebSphere Portal，一方面，大连银行实现了信息的统一发布和管理，提供不同的部门创建、维护和发布结构化和非结构化内容；建立了分支行虚拟门户和部门空间，建立了行内新闻、工作动态、通知公告、金融信息、政策研究、行内论坛等栏目。另一方面，实现了信息的统一入口、个性化的访问以及系统间的集成和单点登录，还搭建起领导个性化工作台；同时还建立了多系统间 SSO 机制，完成了与 OA 系统、邮件系统、Sametime、业务发展监测平台间页面集成，在此基础上实现协同工作的统一代办。

WebSphere Portal 门户解决方案为大连银行带来焕然一新的协作方式，使全行每一个人能够直接感受到信息化建设的成果。IBM 软件集团大中华区 Lotus 软件总经理李贵兴先生对此表示："信息技术这枚利器助力企业实现商业管理重大转变的案例比比皆是。我欣喜地看到，大连银行选择 IBM WebSphere Portal 构建门户系统，实现了业务和人员协作的全面提速，促进大连银行向全国性股份制商业银行的顺利转型。"

案例资料来源：邵芳：《IBM》助力"下一代"银行换心，《商务周刊》，2008 年第 9 期。

案例讨论题：你认为技术服务对现代企业的发展有何影响？

本章小结

（1）金融服务业逐渐成为未来各国经济发展的重要支撑，体现了一个国家参与国际金融业分工的基本情况。

（2）保险服务是一种非实物形态的使用价值，它以活动的形式提供具有特殊使用价值的劳动。

（3）旅游服务贸易是成员国家或地区主体之间以无形的旅游服务产品为交易对象的旨在取得服务报酬的有偿经济活动。

（4）运输服务作为国际商品贸易的桥梁和纽带，是国际商品贸易业务过程中必不可少的重要环节之一。

（5）技术服务是指当事人一方以技术知识为另一方解决特定技术问题的行为。

（6）咨询服务是指帮助委托方解决各种疑难问题的一种高级智能型信息服务。

（7）国际信息贸易指的是与信息产品和信息服务有关的一切跨国贸易形式和活动。

思 考 题

1. 何为金融服务？
2. 何为保险服务？

国际服务经济概论

3. 何为旅游服务?

网络练习

试上网了解我国的保险服务状况,并分析其在国民经济中的作用。

自 测 题

1. 阐述世界金融服务的发展趋势。
2. 通讯服务有何特点?

第六章　国际服务经济与投资

> **本章学习目标**
> - 了解国际服务经济如何引进来；
> - 了解影响国际服务经济引进来的关键因素；
> - 了解国际服务经济如何走出去；
> - 了解制约国际服务经济走出去的症结所在。

☞ **开篇案例**

服务贸易面临"成长烦恼"

作为中国进一步对外开放的重点领域，外资服务业的发展速度和未来前景不断向好，但由于政策法规不健全、行政审批程序繁冗、投资"玻璃门"等限制，外资直接投资服务业仍遭遇多重"成长烦恼"。专家建议建立外资服务业一般性法律和统一协调管理部门，平衡好"开放"和"监管"的关系；同时，优化服务业引进结构，培育服务业配套要素，探索在特定区域先行先试搭建平台，在筑好经济安全"防火墙"的前提下，吸引外资"活水"顺畅地流入中国服务业。

1."双向开放"有喜有忧

在全球产业格局不断调整、服务领域加速开放的背景下，服务贸易日渐成为各国提高国际分工地位的重要领域。商务部最新数据显示，2013年中国服务进出口总额达5 396.4亿美元，比上年增长14.7%。其中，服务出口总额同比增长10.6%，增速比上年提升6个百分点；服务进口总额同比增长17.5%，增幅与上年基本持平。

以金融业为代表，中资银行海外拓展全面提速。2013年以来，光大银行和交行分别在香港设立分行和资产托管中心，建行迪拜分行开业，建行大阪、卢森堡分行落地，工行获准在秘鲁和新西兰设立分行。但"远航海外"不是一帆风顺，境外机构设立后，中资银行仍面临外汇资金来源不足、机构网点和人员缺乏、金融保护主义等压力，且海外业务规模有限，2012年年末，中资银行的境外资产规模占中资行资产规模比重仅4.2%。

另外，外资银行"引进来"也并非一蹴而就。广东省外经贸厅方面认为，中国金融业在注册资本限额、总资产、执业资质等方面的准入门槛还较高，如独资、合资银行的注册资本不低于10亿元人民币，且外方股东提出设立申请前1年年末总资产至少

国际服务经济概论

要达到100亿美元;澳门服务提供者在横琴开设银行分行或法人机构,年末总资产要求为40亿美元等。

受访专家表示,当前服务贸易正处于发展的战略机遇期,在国际经贸环境公平、共赢的基础下,"引进来"和"走出去"双轮驱动未来外贸增长,不断提高服务业"双向开放"水平成为大势所趋。

2. 开放政策有待细化

尽管前景向好,中国服务业利用外资仍存在一些"成长的烦恼",主要表现为以下障碍:

(1) 服务业对外开放应给予进一步宽松的空间。杭州市外经贸局副局长朱菁表示,对于需要大量资本的行业,如航空服务业、金融服务业、医疗服务业、零售业等,国家政策限制比较多,外资审批上放不开,可能就走了别的渠道,反而没有办法纳入管理体系,容易发生纠纷,埋下隐患。互联网行业也是如此,上海自贸试验区一家互联网港企表示,很多互联网企业都有外资成分,在境外上市,而外资在国内经营网站不能取得网络内容服务商(Internet Content Provider, ICP)牌照,所以大多互联网企业在境外有一个上市实体,境内有一个业务实体,境外上市实体用协议的方式控制境内业务实体,这种"变通手法"在法律结构上是不完整的,隐患值得关注。

(2) 顶层设计及配套细则待完善。中国医院协会副秘书长庄一强表示,迄今为止国内的外资医疗机构大部分为中外合资合作,个别为台资、港资独资,欧美独资的没有,原因就在于缺乏落实细则,如外商独资医院的土地政策一直没有明确说法,上海自贸试验区暂行办法在落实上进了一步,但仍不够完善。如自贸试验区医院是服务区内人群还是全国患者、自贸试验区医院医生可不可以到区外执业,这都需要进一步说明。

(3) 审批"玻璃门"消解服务业开放政策。雍柏荟老年护养(杭州)有限公司的柴海燕说:"因为没有专门批给外资养老服务机构的土地,我们拿的是商业用地,价格很高;经营范围处于模糊地带,养老关联的是康复和护理,这就涉及了医疗方面,审批关卡很多;此外,营利性养老机构的归属不明确,营业执照申领不知道是归工商部门还是民政部门管,反正部门间相互推,后来是当地政府多次开协调会才决定下来;大楼建设还需要建设、消防、环保等十多个部门审批,很多审批条件还是互为前置的。相比之下,内资企业则非常简单,成立公司后可运行多个项目,且审批后置。""教育审批环节也非常复杂,国际学校必须经过教育厅和商务部批准,商务部希望放开,而教育部门则坚持中国教育模式的影响力。现在中国学校的国际项目只能招收外国人,却没有面向国内学生开设的国外课程教育等。"朱菁说,在房地产行业,外商投资有各个部委的各项规定,如外商投资的房地产公司只能是项目公司,就是这块地只能做这个项目,土地款必须百分之百是外资投入,需要发改委、环保局、外经贸局、工商局等不少于十个局的审批。

3. 优化引进结构,平衡"开放"和"管理"

针对服务业开放发展的制约瓶颈,受访专家提出如下建议:

(1) 降低准入门槛,加强后续监管。上海美国商会等方面表示,希望正在修订的2014版自贸区负面清单在改善目前外商投资受限领域的准入方面迈出实质进展,如在服务业开放

第六章　国际服务经济与投资

及物流、贸易环境改善等方面有更多宽松政策出台，对意识形态以外的互联网服务放开外资准入限制等。广东省外经贸厅方面建议，降低外资银行、保险公司的最低注册资本限额或申请前1年年末总资产要求，进一步放宽电子商务里的增值电信业务的外资股比限制，制定和完善教育、育幼养老、电子商务等领域的准入办法。

由于外资进入服务业存在诸多不稳定因素，降低门槛的同时要提升监管水平。建议对外资从进入到利用等一系列过程都要跟踪防控，制定统一的服务业监管的一般性法律，将外资企业纳入直接、统一的行政管理，建立一套综合性、全面的管制标准体系。如营利性医院进行双重管理，加强从业人员资质审核，一方面，卫生系统作为行业管理机构，对于医疗行为、医疗人员资质加强管理；另一方面，医院作为独立法人机构应由工商局管理。盈利后依法纳税，此外就是正常行业管理。

（2）在特定区域探索先行先试优惠政策，经验成熟后再推广。广东省外经贸厅等方面建议，在进一步开放的空间上，希望国家允许在广州南沙、深圳前海、珠海横琴先行先试，独资、合资、合作举办国际学校等，为省内其他地区积累相关经验。东莞市台办方面也表示，希望深化两地知识产权、金融、电子商务等方面的合作广度和深度，加快将台湾生产型先进服务业引进东莞，带动整体台资企业在内地投资和转型升级的步伐。

（3）优化服务业引进结构，培育国际人才等服务业配套要素。浙江大学经济学院教授肖文、百佳妇婴集团董事局副主席林秋华等建议，中国对于外资的流向应该给予积极引导，鼓励外资更多地投向高新技术产业、现代服务业和中西部地区，同时进一步改善投资软环境，切实保障企业知识产权等合法权益；通过积极宣传国际理念、培养国际人才、促进从业人员资质互认等，建立一套综合、全面的管制体系。此外，随着外资进入服务业的放开，应该加强对懂业务、知行情、通外语的服务业专业人才的培养。

重点发展与不同贸易伙伴国服务贸易竞争力互补的行业之间的贸易往来，积极、稳妥、有序地推动中国服务业对外开放，同时对服务业FDI项目的评价从注重数量转变为注重评价技术含量高低，加强国内服务购买方、国内服务业与外资企业的联系，促进外资企业技术转移。

（4）平衡好"开放"和"管理"，防范经济风险。服务业对国家经济安全的影响比制造业更为深刻，中国服务业在产品设计、管理模式和服务水平等方面与跨国公司的差距还远大于制造业，外资进入服务业短期会对中国处于起步阶段的现代服务经济产生一定的冲击。要谨防内资服务经济被压制在产业链低端，尤其是在高技术服务经济方面依赖发达国家，尤其要在审计服务、信息服务等与宏观经济安全密切相关的领域把好关。

案例资料来源：引自《国际商报》2014年2月19日，内容有删减。

案例讨论题：你认为我国应如何突破服务经济开放发展的制约"瓶颈"？

国际服务经济概论

第一节 海纳百川：国际服务经济投资中的引进来

一、国际服务经济如何引进来：现状与问题的思考

随着世界经济和生产结构的不断演进、升级，国际直接投资的产业重点也随之发生了变化，国际服务经济部门越来越受到国际直接投资的喜好。与此相应，我国国际服务经济投资也经历着翻天覆地的变化。

1. 我国服务经济吸引国际直接投资的现状

改革开放初期，我国引进的外资主要投放在制造业，服务经济几乎是空白。20世纪90年代末期以来，尤其是我国加入世界贸易组织以后，服务经济领域才开始有规模地吸引外资。目前中国实际利用外资额已经突破1万亿美元。随着服务业的迅速发展，服务业产值占GDP的比重已由1978年的23.94%上升到2011年的43.42%，有了很大的进步，但这一比率依然远低于发达国家和中等发达国家（陈静雯，2013）。

表6-1显示了2005~2012年我国服务经济实际利用国际直接投资额的情况。通过分析其中的数据可以发现：这几年间，我国服务各行业吸引国际直接投资逐年增多，但是各行业间出现极其不平衡的状态。以2005年的数据为基数，其中，金融业实际利用FDI的金额增长最快，达到864.7%；批发和零售业、科学研究、技术服务和地质勘查业紧随其后，增长率分别为811%和809.3%；而住宿和餐饮业，卫生社会保障和社会福利业，文化、体育和娱乐业实际利用外商直接投资金额增长缓慢，增长率分别为25.2%、63.8%和75.7%。

同时我国服务经济吸引国际直接投资出现行业和地区分布不平衡的现象。近年来，我国服务经济吸引外资主要集中于房地产业，占了整个服务行业实际利用外资的39.8%，其次是批发和零售业，租赁和商务服务经济占了整个服务行业实际利用外资的15.6%~13.5%。而金融业、水利、环境和公共设施管理业、居民服务和其他服务经济、住宿和餐饮业、教育、卫生、社会保障和社会福利业和文化、体育和娱乐业等加起来在服务经济实际利用外资中所占比重仅仅9%，比例极少。

另外，根据商务部公布的数据显示，2013年服务经济实际使用外资614.51亿美元，同比增长14.15%，服务经济吸收外资增速明显高于制造业，在全国总量中的比重为52.3%，首次占比过半。其中社会福利保障业、电气机械修理业、娱乐服务经济增长较快，分别增长368.6%、308.8%和117.4%。这显示我国服务经济结构水平较低、难以与国际服务经济直接投资对接的局面有改变的趋势。

第六章 国际服务经济与投资

表6-1 2005~2012年我国各服务行业实际利用外资情况

单位：万美元

指标	服务经济实际利用外商直接投资金额	交通运输、仓储和邮政业	信息传输、计算机服务和软件业	批发和零售业	住宿和餐饮业	金融业	房地产业	租赁和商务服务经济	科学研究、技术服务和地质勘查业	水利、环境和公共设施管理业	居民服务和其他服务经济	教育	卫生、社会保障和社会福利业	文化、体育和娱乐业
2005年	1 672 260	181 230	101 454	103 854	56 017	21 969	541 807	374 507	34 041	13 906	26 001	1 775	3 926	30 543
2006年	2 189 234	198 485	107 049	178 941	82 764	29 369	822 950	422 266	50 413	19 517	50 402	2 940	1 517	24 136
2007年	3 298 909	200 676	148 524	267 652	104 165	25 729	1 708 873	401 881	91 668	27 283	72 270	3 246	1 157	45 109
2008年	4 079 943	285 131	277 479	443 297	93 851	57 255	1 858 995	505 884	150 555	34 027	56 992	3 641	1 887	25 818
2009年	4 105 544	252 728	224 694	538 980	84 412	45 617	1 679 619	607 806	167 363	55 613	158 596	1 349	4 283	31 756
2010年	5 220 665	224 373	248 667	659 566	93 494	112 347	2 398 556	713 023	196 692	90 859	205 268	818	9 017	43 612
2011年	6 144 355	319 079	269 918	842 455	84 289	190 970	2 688 152	838 247	245 781	86 427	188 357	395	7 751	63 455
2012年	6 066 997	347 376	335 809	946 187	70 157	211 945	2 412 487	821 105	309 554	85 028	116 451	3 437	6 430	53 655
增长率	262.8%	91.7%	231%	811.1%	25.2%	864.7%	345.3%	119.2%	809.4%	511.4%	347.9%	93.6%	63.8%	75.7%
占比	100%	5.7%	5.5%	15.6%	1.2%	3.5%	39.8%	13.5%	5.1%	1.4%	1.9%	0.1%	0.1%	0.9%

资料来源：国家统计局。

国际服务经济概论

2. 制约我国服务经济吸引国际直接投资的因素

随着中国服务经济对外开放程度的加深,服务经济 FDI 通过技术效应、贸易效应和就业效应等对中国经济增长产生了积极的影响,但是中国的经济增长并没有为服务经济吸引国际直接投资创造良好的条件。总的来看,我国服务经济的对外开放还处在初级阶段,与国际直接投资的发展趋势和内部结构相比,我国服务经济利用外资的水平和质量都有待提高。其中我国服务经济发展水平落后、结构不合理、人力资源缺乏以及法制不完善是比较显著的原因。

(1) 服务经济发展水平落后。我国城市化进程缓慢,服务消费低水平成为服务经济吸引国际直接投资的一大制约因素(白孝忠,2007)。从总体上说,我国仍属于下中等收入国家行列,人均收入水平较低,目前人均 GDP 世界排名仅列 127,而且城市化进程缓慢。受收入水平的限制,城乡居民家庭开销以食品、衣物及其他生活必需品为主,对服务经济的需求有限;另外,由于过去对服务经济和服务消费认识上存在某些偏见,把服务经济作为非物质生产而忽视其高附加值的特点,把工业化简单等同于工业发展而忽视服务经济对产业竞争力提高的支撑作用,过分强调服务经济的消费性而忽视其产业性,造成对服务经济发展长期重视不够,服务消费在低水平徘徊。国内一些服务经济得不到发展,外资引不进来,无疑与服务消费水平较低有很大关系。

(2) 服务经济结构水平落后。长期以来,我国的服务经济结构水平较低、各服务行业的技术含量不高、传统服务经济仍然占据主体地位,主要偏重于劳动和资源密集型的餐饮、商业零售、交通运输等,而现代服务经济如电讯服务、信息技术服务、现代物流、金融等比重偏低。郑吉昌(2004)以第五次跨国并购为例,列举出 1998 年跨国并购交易额最大的 10 个产业。在其中 7 个属于服务业部类的产业中,有 6 个都属于知识或信息密集型产业。国际服务经济的结构朝着知识密集型方向发展,只有发展知识密集型服务经济的国家(地区)才能吸引更多的国际直接投资,但由于我国知识或信息密集型服务业并没能得到良好的发展,因而也未能在吸引更多国际直接投资上发挥作用。赵琼、杨志华(2010)研究了 FDI 对北京、上海的现代服务业的影响,认为服务业的 FDI 主要流向房地产行业,而外资对知识密集型的现代服务业投入较低。这些都造成了我国服务经济在短期内难以实现与服务经济国际直接投资的对接。

(3) 人力资源缺乏。人力资源缺乏限制了我国服务经济吸引国际直接投资。保险业从业人员以具有高中和大专受教育水平的劳动者为主体,其比例占 3/4 左右,具有初中及以上受教育水平的占 13.9%,而具有本科及以上受教育水平的仅占 10.86%,具有研究生学历的高层次人才每 100 名从业人员中不足 1 名。而金融保险业从业人员素质已经算是服务经济各行业中从业人员受教育水平较高的行业。从现有的人力资源来看,根本不足以吸引国际直接投资。

(4) 法制不完善、行业不规范。在法制方面,服务经济国际直接投资的法律法规不健全,服务标准化未得到广泛采用成为我国服务经济吸引国际直接投资的障碍因素。在规范服务经济国际直接投资方面,我国先后颁布了《海商法》《商业银行法》《保险法》《广告

第六章 国际服务经济与投资

法》等一批与服务经济投资相关的法律法规（王咏梅，2005），但目前仍然没有专门针对服务经济直接投资的立法，缺少一部统一的包括服务经济国际直接投资的服务贸易基本法。在行业规范方面，随着服务经济成为国际直接投资的重要领域，服务经济标准化也日渐成为服务经济国际直接投资的重要议题，但由于我国服务经济的社会化、商品化、产业化水平不高，ISO等国际标准认证没有得到普遍采用，行业标准化认证有待规范。

二、区位优势：影响国际服务经济引进来的关键

1. 国际生产折中理论

英国瑞丁大学教授邓宁是对外直接投资研究的集大成者，其国际生产折中理论具有较强的普适性。国际生产折中理论（Dunning，1989），又称"国际生产综合理论"，其分析过程与主要结论可以归纳为以下四个方面：一是跨国公司是市场不完全性的产物，市场不完全导致跨国公司拥有所有权特定优势，该优势是对外直接投资的必要条件。二是所有权优势还不足以说明企业对外直接投资的动因，还必须引入内部化优势才能说明对外直接投资为什么优于许可证贸易。三是仅仅考虑所有权优势和内部化优势仍不足以说明企业为什么把生产地点设在国外而不是在国内生产并出口产品，必须引入区位优势，才能说明企业在对外直接投资和出口之间的选择。四是企业拥有的所有权优势、内部化优势和区位优势，决定了企业对外直接投资的动因和条件。因此，国际企业行为和国际直接投资的三个最基本的要素：所有权优势（Ownership）；市场内部化优势（Internalization）；区位优势（Location）。这三个优势与跨国公司海外扩张策略的关系如表6-2所示。

表6-2　　　　　　　　跨国公司海外扩张策略

具备的优势	所有权优势	市场内部化优势	区位优势	对外扩张策略
所有权优势	是	否	否	技术转让
市场内部化优势	是	是	否	技术转让或出口
区位优势	是	是	是	对外直接投资

如表6-2所示，所有权优势、市场内部化优势、区位优势三个方面是决定国际企业行为和国际直接投资的三大基本要素。其中所有权优势、市场内部化优势是服务经济进行国际技术转让和贸易的基础，而区位优势则是影响国际直接投资的关键。以下将着重分析下什么是国际服务经济中的区位优势以及其六大影响要素。

所谓区位优势是指东道国所有的，并不是投资企业母国所有的。因此，跨国企业无法通过自身发展而获取这种优势，只能适应和利用。东道国的区位优势主要包含两方面：一是东道国的不可移动的要素禀赋所形成的优势，如人口、环境、资源、文化和习俗等；二是东道国的体制环境和经济政策所形成的优势。对于生产与消费同时进行的服务经济，这些优势显得尤为重要，是吸引跨国服务企业投资的重要因素。以旅游业为例，独特的地理环境、人文景观形成的旅游资源具有独一无二的特点，是任何其他资源所无法取代的，是东道国旅游业

国际服务经济概论

吸引投资最为重要的优势。影响服务经济 FDI 的东道国区位优势主要包括市场规模、政府政策、基础设施建设、劳动成本、人力资本和经济发展潜力六方面要素。

（1）东道国市场规模。

市场规模在一定程度上代表了东道国的消费能力，消费能力越高，购买服务产品的能力也越高，跨国服务公司生产出来的服务产品更容易实现销售。同时，这也为服务提供者带来规模效益，进一步降低了成本。诸多学者的研究表明东道国的市场规模及其增长速度与服务经济 FDI 存在正相关关系，如斯林戈和亚伯（Elango and Abel, 2004）、邦加（Banga, 2005），以及芮博澜和杨（Ramasamy and Yeung, 2006）。他们的研究证明东道国的市场规模成为服务经济 FDI 的重要决定因素。但斯林戈和亚伯（Elango and Abel, 2004）以及芮博澜和杨（Ramasamy and Yeung, 2006）同时指出，它的重要性要比对制造业 FDI 的影响差得多。并且，这种正相关性并不是在服务经济内所有细分行业均存在。斯林戈和亚伯（Elango and Abel, 2004）证明了市场大小与零售业投资正相关，却与金融业投资负相关。

（2）东道国政府政策。

无论在发达国家还是在发展中国家，法律限制和政府干预都是服务经济 FDI 进入东道国市场的一个主要壁垒。一方面，随着全球化进程的加快，关税逐渐取消，其宏观调控作用越来越弱，使得政府政策成为东道国控制服务经济 FDI 的一个越来越重要的手段。另一方面，虽然近年来许多发达国家和一些发展中国家对外商投资服务经济采取越来越开放的政策，但是就金融、电信以及教育、医疗等公共事业在国民经济中占有重要战略地位的行业而言，东道国依然对外资准入和持股比例设置严格的限制。因此，东道国的政策取向和政策环境的稳定性就成为服务经济跨国公司在进行投资决策时不得不考虑的重要因素。在这方面，邦加（Banga, 2005）对相关文献进行梳理后，总结得出东道国政府的政策与规章是当地服务经济 FDI 最重要的决定因素之一。

（3）东道国基础设施建设。

基础设施建设在服务经济吸引服务经济 FDI 方面所具有的影响作用已被部分研究所证明，如孙文博（2003）、张诚和赵奇伟（2008）。一般而言，经济发展程度越高，基础设施建设水平越高。这在一定程度上解释了为什么发达国家比发展中国家能吸引更多的 FDI。完善的基础设施是国民经济各项事业发展的基础，对加速社会经济活动和促进其空间分布形态演变发挥着巨大的推动作用。因此，完善的基础设施对吸引外资具有积极的作用，它是外商投资企业在东道国进行各项经济活动的保障。

（4）东道国劳动成本。

服务经济的劳动成本直接影响到外商投资服务经济的成本，因此该因素在一定程度上成为服务经济 FDI 的影响因素。虽然与以劳动力密集型为主的传统服务经济相比，现代服务经济多是知识、资本密集型的，但这并不意味着其排斥对劳动力的需求。跨国服务企业需要大量的员工来提高自身在东道国的市场份额，为保持其产品的竞争力并与当地企业的低价产品进行竞争，致使这些企业对劳动力成本的反应依然敏感。然而，服务经济毕竟不同于制造业，尤其是现代服务经济对劳动力数量的需求远远低于制造业，使得劳动成本重要性在一定程度上有所降低。对于市场寻求型的服务经济，这一因素不构成其主要决定因素。

第六章　国际服务经济与投资

(5) 东道国人力资本。

近年来，为降低成本和促使海外扩张成功，越来越多的跨国公司倾向于实行本土化战略，即在保护核心技术的情况下尽可能多地使用当地的人力和资源。因此，东道国国内的人力资本存量成为跨国服务公司进行海外投资时着重考虑的一个重要因素。针对不同特点的服务行业，人力资本存量对其吸引 FDI 存在着不同影响。具体来看，对金融、保险、咨询等知识、资本密集型服务经济，人力资本存量的影响作用较大；而对于交通运输、房地产业等传统的劳动密集型服务经济，其对劳动力素质要求较低，而对劳动力数量要求较高，因此人力资本存量对其吸引 FDI 影响较小。

(6) 东道国经济发展潜力。

如果以 GDP 来代表一国的现实市场规模，那么 GDP 的增长率就可以代表该国市场的潜在规模，它对 FDI 的流入也必然存在重要影响。但是这种影响具有一定的滞后性。一方面，对外直接投资的目的是为了获得最高的回报，这在平均市场报酬率较高的地区更容易获得。一个国家的经济保持着良好的发展态势，说明其市场充满活力与竞争力，也就意味着较高的平均市场报酬率。另一方面，基础设施建设越来越完善，人力资本水平越来越高，服务经济越来越开放，这些方面对服务经济 FDI 都具有十分有利的影响。然而，经济增长一般伴随着劳动成本的提高，也可能对吸引服务经济 FDI 存在不利的影响。

2. 我国作为东道国的区位优势

从传统的国际折中理论在服务经济跨国直接投资中的运用来看，所有权优势、市场内部化优势、区位优势三个方面是决定跨国公司投资的三大基础要素。其中所有权优势、市场内部化优势是服务经济进行国际贸易的基础，而区位优势是影响国际服务经济 FDI 流入的关键。为分析我国服务经济在吸引外商直接投资方面的优劣势，以下针对我国作为东道国的区位优势，也将分别从市场规模、政府政策、基础设施建设、劳动成本、人力资本水平、经济发展潜力这六个方面进行阐述。

(1) 市场规模。

市场规模是东道国吸收国际服务经济 FDI 的重要决定因素。因为市场规模在一定程度上代表了东道国的消费能力，消费能力越高，购买服务产品的能力也越高，跨国服务公司生产出来的服务产品更容易实现销售。这也为服务提供者带来规模效益，进一步降低了成本。我国城镇居民家庭人均可支配收入 2003 年还只有 8 472.2 元，到 2012 年已经达到 24 564.7 元，增长 189.9%，恩格尔指数从 37.1% 下降到 36.2%，下降了 0.9 个百分点；农村居民家庭人均纯收入也从 2003 年的 2 622.2 元，上升到 2012 年的 7 916.6 元，增长 201.9%，恩格尔指数从 45.6% 下降到 39.3%，下降了 6.3 个百分点。如图 6-3 所示，从 2003 年至今，我国国民人均收入越来越高，也就是说，我国市场规模也越来越大。崛起的中国市场蕴涵着巨大的潜力，世界有目共睹。因此，市场规模是我国在吸引国际直接投资中重要的区位优势之一。

(2) 政府政策。

2001 年我国加入 WTO 以来，一直坚持扩大对外开放的政策，于 2002 年、2007 年、

国际服务经济概论

2011年修订《外商投资产业指导目录》,每一次修订都增加了开放的程度。尤其是2011年版的修订,在促进服务经济发展,推进服务经济开放进程方面,新目录增加了9项服务经济鼓励类条目,包括机动车充电站、创业投资企业、知识产权服务、海上石油污染清理技术服务、职业技能培训等,服务经济条目在鼓励类中的比重进一步增加。同时,将外商投资医疗机构、金融租赁公司等从限制类调整为允许类。此外,我国(上海)自贸区于2013年9月29日正式挂牌,其建设实现了"三个一批":建立了一批新的制度,实行了一批开放措施,推行了一批改革措施。这都是外商在我国直接投资的政策持续改善的标志,外商投资服务经济面临巨大机遇。

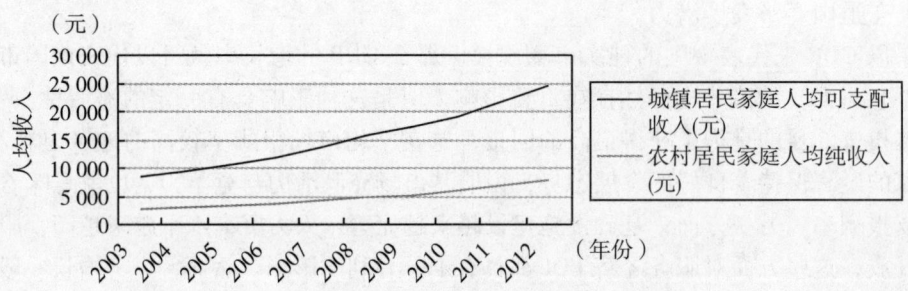

图6-1 2003~2012年我国城乡居民人均收入

资料来源:国家统计局。

(3) 基础设施建设。

完善的基础设施是国民经济各项事业发展的基础,对加速社会经济活动和促进其空间分布形态演变发挥着巨大的推动作用。改革开放以来,我国对国家基础设施建设非常重视,基础设施建设不仅改善了城乡居民生活水平,而且改善了我国经济发展和投资的环境。随着我国经济的飞速增长,国家对基础设施建设的投资日益增加,基础设施建设日益完善。从表6-3、表6-4可以看出,我国城市市政设施建设、公共交通建设情况,基础设施建设更加完善,外商投资环境变好。

表6-3　　　　　2004~2012年全国城市市政设施情况

年份	道路长度（万公里）	道路面积（万平方米）	城市桥梁（座）	城市排水管道长度（万公里）	城市污水日处理能力（万立方米）	城市道路照明灯（盏）
2004	22.3	352 954.6	51 092	21.9	7 387	10 531 538
2005	24.7	392 166.5	52 123	24.1	7 990	12 070 195
2006	24.1	410 900	54 643	26.1	9 734	12 837 000
2007	24.6	423 662	48 100	29.2	10 337	13 949 521
2008	26	452 433	49 840	31.5	11 173	15 104 336
2009	26.9	481 947	51 068	34.4	12 184	16 942 776

第六章 国际服务经济与投资

续表

年份	道路长度 （万公里）	道路面积 （万平方米）	城市 桥梁 （座）	城市排水 管道长度 （万公里）	城市污水日 处理能力 （万立方米）	城市道路 照明灯（盏）
2010	29.4	521 321.8	52 548	37	13 393	17 739 889
2011	30.9	562 523.2	53 386	41.4	13 304	19 492 076
2012	32.7	607 449.3	57 601	43.9	13 693	20 622 248

资料来源：国家统计局。

表6-4 2004~2012年全国城市公共交通情况

年份	公共交通车辆运营数（辆）	公共汽电车运营数（辆）	轨道交通运营数（辆）	运营线路总长度（公里）	公共汽电车运营线路总长度（公里）	轨道交通运营线路总长度（公里）	公共交通客运总量（万人次）	公共汽电车客运量（万人次）	轨道交通客运量（万人次）	出租汽车（辆）
2004	281 516	279 620	1 896	**	**	**	4 272 898	4 140 077	132 821	903 734
2005	313 296	310 932	2 364	**	**	**	4 836 930	4 671 881	165 049	936 973
2006	315 576	312 812	2 764	125 857	125 236	621	4 659 247	4 477 648	181 599	928 647
2007	347 969	344 489	3 480	140 801	140 038	763	5 546 439	5 325 857	220 582	959 668
2008	371 822	367 292	4 530	147 349	146 514	835	7 029 996	6 692 606	337 390	968 811
2009	370 640	365 161	5 479	209 249	208 250	999	6 767 589	6 401 819	365 770	971 579
2010	383 161	374 876	8 285	490 283	488 812	1 471	6 867 497	6 310 720	556 777	986 190
2011	412 590	402 645	9 945	521 253	519 554	1 699	7 439 185	6 725 785	713 400	1 002 306
2012	432 021	419 410	12 611	551 794	549 736	2 058	7 887 914	7 014 989	872 925	1 026 678

注：**代表数据缺失。
资料来源：国家统计局。

（4）劳动成本。

传统服务经济以劳动力密集型为主，服务经济的劳动成本直接影响到外商投资服务经济的成本。图6-2表明我国从事第三产业的劳动力资源丰富，从2003年的21 604.6万人，到2012年已经增加到27 690万人，增长28.2%。丰富的劳动力资源历来是我国参与国际产业

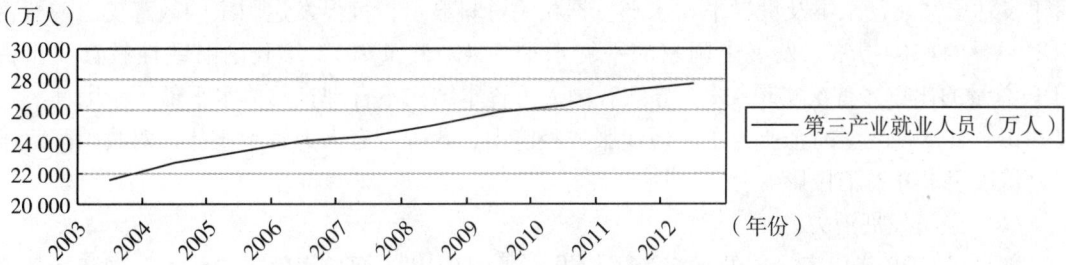

图6-2 2003~2012年全国第三产业就业人数
资料来源：国家统计局。

国际服务经济概论

分工最大的比较优势,但是目前情况下我国劳动力成本优势面临巨大挑战。如表6-5所示,我国城镇单位就业人员平均工资大幅增长,表明我国劳动成本大幅增加,这将对外商直接投资造成消极影响。

表6-5　　　　　　　2003~2012年城镇单位就业人员平均工资

年份	城镇单位就业人员平均工资（元）	城镇单位在岗职工平均工资（元）	国有单位就业人员平均工资（元）	城镇集体单位就业人员平均工资（元）	其他单位就业人员平均工资（元）
2003	13 969	14 040	14 358	8 627	14 843
2004	15 920	16 024	16 445	9 723	16 519
2005	18 200	18 364	18 978	11 176	18 362
2006	20 856	21 001	21 706	12 866	21 004
2007	24 721	24 932	26 100	15 444	24 271
2008	28 898	29 229	30 287	18 103	28 552
2009	32 244	32 736	34 130	20 607	31 350
2010	36 539	37 147	38 359	24 010	35 801
2011	41 799	42 452	43 483	28 791	41 323
2012	46 769	47 593	48 357	33 784	46 360

资料来源：国家统计局。

（5）人力资本水平。

现代服务经济大多是知识、资本密集型的企业,对人力资本的需求比传统服务经济更大。我国基础教育取得了较大程度发展,学龄儿童的入学率始终保持在97%以上;中高等教育也发展迅速,每万人口中的大学生数量由改革开放初期的1.7%上升到21.2%;社会办学力量迅速崛起,民办学校、私立学校以及以各种形式存在的研讨班、技术培训班为公民提供了更多的受教育机会;同时,与社会智力投资有关的图书、杂志、报纸的印刷数量也有较大幅度的增长。虽然我国的人力资本在绝对数量上与发达国家水平相当,但相对数值却远落后于发达国家,甚至不及世界平均水平。据相关资料显示,世界发达国家的教育支出一般占GDP总量的6%~7%,发展中国家的平均水平为4%,而2012年我国财政性教育支出占GDP总量的比重才首次实现4%,导致我国人力资本结构不合理且总体水平低下。因此,在以知识、资本密集型的企业为主的现代服务经济中,我国没有人力资本优势,对我国国际服务经济吸引FDI有消极影响。

（6）经济发展潜力。

如果以GDP来代表一国的现实市场规模,那么GDP的增长率就可以代表该国市场的潜在规模,它对FDI的流入也必然存在重要影响。从表6-6可以看出,我国国内生产总值从2003年的135 822.8亿元,到2012年已经增至519 470.1亿元,跃居世界排名第2名;人均

第六章 国际服务经济与投资

国内生产总值虽然也从2003年的10 541.97亿元增至2012年的38 459.47亿元，但与世界其他国家相比仍有差距，居世界排名第127名。如图6-3所示，以1978年的数据为基数，我国国民生产总值、国内生产总值、人均国内生产总值均有大幅度的增长。这两组数据都显示了我国经济发展潜力，尤其是在欧债危机、美国经济放缓的背景下，我国经济的发展成了世界经济关心的重点，这对我国国际服务经济吸引FDI起着积极的作用，但由于人均GDP水平还比较低，一定程度上影响了在国内服务市场的规模与质量，因此也对我国国际服务经济吸引FDI起着阻碍作用。

表6-6 2003~2012年我国国内生产总值

项目	2003年	2004年	2005年	2006年	2007年	2008年	2009年	2010年	2011年	2012年
国民总收入（亿元）	134 977	159 453.6	183 617.4	215 904.4	266 422	316 030.3	340 320	399 759.5	468 562.4	516 810.1
国内生产总值（亿元）	135 822.8	159 878.3	184 937.4	216 314.4	265 810.3	314 045.4	340 902.8	401 512.8	473 104.1	519 470.1
人均国内生产总值（元）	10 541.97	12 335.58	14 185.36	16 499.7	20 169.46	23 707.71	25 607.53	30 015.05	35 197.79	38 459.47

资料来源：国家统计局。

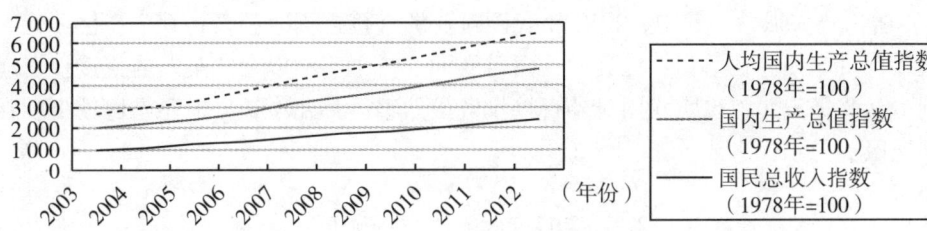

图6-3 2003~2012年我国国内生产总值指数

资料来源：国家统计局。

第二节 踏出国门：国际服务经济投资中的走出去

在经济全球化发展的趋势下，世界经济形成了以知识为基础、以全球活动为中心、以信息技术为主体、以跨国公司为依托的格局。经过几十年的发展，我国的服务经济在吸收利用外资方面已取得了很大的成效。然而在发展对外直接投资方面尚处于起步阶段。对外直接投资不仅是服务企业持有优势的标志，也是一国经济发展水平、竞争实力的标志。我国服务经济应适时地发展对外直接投资，由资金的单向吸收阶段转向"引进来"与"走出去"的双向流动阶段，通过资金的双向合理流动，求得我国经济发展水平和经济质量的更大提高。以

国际服务经济概论

下是对我国服务经济如何走出去的现状思考,以及其制约因素的探讨。

一、国际服务经济如何走出去:现状与问题的思考

1. 我国服务经济对外直接投资的现状及特征

(1) 服务经济对外投资以稳健型企业为主体。

中国服务经济对外直接投资主体多为实力强、有一定信誉的国内生产企业,如中国化工进出口总公司、中国粮油进出口总公司、中国银行、中国建设银行、中国工商银行、中国国际信托投资公司等,它们有的已经进入美国《财富》杂志评选的世界"500强",有的已被收录到了联合国贸发会议《世界投资报告》所选出的发展中国家最大的50家跨国公司之中,这些企业管理科学,经营机制先进,信誉好,产品有出口,有一定的海外投资办厂经验,比较优势明显,属于稳健型对外投资企业。其对外投资可用自有资金进行,也可以利用在国际金融市场筹集的资金。

(2) 服务经济对外直接投资规模不断扩大。

根据联合国贸发会议的数据显示,我国在最近十年左右,不仅一跃成为吸收外资的大国,在对外投资方面,也有很大进步。如表6-7所示,我国企业的对外直接投资2007年直接投资净额达到265亿美元,到2012年,我国对外达到878亿美元,增长231%。截至2012年年底,我国对外直接投资存量为5 319.4亿美元,较2007年增加3 479.7亿美元,增长189%,增长势头强劲。其中,2012年我国对亚洲直接投资净额高达657.8亿美元,对我国香港直接投资净额高达512.4亿美元,而对欧洲、拉丁美洲以及北美洲的直接投资净额总和才达到180.8亿美元,说明我国对外直接投资虽然整体都在增长,但还是比较集中在周边以及亚洲地区。

表6-7　　　　　　　　　2007~2012年我国对外投资净额　　　　　　　单位:万美元

指标	2007年	2008年	2009年	2010年	2011年	2012年
我国对世界直接投资净额	2 650 609	5 590 717	5 652 899	6 881 131	7 465 404	8 780 353
我国对亚洲直接投资净额	1 659 315	4 354 750	4 040 759	4 489 046	4 549 445	6 478 494
我国对我国香港直接投资净额	1 373 235	3 864 030	3 560 057	3 850 521	3 565 484	5 123 844
我国对欧洲直接投资净额	154 043	87 579	335 272	676 019	825 108	703 509
我国对拉丁美洲直接投资净额	490 241	367 725	732 790	1 053 827	1 193 582	616 974
我国对北美洲直接投资净额	112 571	36 421	152 193	262 144	248 132	488 200

资料来源:国家统计局。

如表6-8所示,我国服务经济对外直接投资净额2012年达到589.5亿美元,较2007年增加195.6亿美元,增长201%。可见,我国的服务经济对外直接投资逐年递增,正在迅速发展。其中,租赁和商务服务经济位居第一,2012年达到267.4亿美元,差不多占该年

第六章 国际服务经济与投资

服务经济对外直接投资净额的一半；批发和零售业、金融业位居第二、第三，于2012年分别达到130.5亿美元和100.7亿美元。

表6-8　　　　　　　2007~2012年我国服务经济对外直接投资净额　　　　　　单位：万美元

指　　标	2007年	2008年	2009年	2010年	2011年	2012年
服务经济对外直接投资净额	1 956 430	4 609 932	3 977 385	5 526 361	4 884 556	5 895 024
交通运输、仓储和邮政业	406 548	265 574	206 752	565 545	256 392	298 814
信息传输、计算机服务和软件业	30 384	29 875	27 813	50 612	77 646	124 014
批发和零售业	660 418	651 413	613 575	672 878	1 032 412	1 304 854
住宿和餐饮业	955	2 950	7 487	21 820	11 693	13 663
金融业	166 780	1 404 800	873 374	862 739	607 050	1 007 084
房地产业	90 852	33 901	93 814	161 308	197 442	201 813
租赁和商务服务经济	560 734	2 171 723	2 047 378	3 028 070	2 559 726	2 674 080
科学研究、技术服务和地质勘查业	30 390	16 681	77 573	101 886	70 658	147 850
水利、环境和公共设施管理业	271	14 145	434	7 198	25 529	3 357
居民服务和其他服务经济	7 621	16 536	26 773	32 105	32 863	89 040
教育	892	154	245	200	2 008	10 283
卫生、社会保障和社会福利业	75	**	191	3 352	639	538
文化、体育和娱乐业	510	2 180	1 976	18 648	10 498	19 634

资料来源：国家统计局。

（3）服务经济对外直接投资的地区和行业分布日趋广泛。

服务经济对外直接投资地域由20世纪80年代集中于中国港澳地区以及美、欧、日等少数发达国家，发展到亚太、非洲和拉美及东欧等广大发展中国家和地区，服务经济对外直接投资遍及160多个国家和地区，并且多集中在投资环境好，政局稳定的国家和地区，尤其以亚洲和非洲等发展中国家最为集中。服务经济对外直接投资的行业则遍及金融保险、信息咨询、商业贸易及附带的加工生产、技术服务、工程承包和劳务合作、旅游、交通运输、餐饮、文化教育和医疗卫生服务等行业，经营活动呈多元化发展，经营范围在不断扩大。服务经济对外直接投资的技术含量不断提高，投资的格局正在发生前所未有的变化。从表6-8可以看出，服务经济各部门对外直接投资发展极不均衡。租赁和商务服务经济对外直接投资净额占服务经济对外投资净额的45.4%，而在信息传输、计算机服务和软件业、住宿和餐饮业、房地产业、科学研究、技术服务和地质勘查业、水利、环境和公共设施管理业、居民服务和其他服务经济、教育、卫生、社会保障和社会福利业、文化、体育和娱乐业等部门对外投资净额加起来才占服务经济对外投资净额的10%。

（4）服务经济对外直接投资方式以合资和合作为主。

中国服务经济对外投资的所有权形式以合资公司为主，合营伙伴多为当地华侨。这些对

国际服务经济概论

外投资服务企业分别采用股份有限公司和有限责任公司的组织形式，一般采取了新设投资的方式，对于国际流行的收购与兼并鲜少使用。

2. 当前中国服务经济对外直接投资存在的问题

（1）服务经济对外直接投资的宏观管理薄弱。

服务经济对外直接投资的宏观管理薄弱主要表现在三个方面：一是缺乏对服务经济对外直接投资的宏观管理规划和指导。国家对服务经济对外投资缺乏宏观管理规划和指导，没有明确的产业发展方向，没有与中国外贸市场战略相适应的海外投资的国别政策。二是服务经济对外投资的管理落后，缺乏统一高效的管理机构。目前的服务经济对外投资采取由商务部牵头、发改委、财政部、海关总署等部门分头协助管理的方式。这种管理体制在一段时间里对服务经济对外直接投资的发展管理起过积极作用，但对应于《服务贸易总协定》的要求，却存在许多缺陷。如各部门从各自的管辖权和管理目的出发，部门协调无章可循，出现重复管理、遗漏管理等局面，导致管理效率低下，无法适应服务经济对外投资的发展。由于历史原因，中国对外服务经济的定义、统计范畴以及划分标准与发达市场经济国家及国际惯例不一致等，都是阻碍中国服务经济发展对外直接投资的主要因素。三是服务经济对外投资的法规建设严重滞后。中国至今仍然没有专门针对服务经济直接投资的立法，缺少一部统一的包括服务经济国际直接投资的服务贸易基本法，对一些重要的服务部门如旅游、电信等领域的投资尚无立法或立法不完备，没有形成完善的法律体系，管理中无法可依，无章可循，导致跨国投资在一定程度上混乱无序。服务经济对外投资信息服务体系尚未完全建立，服务企业难以及时获取国际市场信息，并且缺乏风险监管、评估的专门机构，没有形成一套完善的海外投资风险防范体系。

（2）服务经济对外直接投资的规模偏小。

从总体上看，与美国、日本等发达国家相比，中国海外投资还是相当低的。美国 2011 年对外直接投资额为 3 838 亿美元，居世界第一；日本对外直接投资额达到约 1 156 亿美元，居世界第二。而我国 2011 年对外直接投资只有 746.5 亿美元，相当于美国的 19%，日本的 65%。我国服务经济境外投资多以中小型企业为主，海外服务企业规模偏小，难以形成规模经济，也难以与世界大型跨国公司相抗衡。

（3）服务经济对外直接投资的结构不尽合理。

在服务经济对外直接投资的地区分布上，虽然中国服务经济对外直接投资遍布于世界 160 多个国家和地区，但大多数集中在亚洲、非洲等发展中国家和地区，它们占了中国服务经济对外投资总额的一半以上，而对发达国家投资则明显偏少。这对于中国开拓广大发达国家市场，实现市场多元化是极为不利的。在服务经济对外直接投资的产业结构方面，中国服务经济对外投资过分偏重劳动密集型的产业投资，相对忽视高新技术产业的投资；偏重消费性服务产品的投资，忽视生产性服务产品的投资；偏重对国内连锁效应弱的产业投资，忽视对国内连锁正向效应强的产业投资。这样导致服务经济对外投资与国内生产企业的断档和分割，致使服务经济对外投资的风险加大，总体经济效益偏低。

（4）服务经济对外直接投资的方式单一。

中国服务经济对外投资的所有权形式以合资公司为主，合营伙伴多为当地华侨。这些对

第六章 国际服务经济与投资

外投资服务企业分别采用股份有限公司和有限责任公司的组织形式，一般采取了新设投资的方式，对于国际流行的收购与兼并鲜少使用。而通过并购进行合资投资最大好处是可以获得原有企业技术、生产经营能力，当地品牌和营销网络等各方面的补充，通过被并购对象的销售网络和生产基地，能够迅速在当地市场和周边市场开展业务，有利于减少和分散境外投资风险。投资方式单一不利于中国服务企业在对外投资中灵活利用各种投资方式的优势，从而影响了中国服务经济对外投资的发展速度。

（5）服务企业对外投资的自我拓展和横向联系能力不强。

中国对外投资的服务企业对国内母公司的依赖较重，自我开拓和横向联系能力不强。就目前的状况而言，中国多数对外投资的服务企业都是由国内直接控制的，是国内母公司的补充，在对外进行较孤立和分割式的经营，没有形成属于企业自己的营销网络和信息网络。有些对外投资服务企业只是与母公司进行双向联系，海外企业之间以及海外企业与当地企业之间的横向联系较少。

（6）服务经济对外直接投资的国际化人才不足。

服务经济对外投资需要专业的投资人才，而中国服务企业普遍缺乏熟悉法律、精通业务、懂管理、会外语的复合型人才，一些服务企业法律意识淡薄，对当地的有关法律、法规不了解，出现纠纷往往束手无策，应对突发事件和重大事件时十分被动。服务企业缺乏适应国际市场竞争需要的人力资源管理体制，还没有建立起现代的人才资本观念，对人力资源管理的认识仍停留在人事制度管理的层次，不能适应当今的国际市场竞争。

二、先天不足：制约国际服务经济走出去的症结

1. 发展中国家对外直接投资的理论基础

国际生产折中理论很好地解释了发达国家服务经济对外直接投资的原因，但事实上发展中国家服务经济对外直接投资也一直呈上升趋势，然而严格地讲，他们的许多跨国公司并不具有邓宁所述的三种优势，因此在解释这部分对外直接投资时需要另辟蹊径。目前，比较热门的理论主要有：小规模技术理论、技术地方化理论以及市场控制论。

（1）小规模技术理论。

威尔斯（Wells，1983）认为，与发达国家相比，发展中国家的经济技术相对落后，在对外直接投资中难以依赖绝对的竞争优势，而发展中国家对外直接投资的相对优势主要有三个方面：①小规模制造。大多数发展中国家的国内市场远远小于发达国家企业在当地建厂所需达到规模经济的起点值。为了适应小规模市场的需要常常采用劳动密集型的技术，而这种技术又适合于当地劳动力丰富、资本短缺的实情。因此，其他发展中国家跨国公司就有了直接投资的生存空间。②当地采购和民族产品。发展中国家的跨国公司较多地吸收和利用东道国的技术、设备、人才及研究开发能力，这既可能是出于成本的考虑，又可能是因为两国经济发展水平相近，以及当地有能力提供跨国公司所需的有关设备。这种与发达国家跨国公司截然相反的做法往往赢得了东道国的真诚合作。发展中国家对外投资的另一个特征表现在鲜明的民族文化特点上，这些海外投资主要是为了服务海外同一种族团体的需要而建立的。一

国际服务经济概论

个突出的例子是华人社团在食品加工、餐饮等方面的需求带动了一部分东亚、东南亚国家和地区的海外投资。而这些民族产品的生产往往利用了母国当地资源,在生产成本上占有优势。③低价产品销售战略。发展中国家的跨国公司与发达国家的企业有一个显著的不同之处,即它们不是依靠商标优势或营销网络优势,而是通过低价格的方式销售产品。

(2) 技术地方化理论。

英国经济学家拉奥提出了用技术地方化理论来解释发展中国家对外直接投资行为(尹小剑、唐天伟,2009)。拉奥在深入研究了对印度跨国公司的竞争优势和投资动机之后,认为尽管发展中国家跨国公司的技术特征表现为规模小、使用标准化技术和劳动密集型技术,但这种技术的形成却包含着企业内在的创新活动,这种创新活动形成了发展中国家跨国公司的特有优势:①发展中国家技术知识的当地化是在不同于发达国家的环境下得到的,这种独特的环境往往与一国的要素价格及其质量相联系。②发展中国家通过对进口的技术和产品进行某些改造,使它们的产品能更好地满足当地和邻国市场的需求,这种创新活动必然形成竞争优势。③发展中国家企业创新活动中所产生的技术在小规模生产条件下具有更高的经济效益。④在产品特征上,发展中国家企业仍然能够开发出与名牌产品不同的消费品,特别是国内市场较大、消费品的品位和购买能力有很大差别时,来自发展中国家的产品仍有一定的竞争能力。这些优势不仅可以带动它们对其他发展中国家的对外直接投资,而且发展中国家企业对成熟技术的创新还可以促进它们对发达国家的直接投资。

(3) 市场控制论。

市场控制论认为(裴长洪,2011),①绝大多数商品经营都需要中间服务,如果一个厂商的商品或服务不能给中间商以高额利润,或者厂商生产经营风险较大,就难以从中间商那里得到良好的服务。②厂商往往需要在公众心目中树立自己特有的形象,以确定自己的市场地位,所以它有必要控制、影响中间商或自己直接与公众接触;而如果中间商不予合作或合作不好,厂商直接与公众接触就成为必要。在以上两种条件下,只要具有经济、技术、法律上的可行性,只要对企业的总体发展有利,企业直接控制中间服务,把中间服务纳入自己的运行机制中,就成了理性选择。这里的直接成本并不起决定作用,相对优势也不是前提条件,当母企业在发展中国家,中间服务在发达国家时,母企业向发达国家投资,并在发达国家建立自己的商品服务中间机构——子公司、分公司,发展中国家进行直接投资就无可厚非了。

2. 我国国际服务经济走出去的主要制约因素

我国国内的服务经济面临着全球服务经济的强势挑战,内修外炼成为我国服务经济进一步发展的必然选择。一国要想在全球竞争中战胜对手,国内需要有激烈的竞争。这样的竞争一方面促使企业向海外发展直接投资,另一方面又为企业在国际竞争中获胜创造了条件。绝大多数从计划经济时代转轨过来的我国服务经济先天竞争不足,必须加快改革步伐,引入竞争;而在国内竞争已比较激烈的行业,则要鼓励该行业有实力的企业走出国门对外直接投资,参与国际竞争,在全球范围内分享竞争的利益。另外,大规模利用外资为服务经济对外直接投资提供了学习条件和市场机会,我国服务企业的特有优势为对外直接投资也创造了有

第六章　国际服务经济与投资

利条件。而在对外直接投资过程中，我国服务经济企业面临以下几点制约因素：

（1）我国服务产业发展水平较低，竞争力较弱。

如前所述，我国总体 GDP 增长迅速，但人均 GDP 依然偏低，我国的服务经济结构水平较低、各服务行业的技术含量不高、传统服务经济仍然占据主体地位，主要偏重于劳动和资源密集型的餐饮、商业零售、交通运输等，而现代服务经济如电信服务、信息技术服务、现代物流、金融等比重偏低。另外，技术创新不足、经营方式落后、服务效率低，这些都造成我国服务产业国际竞争力低，阻碍了我国服务企业走出去。

（2）我国服务产业相关立法不健全。

我国服务经济对外直接投资起步晚，有关对外经济法规不健全、不完善，至今还没有一部完整的对外投资法，也没有有效的法律法规和明确的产业政策与行业导向来规范投资的发展、促进、保护和管理。由于对外投资缺乏统一的导向、协调，各部门各地区之间以及企业之间各自为政，对外投资随意性大，造成海外重复投资，恶性竞争，影响我国对外投资的整体效益。目前，我国对外直接投资管理方面主要依赖主管部门出台的一系列政策和条例，虽然近年来国家相关部门出台了不少有关对外直接投资的政策法规，但仍不完整。而且我国的对外投资管理政策基本上是针对投资的审批，投资促进政策以新建企业为主，对海外上市、兼并、收购等国际通行投资方式没有明确的支持政策。在投资后的管理和监督方面的政策基本处于空白。涉及跨国经营的财务、税收、信贷、外汇、统计等制度不完善，各部门制定的法规有待配套，尚未形成体系。由于没有上升到立法高度，政策缺乏系统性、长期性和稳定性，并且有关政策缺乏透明度和连续性，从而制约了我国对外投资的进一步发展。

（3）我国服务产业对外投资审批程序烦琐。

我国对外直接投资审批程序烦琐，审批时间过长，抑制了企业对外直接投资的积极性，牵制了企业开拓国际市场的步伐。国际市场竞争激烈，商机转瞬即逝，而且现行的项目审批的程序不明确、不公开、不透明，对民营企业和三资企业的对外投资按国有企业的管理办法层层报批，甚至要求更加严格，审批程序更为复杂，严重影响了其对外直接投资的积极性和进度，不利于其开展对外投资活动。此外，由于我国对外投资隶属于多部门管理，各部门制定的政策大多是从本部门管理的职权范围考虑问题，因此部门之间的各种规定难免相互有不衔接和抵触之处，给投资者在实际运作过程中带来许多不便。

（4）服务经济人才比较匮乏。

企业对外直接投资的成功与否，关键在于企业的核心竞争力，取决于管理、技术、法律、财务和营销等方面人员素质的高低。然而，我国的海外企业由于受传统体制因素的影响，人才的待遇和培训比不上外企，严重缺乏高素质人才，目前急需大批金融、财会、科技、管理和法律等方面的高级人才，这些人才应能用外语按国际惯例处理有关业务和纠纷。我国多数境外投资企业一般从自己的企业中选派经营管理人员，这远远不能适应东道国的情况，也是制约我国服务企业开展对外直接投资的重要因素。服务经济本身就是一种智力密集型产业，服务行业中大多都是通过人的智力的完成服务的，有的行业还需要专门的科学技术和专有知识。在服务行业，近年来就业人数增长迅速，但从业人员素质不高，经过专门训练和培养的人员所占比例极低，在我国熟悉服务经济对外投资的研究人员、工商企业家、金融

国际服务经济概论

家、会计师、审计师、律师和工程承包商等大量缺乏，而熟悉当地业务，并了解当地的风土人情的专门人才就更少。

案例分析

服务业成对外投资新目标

一、中企发展的必然趋势

中企对外投资向服务业转移既符合自身的发展规律，也和国际投资趋势相适应。早在2004年，联合国贸易和发展会议就在《世界投资报告》中指出："跨国公司的投资将不断向服务业倾斜，尤其是在电信、金融、旅游、文化产业等方面"。"中国企业对外投资转向服务业是趋势"。商务部研究院产业国际化战略研究所博士祁欣对国际商报记者谈道："服务业是中企未来对外投资的重要方向。"

祁欣分析说："服务业的技术含量比较高，如在电信服务领域，这为其他海外竞争者设置了较高的门槛，中国企业经过多年积累已初步具备这方面的能力和自信，这是中企成熟的标志；服务业投资回报率相对高，是企业在市场作用下的必然选择；矿业等能源类和制造业投资在海外受到了一定程度的误解，倒逼部分中企转向服务业投资。"

二、有量也有质的投资

服务业中企对外投资的增长不仅体现在"量"的提高，同时也表现出"质"的升级，反映在企业的科技创新和模式创新上。

中国电信服务企业科技创新正致力于让非洲人民用上4G网络。

埃塞俄比亚电信与华为、中兴分别于今年7月和8月签订了价值16亿美元的协议，其中包含提供4G网络项目。预计截至2015年，埃塞俄比亚的手机用户将超过5 000万，3G服务将在全国普及。

中兴埃塞俄比亚分公司副总裁方希对国际商报记者表示："我们将国内先进的通讯技术运用在非洲市场，甚至有些国内尚未推广的技术也率先运用到海外市场中，给我们和当地消费者都带来了实惠。"

四达时代在非洲做着类似的工作。它们致力于让每个非洲家庭看上数字电视。"我们在非洲采用的数字电视技术需要适应当地发展特点，用地面无线数字技术和卫星通讯相结合，在非洲建立开放安全的无线数字宽带综合信息平台，提供运营付费电视业务、移动多媒体业务和无线互联网业务。"四达时代莫桑比克公司海外发展总监梁木对国际商报记者说。

案例资料来源：引自《国际商报》2013年12月23日，内容有删减。

案例讨论题：你认为我国服务型企业在对外投资方面有哪些优劣势？

第六章　国际服务经济与投资

本章小结

（1）国际生产折中理论，又称"国际生产综合理论"，其分析过程与主要结论可以归纳为以下四个方面：一是跨国公司是市场不完全性的产物，市场不完全导致跨国公司拥有所有权特定优势，该优势是对外直接投资的必要条件。二是所有权优势还不足以说明企业对外直接投资的动因，还必须引入内部化优势才能说明对外直接投资为什么优于许可证贸易。三是仅仅考虑所有权优势和内部化优势仍不足以说明企业为什么把生产地点设在国外而不是在国内生产并出口产品，必须引入区位优势，才能说明企业在对外直接投资和出口之间的选择。四是企业拥有的所有权优势、内部化优势和区位优势，决定了企业对外直接投资的动因和条件。

（2）小规模技术理论认为，发展中国家对外直接投资的相对优势主要有三个方面：小规模制造、当地采购和民族产品、低价产品销售战略。

（3）技术地方化理论认为，发展中国家跨国公司的特有优势有：第一，发展中国家技术知识的当地化是在不同于发达国家的环境下得到的，这种独特的环境往往与一国的要素价格及其质量相联系；第二，发展中国家通过对进口的技术和产品进行某些改造，使它们的产品能更好地满足当地和邻国市场的需求，这种创新活动必然形成竞争优势；第三，发展中国家企业创新活动中所产生的技术在小规模生产条件下具有更高的经济效益；第四，在产品特征上，发展中国家企业仍然能够开发出与名牌产品不同的消费品，特别是国内市场较大、消费品的品位和购买能力有很大差别时，来自发展中国家的产品仍有一定的竞争能力。这些优势不仅可以带动它们对其他发展中国家的对外直接投资，而且发展中国家企业对成熟技术的创新还可以促进它们对发达国家的直接投资。

（4）市场控制论认为，绝大多数商品经营都需要中间服务，如果一个厂商的商品或服务不能给中间商以高额利润，或者厂商生产经营风险较大，就难以从中间商那里得到良好的服务。同时，厂商往往需要在公众心目中树立自己特有的形象，以确定自己的市场地位，所以它有必要控制、影响中间商或自己直接与公众接触；而如果中间商不予合作或合作不好，厂商直接与公众接触就成为必要。在以上两种条件下，只要具有经济、技术、法律上的可行性，只要对企业的总体发展有利，企业直接控制中间服务，把中间服务纳入自己的运行机制中，就成了理性选择。这里的直接成本并不起决定作用，相对优势也不是前提条件，当母企业在发展中国家，中间服务在发达国家时，母企业向发达国家投资，并在发达国家建立自己的商品服务中间机构——子公司、分公司，发展中国家进行直接投资就无可厚非了。

思 考 题

1. 影响服务经济 FDI 的东道国区位优势主要包括哪些要素？
2. 我国服务经济吸引国际直接投资方面有哪些问题？
3. 我国国际服务经济走出去的主要制约因素有哪些？

国际服务经济概论

网络练习

1. 请在网上查阅我国有哪些典型的服务企业对外直接投资的案例。
2. 在网上查找并思考我国服务经济引进外商直接投资时有哪些问题或阻碍?

自测题

1. 我国作为东道国有哪些区位优势?
2. 我国国际服务经济走出去的主要制约因素有哪些?
3. 什么是国际生产折中理论?

第七章　国际服务经济与自贸区

> **本章学习目标**
> - 了解国际服务经济在自贸区中的发展现状；
> - 了解自贸区对国际服务经济的影响机理；
> - 了解上海自贸区的背景；
> - 了解我国国际服务经济的地位与去向。

☞ **开篇案例**

外资行自贸区"拓荒"

上海自贸区成立以来，根据其管理方案，在自贸区注册的公司可以在境外账户与"自贸区账户"（Free Trade Agreement，FTA）之间自由汇兑与转账。但是，如果想为客户提供这样的汇兑与转账服务，各大银行在自贸区开设的分支机构必须向央行申请业务许可证，只有获得牌照之后才可以为企业客户开设自贸区账户。换言之，如果没有从央行获批牌照，银行在自贸区内提供的业务与其他地区的情况将没有太大差别。

当前在自贸区分行成立的外资银行包括了汇丰银行、渣打银行、花旗银行、东亚银行、恒生银行、大华银行、星展银行、澳新银行等。然而据央行公告，已经有包括中国银行、工商银行、建设银行、浦发银行和上海银行在内的5家银行从央行获得了具有重要战略意义的FTA业务牌照，但外资银行却无一家拿到FTA业务牌照。

而据香港《南华早报》中文网报道，至少已有5家外资银行向央行递交了FTA申请，但参与申请的银行表示，由于自贸区新的银行体系很复杂，这些外资银行要满足最低监管要求，估计还要好几个月。

"目前，外资银行确实都没有拿到FTA牌照，但所有外资银行对外口径都是和央行对接的系统尚未建好。"一位参与申请流程的外资银行行长对记者坦言。东亚银行（中国）副行长林志民认为，外界有关"央行优先发牌给中资行"的说法属于误解。"央行只是做验收工作，并不是发业务许可，银行通过验收才可开展FTA业务。部分中资已经通过验收，外资行还没有通过。"林志民说。

对于被质疑自贸区业务有"作秀"成分，多位外资银行相关人士均否认了所谓"公关秀"的说法。外资银行在自贸区开展业务并非仅仅是做表面功夫而没有实质进展。

国际服务经济概论

"这样的说法未免以偏概全，我所了解的外资银行自贸区支行都在积极准备业务。"林志民告诉记者，东亚银行自贸区支行一直处于积极拓展业务的阶段，也已经针对自贸区业务专门成立了一支人数众多的研究队伍。

大华银行CEO连文辉日前则在接受记者采访时表示，大华银行一直密切注意自贸区的新政策。"每推出一个新政策，我们自贸区的研究团队就会考虑推出新的适合大华的业务，这些工作都是常规工作，我们也有比较好的自贸区合作伙伴。"

而恒生银行行长林伟中在日前接受记者专访时也曾坦言，自贸区内原先就存在的贸易、物流、仓储的企业已经是恒生的服务对象，恒生也密切关注一些新企业的入驻，并积极争取合作机会。

作为首批入驻上海自贸区的外资银行之一，花旗中国在自贸区率先推出了全自动跨境人民币双向资金池、跨境集中收付和轧差净额结算业务，开创了外资银行自贸区业务的先河，表现可谓"抢眼"。

日前，花旗中国上海分行副行长、自贸区支行行长张晓萌在接受记者采访时表示，自2014年年初花旗中国在上海自贸区就携手上海罗氏制药公司，先后推出了全自动跨境人民币双向资金池、跨境人民币集中收付和轧差净额结算业务。"这三项业务都是支持总部经济的金融工具。除此之外，我们还有其他很多的业务和政策，如期货对企业的对冲业务、海外直接借款业务等。另外，虽然花旗目前还没有完全启动分账账户系统，但一旦启动，花旗银行相比其他银行将有很大的优势。花旗银行在海外的美元流动性向来很好，我们也是全球最大的美元清算行之一，在所有的人民币离岸市场，我们都设有分行，我们也希望未来能有机会利用花旗银行的网络帮中国的客人提供最便宜、便利的服务。"张晓萌表示。

自2013年9月上海自贸区挂牌运行以来，约有11家中资银行和20家外资银行拿到入场券，同台竞技。按官方说法，区内银行服务格局已初步形成，未来还会有更多银行入驻自贸区。

日前，张晓萌在接受记者采访时也表示，她也不认可外资银行自贸区支行"作秀"的说法。虽然花旗银行也没有获批FTA牌照，但目前，花旗银行内部也在积极研究针对FTA牌照的业务。

在张晓萌看来，目前在自贸区内的新业务还都刚刚开始，所以各家银行之间应该是合作大于竞争的。

"中资银行有它们自己的优势，如它们会对本土的客户更加熟悉，外资银行的优势更多集中在跨境业务上。有些外资银行的优势在于在某一个国家的资金成本比较低。"张晓萌认为，自贸区内的中资银行和外资银行未来一定会有更多内部合作，"我之前也有听说其他银行正在发起自贸区内银行商议中间价的事情，这也说明，未来外资银行与中资银行之间应该能形成相辅相成的关系。事实上，外资银行也可以把先进的经验、理念及实践引进来，这将有助于提升区内中资银行的管理水平，对中资银行来说，也是一个机遇。"

"自贸区的定位是'可推广、可复制'，所以花旗银行自贸区支行的定位也是'可推广、可复制'。因此，所有创新业务我们都会拿到自贸区去试行，如果效果不错的话，我们也会考虑向全国推广。花旗银行在中国自贸区业务主要以对公业务为主，随着新政策的不断推

第七章 国际服务经济与自贸区

出,我们的业务也会相应增加。目前情况是,在政府每推出一个新政策以后,我们的客户都会很感兴趣,所以我们也在不断推出一些创新业务,这些创新业务现在也都有了成功的案例。"张晓萌表示。

据其介绍,花旗银行在海外就自贸区内容做了好几场客户推介会,中国香港和新加坡的客户对自贸区最关注,在这其中,跨国公司和大型的中资企业占了大多数。自贸区业务风险控制、利用内部资金节约成本以及操作便利化三个问题是海外客户关注的焦点问题。

案例资料来源:《中国经营报》,2014 年 7 月 14 日。

案例讨论题: 你如何看待上海自贸区的建立对我国金融服务业的影响?

第一节 自贸区中服务经济的发展

在经济全球化越来越明显的今天,国际市场竞争日益激烈,自由贸易区成为各国为了促进本国经济发展而形成的一种对外贸易模式,它不仅符合世界多边贸易组织的基本原则,也顺应了世界经济一体化的发展趋势。同时,自由贸易区战略作为一个国家对外开放战略的重要组成部分,不仅能拓展其对外贸易开放的广度和深度,又能提高其开放的水平,因此,各国自由贸易区正兴旺蓬勃地发展。

一、全球自贸区中服务经济的发展鸟瞰

1. 自贸区概述

所谓自由贸易区战略,主要是指战略主体为了更快地发展对外贸易,根据自身的条件,选择自由贸易区作为促进国际经济交往、提升国际竞争力的主要途径,并根据自身情况,确定建立自由贸易区的目标、类型、贸易伙伴的选择标准、建立的先后顺序、自由贸易区协定模式以及为保障"自由贸易区战略"顺利实施而做出的其他调整。自由贸易区,国际上通用翻译为 Free Trade Area(FTA)或 Free Trade Zone(FTZ)。关于其定义,由于各国选择的模式等各有不同,对其囊括的内涵也各有不同,像世界贸易组织、世界海关组织及一些经济学家等都对自由贸易区进行了定义。而我国商务部和海关总署联合公布的有关于自由贸易区的传统定义为:两个以上的主权国家或单独关税区通过签署协定,在世贸组织最惠国待遇基础上,相互进一步开放市场,分阶段取消绝大部分货物的关税和非关税壁垒,改善服务和投资领域的市场准入条件,从而形成的实现贸易和投资自由化的特定区域,即 FTA。在上海自贸区设立之后,我国提出了自由贸易园区(FTZ)的概念,以区分传统自由贸易区(FTA)。自由贸易园区属一国(或地区)境内关外的贸易行为,即某一国(或地区)在其辖区内划出一块地盘作为市场对外做买卖(贸易),对该市场的买卖不过多地插手干预,且不收或优惠过路费(关税)(柯锦涛、范学谦,2014)。

国际服务经济概论

2. 全球自贸区发展

传统的自由贸易区（FTA）是为了改善成员方间的国际买卖市场，彼此给予各种优惠政策；至于怎样做买卖，不是某一方说了算，而是在国际协议的基础上多国（或地区）合作伙伴一起商议制定规则，按多国（或地区）共同制定的规则进行。如北美自由贸易区、美洲自由贸易区、东盟自由贸易区、欧盟与墨西哥自由贸易区、中日韩自由贸易区、中国与东盟自由贸易区等。而自由贸易园区（FTZ）也是为降低贸易成本促进商务发展而设立。但不同的是，FTZ是自个在玩，游戏规则自个制定，不须经多方协议。如自由港（中国香港、新加坡）、港口自由（美国纽约港对外贸易区、阿联酋迪拜港自由港区、巴拿马科隆自由贸易区、荷兰阿姆斯特丹港自由贸易区、德国汉堡港自由贸易区）、边境自由区（墨西哥的马魁拉多拉边境自由工业区）、内地自由贸易区（巴西的马瑙斯自由贸易区、上海自贸园区）。

各国（或地区）内各类自由贸易区兴旺蓬勃地发展有其深刻原因：首先，与多边贸易体制相比，区域内国家（或地区）容易就自由贸易区达成协议并产生实效，同时现有的自由贸易区大多富有成效，也激发了更多国家（或地区）参加自由贸易区；其次，就邻近国家（或地区）而言，自由贸易区有利于进一步发挥经贸合作的地缘优势，邻近国家（或地区）间的自由贸易区具有人员往来与物流便利、语言文化相近、生活习惯类似等多种有利条件，因此邻近国家和地区间具有更多的有利条件来扩大和加深经济合作以获得互利双赢的效果，其效果比参加多边贸易体系带来的利益要更明显一些；再次，在加入多边合作机制的同时，缔结自由贸易区有利于推动各成员方内的经济结构改革，从而可以借助更多外力来推进国（或地区）内改革；最后，一再发生的地区性经济危机的教训，也促使世界各国（或地区）更加重视地区经济合作的制度化，加强地区内经贸合作不仅有助于防范新的危机，而且也有助于世界经济的稳定发展。

3. 自贸区中服务贸易发展现状

（1）北美自由贸易区中服务贸易的发展。

北美自由贸易区是由美国主导，于1992年美国、加拿大、墨西哥三国正式签署《北美自由贸易协定》成立的。协定于1994年正式生效，承诺自协定生效之日起15年内逐步消除三国之间的贸易壁垒，实现商品和劳务的自由流通，并因此形成了一个世界上最大的自由贸易集团。在北美自由贸易区内，各缔约方在经济上的互补性以及由此产生的互利互惠性都是地区性贸易安排得以建立的现实基础。虽然墨西哥在语言文化传统、政治经济体制等方面与美国、加拿大表现出很大的差异性，也有出现利益的冲突，但毕竟只有三个成员国；而美国和加拿大之间语言文化传统相同，政治经济体制高度相似，经济上的依赖素来很深，所以要克服的地缘障碍相对较小（韩玉珍等，2005）。在服务贸易及投资等方面，北美自由贸易区的规则侧重维护了美加的利益，但同时也给予墨西哥过渡性安排及较长的期限以履行义务。

针对自由贸易区内的服务经济发展自由度来说，北美自由贸易区的服务贸易规则涉及跨境服务、电信、金融、垄断及竞争政策等范围。其协定采取"否定清单"的方式规定适用

第七章　国际服务经济与自贸区

的服务部门的范围。这种方式又称为"从上到下"（Top-Down）或者叫"不列入即开放"（List It or Lose It）的模式。即除了列入清单的部门外，所有部门都应开放；除了在清单中保留的措施外，不得采取其他限制服务贸易的措施。该方式有利于更多服务部门开放，以及真正实现服务贸易自由化，同时也增强了政府管制措施的透明度。值得一提的是，协定明确规定一些规则不适用的服务和活动，如政府采购、政府补贴等，而且对诸如电信服务、金融服务、专业服务进行了专门的规定，并允许缔约方在一些部门作出不同程度的保留。同时，北美自由贸易区的服务贸易规则实行以最惠国待遇和国民待遇为基础的非歧视性原则，规定较为具体，具有很强的操作性。其服务贸易规则涉及面广，规定细化、具有较强操作性的特点，使北美自由贸易区服务贸易自由化程度比多边服务贸易协定更高，前进步伐更快。另外，就服务提供方式来说，北美自由贸易区内涵盖了GATS对服务贸易定义下的四种服务提供方式：跨境提供、境外消费、商业存在以及自然人流动（纪小围，2009）。

（2）欧盟国际服务贸易发展。

欧盟的成立是以区域经济一体化带动区域内各国经济加快发展步伐为目标。尽管人们对欧盟的政治经济社会效应有着不同的声音，其区域服务贸易的发展，以及欧盟作为整体对外的服务竞争实力，是世界有目共睹的。目前，服务经济领域日趋成为欧盟经济中最重要的部门之一，也成为影响大多数成员国经济增长的一个重要因素。

首先，欧盟区域内服务贸易发展成果显著，欧盟内部是其成员国优先考虑的市场。服务贸易增速远远高于GDP增速和服务业增加值的增速，统一大市场的出现使得企业能够构架起更为庞大的采、供、销网络，充分利用区域内商品、服务、资本和劳动力等自由流动资源，增强企业的竞争力。尤其是电信、银行、金融服务等服务部门非关税壁垒的降低和自由市场的建成使欧盟成员内实现了商品、服务、资本和劳动力的自由流动。也就是说，区域内服务经济自由贸易的环境，使得各成员国间的服务贸易蓬勃发展，以及各国服务部门生产效率提升和国际服务竞争实力增强。

其次，欧盟作为整体，在区域外国际服务经济中也保持着强大的竞争力。传统服务贸易依然是欧盟服务贸易的"重头戏"。欧盟在服务业领域中传统的优势部门主要包括建筑、交通、保险、金融、商业服务以及专业技术服务等。欧盟缺乏竞争优势的部门主要集中在许可费、通讯和个人文化娱乐服务等方面，在国际市场的竞争中长期保持赤字。近年来，一直保持稳定增长态势的传统优势部门只有金融业和保险业，其发展仍保持强劲势头，为欧盟服务业发展做出较大贡献；除此之外，一个新兴的部门"电脑与信息服务"发展迅速，已经替代某些传统服务业，成为欧盟现代服务业发展的主要推动力。在该领域欧盟一直保持盈余增长，较高的增长率使"电脑与信息服务"产业在短短几年时间里成为欧盟服务贸易顺差的主要来源之一。据欧盟统计局统计，服务业一直以来是欧盟发展的主要推动力，服务贸易历年保持顺差，其增加值和就业人数占欧盟GDP总值和就业总人数的2/3。根据欧盟统计局发布数据显示，2004~2013年欧盟服务业国际贸易额显著增加。服务业出口额由3 670亿欧元上升至6 840亿欧元，进口额由3 210亿欧元上升至5 110亿欧元，贸易盈余由450亿欧元上升至1 730亿欧元。

（3）中国香港国际服务贸易发展。

香港，广义上属于自贸区中的自由港，其作为一个外向型及以服务业为主的经济体系，

国际服务经济概论

已经发展为一个囊括金融、通讯、地产、贸易、旅游等门类齐全的服务业体系，是我国自由贸易区服务经济发展的典范。其服务业体系得以生存和不断发展的根本原因是它为国际分工中的资源的最佳配置发挥了领先的作用。

香港服务业在不断变幻发展的国际分工格局中，始终不断地去调节其服务的内容和方式，不断地去提升其服务的功能，不断去优化重组其服务业的内部结构，所以才能融入世界经济整体的运作机制，成为世界国际服务业最为发达的城市之一。根据香港特区政府统计署的统计，香港1999年的服务业进出口总额为4 632亿港元，逐步增加到2010年的12 210亿港元，年均增长8.4%。目前，服务业占本地生产总值的比例已超过90%，且主要集中在为生产服务的部门，如银行、运输、保险、零售及个人服务等。其中，香港服务贸易出口额1999～2003年缓慢增长，2004年《关于建立更紧密经贸关系的安排》（Closer Economic Partnership Arrangement，CEPA）正式生效后，香港服务贸易开放度从2003年的45.7%大幅上升到2011年的72.7%（毛艳华、肖延兵，2013），其出口增长达到了18.5%，并在其后几年保持两位数的增长。尽管在2009年由于世界金融危机的影响出现了倒退，但2010年又得到了23.1%的高速增长。另外，服务贸易进口额1999～2004年缓慢增长，同样在2004年以后出现了持续高速增长的态势，同样由于世界金融危机的影响在2009年出现了7.1%的下滑，但是在2010年也得到了16.3%的高速增长。

香港在促进国际服务业发展的主要经验和做法有以下几点：首先，实行低税率的自由贸易和投资政策。在国际服务业发展的起步阶段，香港通过设立办事处、分支机构等方式把世界各地的服务性企业吸引进香港，以拓宽服务业市场空间。随着制造业日趋繁荣，香港在成为资本较为密集的地区后，实行低税率的自由贸易和投资政策，大力发展转口贸易，以带动国际服务业的快速发展。其次，构建完善的法律法规体系，充分发挥行业协会等监管作用，实现服务行业标准化、法制化管理。香港特区政府对生产性服务行业实行了世界上最严格的监管，通过1 000多个行业协会组织实施监管，对香港服务业发展起着重要的作用。最后，优化服务业发展环境以及教育投资。与制造业相比，服务业更依赖于投资环境、人才和市场空间。这三者的改善与政府完善市场经济制度、发挥好"无形之手"的作用息息相关（王运祥、曹琳琳，2012）。而香港特区政府一直不遗余力地在努力：坚持低税率自由贸易政策与投资策略、与内地签订CEPA、重视教育投资、启动人才引进计划、改善人才结构等。

二、我国服务经济的发展趋势：自由贸易区战略

为了跟上世界经济发展的步伐以及促进我国对外贸易的可持续发展，我国先后提出了"以质取胜战略""市场多元化战略""科技兴贸战略""走出去战略""自由贸易区战略"等战略。这些策略的中心都是为了转变我国对外贸易增长方式，提高出口商品附加值以及增强出口竞争力。其中，自由贸易区战略的目的是为了进一步开拓我国对外贸易开放的程度，使我国更加便利地参与到经济全球化的进程中去。

1. 我国服务经济的发展现状

我国服务贸易是在20世纪80年代兴起的，由于起步较晚，技术较低，服务贸易的竞争

第七章　国际服务经济与自贸区

力低下。在 2001 年我国加入 WTO 之后，我国经济开始腾飞，整体国际竞争力也日益增强，尤其是国际服务经济领域，服务贸易市场对外逐步开放，在规模、结构等方面都有了迅速的发展。因此，这里就 2001 年之后我国服务贸易发展情况进行分析。

从表 7-1 中可以看出，2001 年我国服务贸易的进出口额为 719 亿美元，占世界服务贸易的比重为 2.4%，出口额为 329 亿美元，占世界的比重为 2.2%，进口额为 390 亿美元，占世界的比重为 2.6%。到 2012 年，我国服务出口 1 905 亿美元，占全球服务出口的 4.4%，比 2001 年增加了 2%，居世界第五位；服务进口 2 810 亿美元，同比增长 19%，占全球服务进口的 6.8%，比 2001 年增加了 4.2%，居世界第三位；服务进出口总额 4 706 亿美元，仅次于美国和德国。与上年相比，中国服务出口占比没有变化，进口占比提高 0.7 个百分点。

表 7-1　　　　　2001~2012 年我国服务贸易进出口情况　　　金额单位：亿美元，%

年份	进出口额		出口额		进口额	
	金额	占世界比重	金额	占世界比重	金额	占世界比重
2001	719	2.4	329	2.2	390	2.6
2002	855	2.7	394	2.5	461	3.0
2003	1 013	2.8	464	2.5	549	3.1
2004	1 337	3.1	621	2.8	716	3.4
2005	1 571	3.2	739	3.0	832	3.5
2006	1 917	3.5	914	3.2	1 003	3.8
2007	2 509	3.9	1 216	3.6	1 293	4.1
2008	3 045	4.1	1 465	3.9	1 580	4.5
2009	2 867	4.5	1 286	3.9	1 581	5.1
2010	3 624	5.1	1 702	4.6	1 922	5.5
2011	4 191	4.8	1 821	4.4	2 370	6.1
2012	4 706	5.2	1 905	4.4	2 801	6.8

资料来源：中国商务部官方网站。

我国自贸区中的服务贸易发展也非常迅猛。从 2007 年我国与东盟签订《服务贸易协议》到目前，中国与东盟之间服务贸易总额增长了 100 多亿美元。为了促进双边服务贸易进一步开放，在 2011 年召开的中国—东盟领导人峰会上，双方签署了《关于实施中国—东盟自贸区〈服务贸易协议〉第二批具体承诺的议定书》。该《议定书》在第一批具体承诺基础上又进行了更新和调整，在各国完成国内法律审批程序后，于 2012 年 1 月 1 日起正式生效。中巴双方就服务贸易协定内容和服务部门等开放问题于 2008 年 12 月全部达成一致。双方都在世贸组织承诺的基础上，对有关部门做出了进一步开放，同时也开放了一些新的部门。中国和智利签订自由贸易区协议后，双边贸易往来更加密切，2007 年双方的贸易额为 147 亿美元，增长率比开展自由贸易前提高了 45%，双边贸易额比预期提前突破"百亿"美元。

国际服务经济概论

随之两国于2008年又签署了《中智自贸区服务贸易协定》，协定包括正文22项条款和两个附件。协定规定双方在WTO承诺基础上，我国的计算机、管理咨询、环境等23个部门和分部门，以及智利的法律、建筑设计、工程、计算机、研发、房地产、广告、管理咨询、采矿、制造业、租赁、分销、教育、环境、旅游、体育、空运等37个部门和分部门将进一步向对方开放。同时我国与新加坡、秘鲁等国家也签订了自由贸易协定，协定的实施均推动了双边进一步开放服务市场，增进优势互补，改善投资环境，提升国际竞争力，进一步加强了双边合作关系。

但与此同时，我们也需要意识到，虽然我国服务贸易发展迅速，贸易总额在逐年的增大，但是逆差严重。2000~2012年我国服务贸易一直逆差，从2007年开始逆差更加加剧，虽然在2009年以后有回升的趋势，但是2012年的服务贸易逆差仍然扩大到896亿美元，这说明服务贸易整体竞争力不强，仍然处在劣势。

2. 我国实现服务贸易自由化面临的问题

综上所述，我国服务贸易发展迅速并带来了巨大的经济利益的同时也暴露了一些问题，在很多方面都与世界发达国家存在一定的距离，要实现服务贸易自由化，还面临着巨大的挑战。

首先，从我国服务贸易角度来看，我国服务贸易规模较小、行业结构发展不平衡、技术创新能力不强、多元化程度不够、竞争力偏低、逆差严重及法制不健全，这些对贸易自由化都起到了阻碍的作用。尽管我国可以通过签订自由贸易协议来促进服务贸易自由化的发展，但是由于我国仍是发展中国家，服务贸易结构不完善，国内市场竞争不充分，在国际市场上缺乏竞争力。在知识密集型、资本密集型等具有高附加值的服务产业上比较落后，像金融、保险等这样全球贸易量最大的服务行业，我国还处于起步阶段。虽然我国的服务贸易的进出口额都在增加，但是进口额在世界中所占的份额要高于出口额，出口额从2000年占世界出口额的2.2%增长到2012年的4.4%，进口额从2001年占世界进口额的2.5%增至2012年的6.8%。多年来一直处于逆差的状态，逆差也没有减少的趋势，而且我国企业参与国际化经营的战略目标也不明确，使得增加服务贸易出口的前景不明朗。同时，国家对服务贸易宏观管理的力度不够，市场经营秩序不稳定，立法不够健全，这对合理开放和依法保护我国国内服务行业造成了极其不良的影响。

其次，从自由贸易区角度看，我国自由贸易区的服务贸易制度还不够完善，市场准入的开放程度不高。例如，国际上多边服务贸易协议中的承诺减让表可以采取"肯定清单"和"否定清单"的模式，我国与东盟签订的服务贸易协议中采取肯定清单的模式，而北美自由贸易区却采取否定的模式，否定的模式要比肯定的模式更具开放性、灵活性，透明度也强。在服务贸易的某些领域还处在空白的状态同时，我国自由贸易区设立临时的仲裁庭进行解决争端问题，未建立一个常设的争端解决机构，这对自由贸易区来说是一个巨大的弊端。

3. 我国服务贸易区域自由化的对策

要保证我国服务贸易的快速发展，那么就应该采取措施来实现服务贸易自由化。如何真

第七章 国际服务经济与自贸区

正实现服务贸易自由化,有以下几点对策:

第一,当务之急就是要提升我国服务贸易的竞争力,优化服务产业结构,改组传统产业,积极发展现代服务业和新兴服务业。把重点放在信息、咨询、科技、法律服务等行业上,对于具有巨大发展空间的房地产、旅游、教育等行业要加大政府的投入力度和重视度,使其形成新的经济增长点。运用高科技的服务技术,改造餐饮、交通运输等行业,从而拉动服务贸易整体水平的提高。我们知道,科技是发展的硬道理,要想提高科技,就必须重视高科技人才的培养和引进。目前,我国需要大量精湛的服务贸易人员、高级会计师、金融家、律师等,政府就必须增加在教育和科研方面的投入力度。首先,在国内选拔一批优秀的人才,派遣到国外学习先进的技术,但是要签订协议在学习后回国参加工作至少五年。其次,国家要为学成后回国的高科技人才提供足够的科研资金和充分的科研环境,并给予适当的奖励,这样才能保证高层次人才不流失。再次,要加强国内优秀人才的培养,政府相关部门应该安排公益讲座,并鼓励回国人员进入高校开展适当的课程,使留学回国的人才把知识传授给国内的学子,而且有计划地在高校中设立服务贸易紧缺专业,重视实习培训。最后,要不断地安排国内优秀的人才出国学习,这样才能保证我国的科技水平不与世界脱轨。但最重要的是要加强国内自主研发能力和创新能力的培养,这样才能保证在世界竞争处于不败之地。

第二,完善我国自由贸易区战略布局,加强自由贸易区建设进程。积极参与服务贸易自由化谈判,加大我国服务贸易的开放力度。首先,确定贸易伙伴的选择标准,要从多角度、多方面进行考虑,拓宽合作的深度和广度。重点放在周边国家,加快与日、韩的谈判进程。同时向四周发展,扩散到全球。其次,优先选择谈判阻碍小的国家,像南非、东南亚的一些国家(地区)等,这样可以在谈判中积累很多经验,我国的谈判体系健全了再进一步克服障碍大的国家。再次,加快与港澳地区、东盟、巴基斯坦和智利的协商和谈判,在原来的基础上进一步开放服务贸易部门,放宽限制。那些与我国已经签订自由贸易协议但没有签订服务贸易协定的国家,对双边的服务贸易进行调研,与我国服务贸易互补性强的、适合开展贸易自由化的国家(地区),我国要主动与其进行商谈,争取签订服务贸易协定。但是需要注意的是,在谈判过程中,必须充分考虑我国服务贸易的特点,对不同的服务部门采取不同的措施。像发展还不成熟的行业,尽量给予保护,等发展壮大了,再逐步实行对外开放;对于具有优势的产业,鼓励走出国门,加大开放力度。最后,沈四宝与顾宾(2011)认为,服务贸易区域一体化是自贸区的高级阶段。上海自贸区的建立和发展将是我国服务贸易区域一体化的重要探索,在建设中不断向发达国家学习,并吸取自身的发展经验,构建一套完整的适合我国国情的战略体系。

第三,制定完善的法制体系,提高政府制定政策的透明度,建立新型的科学管理制度。世界上发达国家的服务贸易之所以快速发展,与其有一套完整的法制体系和高效的政府管理制度是密不可分的,因此,我国要向西方发达国家学习,借鉴其在服务贸易领域的立法经验,并根据我国的基本国情,以提高国家利益为前提逐步加大对金融、保险等服务行业的支持力度和开放力度。同时在服务贸易的市场准入、优惠条件和增税标准等方面要制定确切的法律条款,并且根据领域制定具体的规定,从而使服务贸易制度更加完善。并加强各个部门的协调,建立由中央到地方再到企业一整套垂直型的服务贸易管理机制,从而减少行政性审批程序，提高办事效率。政府还要加快建立相关数据平台，提高政府政策的透明度，鼓励公平竞争。最关键的是要建立紧急保障措施，当遇到外国对我国的出口增加，对我国服务贸易产生威胁，或我国服务出口受到阻碍等问题时，应当采取紧急措施保护我国的根本利益。而且建立紧急保障措施能够进一步促进服务贸易自由化的进程。

第二节 自贸区对国际服务经济的影响

一、自贸区对国际服务经济的影响机理

西托夫斯基和德纽认为大市场理论的核心是规模经济和激化竞争。大市场的最终目的是要激化竞争，而且只有采取自由竞争扩大市场的方式才能实现规模经济，并通过规模经济为激化竞争创造条件。大市场理论对关税同盟理论进行了补充和拓展，更加注重自由贸易的思想。

首先，从规模经济角度来看，西托夫斯基针对当时西欧国家普遍实行贸易保护政策的现象提出了"小市场的恶性循环"理论。在理论中分析到，由于国际市场被分割成几个分散的封闭市场，使新兴的企业很难进入，而且企业间很少沟通，那么市场上就没有良好的竞争环境，使产品的价格很高，企业不具备大规模生产的实力，也无法生产大量的产品。此时，企业想获得更高利润的唯一方法就是提高价格，这样国际市场就陷入恶性循环中。那么最佳的解决方法就是组建大市场，在大市场内进行大量生产，以开展自由贸易的形式来激化公平竞争，实现规模经济，鼓励新企业加入，这样便形成了良性循环。

其次，从激发竞争的角度来看，虽然共同市场为企业获得规模经济创造了良好的条件，但这不是其所追求的最终目标。激化竞争所带来的经济效应才是大市场经济的主要来源，大市场能使企业采用高科技，引进先进的设备，提高生产效率，不断扩大企业规模，这会淘汰那些实力较弱的企业，并使市场规模不断扩大、竞争更加公平。

二、国际经验：北美自由贸易区服务贸易自由化经验

北美自由贸易区是由美、加、墨组成的以美国为核心的经济组织，其建立符合三国经济发展的趋势，提高了三国的经济。北美自由贸易区的成立要比中国—东盟自由贸易区早六年，其发展规模、速度等方面都对中国有很大的借鉴意义。

首先，要加快自由贸易区的建立，签订服务贸易协议来促进服务贸易自由化的发展。北美自由贸易区是一个南北型的区域经济合作组织，该贸易区的建立加强了发达国家和发展中国家的经贸往来，不仅提高了美国、加拿大发达国家的整体竞争力，也促进了墨西哥服务贸易的发展进程。事实表明，自从北美自由贸易区成立以后，美国产生了净贸易创造效应，加拿大既产生了贸易创造效应，又产生了贸易转移效应，而这种贸易转移并没有产生福利损失，因为贸易转移到了具有较强竞争力的美国，使得整个区域的福利得到了提高。同时，墨

第七章 国际服务经济与自贸区

西哥的服务业也有了很大的发展，贸易自由化给墨西哥带来了新的机遇，促进了墨西哥更快的发展服务贸易。

其次，在与发达国家签署服务贸易协议时要谨慎。我们能够看出，在北美自由贸易区的三个成员国中，美国处在主导的地位，墨西哥的贸易转移到了美国，其作为一个发展中国家墨西哥对美国的依赖性越来越强。墨西哥采取的措施值得我们学习，其对金融服务市场的开放程度采取了一定的保留，允许美加两国在墨西哥建立金融机构，但为了保护国内的银行等金融行业，保留了行使安全例外措施的权利。因此，我国必须对一些幼稚产业进行保护，分部门逐步开放。同时，在《北美自由贸易协议》中，对各国实现服务贸易自由化的承诺也是不一样的，美加两国做出的承诺相对多一些，而作为发展中国家的墨西哥，由于其服务贸易发展水平较低，在政策上对其放宽了要求，允许墨西哥在对许多服务部门做出承诺的同时做了些保留。因此，应该给予发展中国家一些特别的优惠，这样会更有利于促进各国开展贸易。

最后，设立高效的监督、协调机构。北美自由贸易区成立了自由贸易委员会及秘书处，都是由各国首领专门指派的人员组成。自由贸易委员会的职能是监督协定的实施情况，考虑影响协定实施的问题，并成立专家小组进行协商，然后采取各方同意的行动进行解决，同时促进成员国间进一步谈判，使谈判与发展同步进行；秘书处的主要职能是协助自由贸易委员会开展有关工作，为其他有关小组解决问题提供帮助。北美自由贸易区还建立了像金融服务委员会这样的委员会，金融服务委员会主要负责自由贸易协定中关于金融服务规定的实施情况，在解决金融争端问题中起了很大的作用。北美自由贸易区中每个小组都有自己的职责，这样有利于各部门协议的实施和监督。可见，这一整套机构的建立在很大程度上促进了北美自由贸易区服务贸易协定的顺利运行。

第三节　上海自贸区的国际服务构想：中国经济新一轮改革的车轮

2013年8月，国务院正式批准在上海市浦东新区设立中国（上海）自由贸易实验区。上海自贸区是中国大陆境内第一个集进出口贸易、保税仓储、转口、离岸贸易、混合加工为一体的复合多功能型的自由贸易区。现在自贸区试验区覆盖面积大约为28.73平方千米，包括4个地区，即外高桥保税区、洋山保税区、外高桥保税物流园区和上海浦东机场综合保税区。

作为首个中国自由贸易区，虽然面积不大，但是这片土地正被寄予成为撬动中国新一轮改革开放支点的厚望：用开放扩大内需，用开放形成"倒逼"机制，用开放促进新一轮改革。自贸区在国际上的最大作用是进出口，上海进出口比较快，有利于上海成为一个中转站，物流、航运的中转业务也会大幅度增加。目前，这一区域的贸易成交额已超过1万亿元以上，成为上海对外贸易的核心（方文超、肖晨明，2012）。上海自贸区将在不远的将来能够带动周边经济发展，努力打造中国经济的升级版并提高中国在东亚经济乃至世界经济中的

国际服务经济概论

地位,引领全国自贸区欣欣向荣地发展,成为新一轮中国经济腾飞的"加速器"。

一、上海自贸区的背景:服务国际化

上海自贸区的想法由来已久。早在 2006 年,胡锦涛在上海考察时,就提出在上海建立四个"国际中心"。2009 年,温家宝在国务院常务会议上正式提出要在上海建立四个"国际中心",并把建设目标提升到国家发展战略,这正是自贸试验区的原始雏形。2013 年 1 月,上海正式向国家有关部门提交了在上海综合保税区设立自由贸易园区的申请,至此自贸试验区"初露端倪"。3 月 28 日,李克强在全国"两会"之后,将履新后的第一站调研放在了上海。他在上海调研期间表示,鼓励支持上海积极探索,在现有综合保税区基础上,研究建立一个自由贸易试验区,进一步扩大开放,推动完善开放型经济体制。7 月 3 日,国务院常务会议原则通过《中国(上海)自由贸易试验区总体方案》。8 月 17 日,国务院批准设立中国(上海)自由贸易试验区(上海自贸区英文:Shanghai Pilot Free Trade Zone)。9 月 27 日,中国政府网全文发布《中国(上海)自由贸易试验区总体方案》,同时公布的还有 18 项服务业扩大开放措施(马玉荣、王艺璇,2013)。

由国务院印发的《中国(上海)自由贸易试验区总体方案》(以下简称《方案》)显示,上海自由贸易区服务业扩大对外资的开放措施涉及金融、航运、商贸、专业服务、文化、社会服务 6 大领域 18 个方面。其中,金融服务对外资开放列在首位。在银行服务方面,允许符合条件的外资金融机构设立外资银行,符合条件的民营资本与外资金融机构共同设立中外合资银行。在条件具备时,适时在试验区内试点设立有限牌照银行。并且中资银行服务业务也进一步开放。

对此,对外经济贸易大学金融学院院长丁志杰表示,这是中国在市场准入方面做出的巨大突破。通过引入新的竞争者,使市场竞争更充分,价格由市场决定,从而提升行业的效率。不过由于银行业具有高负债和溢出效应大的特性,因此要求具备一定的条件。

香港经纶国际经济研究院学术研究副总裁、香港大学荣誉教授肖耿指出,上海自由贸易区的最大意义就在于开发了中国跨境服务业这一潜力巨大的处女地市场,这是中国服务业市场开放和建设的一个战略步骤。根据《方案》,在确认人民币资本项目可兑换、金融市场利率市场化的政策大趋势及大背景下,特别提到允许金融市场在试验区内建立面向国际的交易平台,逐步允许境外企业参与商品期货交易,鼓励金融市场产品创新。

商务部原副部长、中国国际经济交流中心副理事长魏建国表示,上海自贸区主要是实现四个流通:人员的流通、货物的流通、货币的流通和投资的流通。作为世界第二大经济体,未来 5 年要在全世界进口 10 万亿美元,按每年 2 万亿美元算,如果用美元作为定价货币,进口商、出口商、承包商、交易商都很吃亏。因此,人民币必须在未来 5 年之内成为世界第三大货币。长远来看,中国要将上海建成一个与中国实体经济及国际贸易地位匹配的国际金融中心,而在这其中,人民币国际化必然是一个重要的组成部分。[①]

---

① 辛妍. 上海自贸区开启新时代[N]. 新经济导刊,2014 - 1 - 2.

第七章　国际服务经济与自贸区

目前，自贸试验区内的跨境电子商务试点有了实质性启动。2013 年 11 月 18 日，由海关总署牵头建设的跨境电子商务平台"跨境通"试运行。12 月 28 日，该平台正式启动，消费者通过"跨境通"网站订购的进口食品、化妆品、母婴用品和高档箱包服饰等，可跨境外汇支付，在完成相关程序后将快速入境并被快递至消费者手中。

二、上海自贸区的国际服务经济的地位与去向

建设中国上海自由贸易试验区是中国新一届政府顺应全球经贸发展新趋势，实施更加积极主动开放战略的一项重大举措，有助于以点带面激发培育我国面向全球的新的竞争优势群落，构建与各国合作发展的新平台，拓展经济增长的新空间。按照政府设想，上海自贸区要集中体现三个特征：一是体现主动的、内在的开放；二是以制度创新为核心；三是具有较强的示范性。建设自贸区将从三方面对我国开放格局带来影响：一是进一步扩大服务业开放，将围绕上海"四个中心"建设形成新的开放举措；二是形成新的行政管理体制，如大幅度减少行政审批事项，同时强化事中事后监管；三是进一步实现扩大开放的法制保障和制度保障。

1. 扩大服务业开放

建设上海自贸区一大功能是为了扩大服务业开放，其改革主要聚焦六大领域：金融、航运、商贸、专业、文化、社会。其中，金融改革是服务业开发的重中之重。目前对于金融改革的设计主要有四个方向：资本项目可兑换、跨境人民币的全面放开、利率市场化和外汇管理便利化。

上海自贸区金融制度创新与资本账户开放，人民币国际化资本账户开放主要包括两个方面内容：一是资本金融账户各项目下的货币可兑换，即一国货币当局应该允许居民和非居民间正常资本交易支付和转移项下，本国货币可自由兑换成他国货币；二是资本市场开放，即本国证券投资交易市场的对外开放，资本账户开放是货币国际化的前提条件，资本市场开放是货币国际化的基础性要求，因为如此才可以形成一国货币在世界范围内的循环、流通、投资渠道，从而形成一个具有一定广度与深度的该国货币的世界市场。一般来说，资本账户开放不是一蹴而就的，借鉴历史经验，资本账户开放更多表现为一个不断解除资本账户管制的渐进自由化过程。即便是美国，虽然已经实现资本账户开放，但对某些资本账户项目仍然有所管制。另外，自 2008 年世界金融危机后，国际货币基金组织对资本自由流动和资本账户自由化的态度有了某些转变。由之前的一味鼓励支持变为有保留的支持。其在 2010 年有关此问题的多篇研究报告中认为，应根据不同国家的具体国情来确定资本账户开放程度与速度，资本账户开放进程中需要实施配套的经济、金融改革措施，并且需要注意开放的次序。

中国上海自贸区的金融制度创新势必会为中国资本账户进一步开放以及利率、汇率的市场化改革提供一块非常有价值的试验田，在这块实验田内，构建和国际金融市场高度接轨并谋求逐步一体化的金融环境，有利于人民币在境外的流通、循环与回流，进而有助于开发更多、更高质量的以人民币标价的金融产品，这必将会推动人民币国际化向更高层次与更高阶

段发展。上海自贸区有关资本账户开放的金融制度创新可能在于：在区内允许外资金融机构设立外资银行，允许民营资本与外资共同设立中外合资银行，中资银行可开办离岸业务，即可以帮助企业在境外融资；自贸区内允许个人开立海外账户，银行对不同类别账户进行技术隔离，区别管理；允许区内符合一定条件的单位和个人，按照规定双向投资于境内外证券期货市场；在区内就业并符合条件的个人，可按规定开展境外期货投资。总之，上海自贸区通过银行分账经营、独立核算，很可能会在区内构建一个涵盖离岸和在岸业务、本外币一体化、与国际金融市场高度接轨的独立金融运行环境。

2. 形成新的行政管理体制

中国自改革开放以来，主要通过几个特区和若干个国家级新区等载体，给予特殊政策，推动区域发展并取得了很大成绩。但是，随着经济发展和政策的趋同性越来越大，不少地方产生了政策依赖症，其竞争力并没有明显提高。在这种情况下，创建中国上海自由贸易试验区是新一届中央政府在新的历史时期，面对错综复杂的国内、国际经济环境，坚定走中国经济的内涵式发展道路，进一步通过制度创新来扩大改革开放的一项重大举措。上海自贸区通过探索来解决政策依赖，彻底消除各种不合理的制度对市场经济的束缚显得尤为重要。

首先，必须用制度创新代替政策优惠。与其他地区自贸区相比，上海自贸区承载着更多的任务。"我们将要建设的中国（上海）自由贸易试验区，是国家战略，是更高层次、更高水平的改革创新，核心是制度创新，而不是优惠政策。" 2013 年 7 月 10 日韩正在上海浦东新区调研时说。上海自贸区将把更多任务聚集到改革之上。一方面，力求以投资管理体制改革为突破，修复企业和市场的效率基础，完成向成熟市场经济的转型。另一方面，通过探索，服务于中国下一步的全球化战略，参与全球价值链和投资规则的重构，促进传统经济向新经济升级。

其次，要形成可复制、可推广的经验。上海自贸区的建立为上海乃至中国带来发展红利，是中国积极主动对外开放的"试验田"，是推进改革和提高开放型经济水平的"试验田"。从这个角度讲，作为一种国家战略，上海自贸区并不注重企业集聚，而是注重改革集聚。如何更好地转变政府职能，如何将国际贸易新环境下的贸易准则纳入自贸区发展规划中，如何主动适应贸易新格局的变化，达到市场全球化、经济一体化的要求，都是上海自贸区要探索的问题，而上海自贸区的这些经验将会指导其他地区甚至是整个中国将来的发展。

未来的上海自贸区的有效运转，需要依靠一套复杂的监管制度予以保障，其中海关监管制度将是重点。如何设计监管制度，也将考验上海自贸区的智慧，其成果也将给全国其他地区今后设立自贸区提供实践经验。自由贸易区和其他区域的重大区别之一就是避免由于关税和复杂的海关手续所造成的贸易障碍。一般而言，自由贸易区海关监管的共同原则是：强化进入国内市场货物的卡口监管，严惩走私行为；货物入区备案，区内储存不监管，出区核销；简化报关手续，实行电脑管理，使货物进出方便快捷；免征关税。其核心思想可以概括为"一线放开，二线管住，区内不干预"。

3. 进一步实现扩大开放的法制保障和制度保障

建立一套切实可行的法制体系。政府的行政管理架构需要建立在创新的基础上，而创新

第七章　国际服务经济与自贸区

后的政府职能则需要通过法律法规和发展规制认真执行。任何改革都需要建立在一套完备的法律法规下才能有效地执行，如果没有一套切实可行的法制体系，政府职能就不能很好地发挥，行政管理也会变得拖沓冗杂，那么市场资源的配置自然不会达到最优。因此，上海自贸区除了从自身改革的内容出发外，还需要建立以法制原则为设计重点的国家行政管理体系，避免在具体行政事务授权、管理中发生问题。通过有效的政府行政监管制度，形成便利高效的市场监管环境，在中央立法下，按照严格的"授权基本法"赋予上海自贸区管理权限并辅以当地行政立法，管理和监督制度的新制度。

在上海自贸区总体方案中，以"负面清单"为核心的投资准入管理体制改革是重要突破口，而这也和目前国内的行政审批制度改革方向是一致的。第十二届全国人民代表大会常务委员会第四次会议决定：授权国务院在上海外高桥保税区、上海外高桥保税物流园区、洋山保税港区和上海浦东机场综合保税区基础上设立的中国（上海）自由贸易试验区，对国家规定实施准入特别管理措施之外的外商投资，暂时调整《中华人民共和国外资企业法》《中华人民共和国中外合资经营企业法》《中华人民共和国中外合作经营企业法》规定的有关行政审批。上述行政审批的调整在三年内试行，对实践证明可行的应当修改完善有关法律；对实践证明不宜调整的，恢复施行有关法律规定。

此前，我国对外资的管理一直采用"正面清单"的模式，通过制定《外商投资产业指导目录》，所有的外商投资只能在规定的范围内活动，其他不允许。而此次创造性地探索"负面清单"的管理模式，则只把不开放的行业和受限制的商业活动列入清单，只要未列入名单的，都属于"法无禁止皆可为"的范围。在这种情况下，政府的侧重点从"管企业"转变成"管政府"，前者"法无明文禁止即可为"，后者"法无明文规定不可为"。

最后，上海自贸区在未来的发展中，应坚持三大自由原则：推行货物进出自由、投资自由和金融自由。只有坚持自由的发展模式，才能深化对外经济改革，加快推进上海成为国际贸易中心的步伐，促进进出口贸易的自由发展，建立一套严谨、高效、公平的法制管理体系，推动上海成为国际金融贸易中心。通过金融机制的创新，建立顺应经济发展趋势的金融管理机制，适当地发挥人民币汇率和利率市场化在国民经济中的作用，推动上海成为国际航运物流中心。处于国际航运枢纽的上海，本身具备了成为中转世界货物的国际物流枢纽地的地理优势，而此次上海自贸区的改革，除了在金融领域的创新外，对于航运物流方面的改革也将会是重点，上海自贸区的成立必然会带动国际、国内物流在区内的蓬勃发展。上海有望成为继伦敦、纽约、鹿特丹等国际航运中心的又一个重要的国际枢纽地。

☞ **案例分析**

专家：香港服务业优势可助内地企业转型升级走向国际

中新网北京 5 月 29 日电（记者尹力）进行中的第三届中国（北京）国际服务贸易交易会开设多个省、市、区主题日。在 29 日举办的香港主题日上，多位政府官员及服贸业专家均表示，香港有多种服务方面的优势，可在多种专业领域助内地企业转型升级和拓展海外市场。

国际服务经济概论

当日举办的服务贸易洽谈会论坛以"迈向全球，首选香港"为主题。香港贸易发展局副总裁方舜文表示，香港是国际公认的服务业枢纽，服务业占 GDP 的 93%。在服务业、法律会计、知识产权贸易等多个领域，香港的专业人才具备丰富经验和国际视野，可提供多元化服务，以满足内地在转型升级、创建品牌以及从事海外投资经贸活动时的各种需要。

北京市人民政府副秘书长马林表示，2013 年，北京的服务贸易总额超过 1 100 亿美元，在本地对外贸易中的比重超过了 20%。去年全年，北京企业向香港的直接投资额为 14.48 亿美元，占北京企业境外直接投资总额近半。香港作为国际服务业的重要枢纽，在服务业发展中积累了人才、资金的优势以及专业化的服务业知识，现已成为北京企业"走出去"的重要桥梁。

马林说，香港企业涵盖了金融、会计、法律、市场推广、物流、设计、创新科技、专利授权等领域。京港两地企业可利用京交会这一良好平台，开展服务业交流与合作，为港企开拓内地市场提供机遇，同时促进北京服务业提升总体水平。

中国服务贸易协会执行副会长赵中屹表示，目前世界经济进入了服务业时代，服务贸易已经成为经济增长的新动力和大国竞争的焦点。2014 年第一季度，中国服务贸易进出口总额已达 1 388 亿美元，占对外贸易总额的比重达到 12.8%。今年以来，中国外贸形式复杂严峻，因此服务贸易的逆势增长显得尤为突出，不仅成了对外贸易新的增长点和亮点，也为经济增长提供了新的动力。

赵中屹提到，目前香港与内地在交通运输、旅游以及金融等服务贸易方面都有合作。在服务产业上，香港具有丰富的经验、优秀的人才以及国际销售，能够弥补内地的不足。然而，不同的法律体制、人文环境、语言环境等因素，均会造成两地服务合作实际操作中的障碍，影响双方的充分合作。

对此，赵中屹建议，作为金融中心，香港银行业可在内地增设代表处，为内地企业提供先进的金融服务；两地企业可优势互补，携手开拓国际市场，共同提升国际竞争力。

香港会计师工会会长陈锦荣介绍说，香港在税制、人才、交通设施、财务制度等领域，相比内地更符合国际标准的监管。过去香港主要是把外面的体制与技术引进内地，今后的重点则是打造服务，帮助内地服务业引进所需资金、人才跟技术，建造内地企业"走出去"的优势。

他说，香港的服务业对企业转型有丰富的经验，可向内地企业提供可靠的品牌发展、市场营销及顾问服务等。内地企业可借助香港的转型经验，完善现代服务业系统，积极转型升级并走向世界。

案例资料来源：《中国新闻网》2014 年 5 月 29 日。

案例讨论题： 我国内地企业如何能更好地利用和学习香港服务业发展经验？

本章小结

（1）所谓自由贸易区战略，主要是指战略主体为了更快地发展对外贸易，根据自身的条件，选择自由贸易区作为促进国际经济交往、提升国际竞争力的主要途径，并根据自身情

第七章 国际服务经济与自贸区

况,确定建立自由贸易区的目标、类型、贸易伙伴的选择标准、建立的先后顺序、自由贸易区协定模式以及为保障"自由贸易区战略"顺利实施而做出的其他调整。

（2）"小市场的恶性循环"理论：由于国际市场被分割成几个分散的封闭市场,使新兴的企业很难进入,而且企业间很少沟通,那么市场上就没有良好的竞争环境,使产品的价格很高,企业不具备大规模生产的实力,也无法生产大量的产品。此时,企业想获得更高利润的唯一方法就是提高价格,这样国际市场就陷入恶性循环中。

思 考 题

1. 根据 GATS 的定义,服务贸易包括哪些内容?
2. CEPA 协议对香港服务经济的发展有何影响?
3. 什么是大市场理论?

网 络 练 习

1. 请在网上查阅北美自由贸易区的资料,并思考其对美国经济发展的利弊。
2. 在网上查找并思考我国上海自贸区为何采取"负面清单"模式?

自 测 题

1. 自由贸易区兴旺蓬勃发展的原因是什么?
2. 自贸区对国际服务经济的影响机理是什么?
3. 北美自由贸易区服务贸易自由化经验有哪些值得我国借鉴?

第八章　国际服务经济与信息技术革命

> **本章学习目标**
> - 了解电子商务服务业的起源与发展；
> - 了解电子商务对服务贸易的影响；
> - 了解物联网服务业发展现状；
> - 了解大数据在国际服务业中的运用。

☞ **开篇案例**

大数据和物联网将如何改变邮政服务

你是否同时拥有"物联网、数据策略与分析，以及邮政服务的运作、设施、产品和服务方面的专业技能和关键知识"？如果是的话，你就可以试试向美国邮政署（United States Postal Service）投标，他们正在寻找合适的供应商来帮助他们实现"邮政物联网项目"。如果你根本不知道我在说什么，那么下面作简要介绍。

让我们从那些显而易见的事说起：很少有事物能像邮政服务那样遍布各地，无处不在。另一点或许不那么明显：很少有人收集了如此大量的数据。邮政运营商从他们庞大的实体网络中收集了海量信息，例如，美国邮政署会对每个邮件和包裹扫描多达 11 次，这意味着每年共扫描 1.7 万亿次。其庞大的超级计算机数据中心已经是美国最大的数据中心之一。

美国邮政署监察长办公室在 2014 年 5 月发布的一份报告中写道，在未来，"数量不断增长的可操作数据的汇集，通过无所不在的网络连接整合和分享这些数据，以及分析学的快速发展，以上这三点的结合可能会为邮政运营商打开一个充满机遇的新世界——邮政物联网"。

邮政网络（邮车、邮筒、邮件和包裹、分拣中心等）可能会配备低成本传感器，这将极大地增强邮政运营商收集有价值数据的能力。这个庞大的新数据来源可以帮助邮政服务提高运营能力和改善客户服务，创造新的产品和服务，并为更有效率的决策过程提供支持。专家们指出，"邮政物联网"还将对其他邻近的非邮政行业产生积极的溢出效应，因为邮政服务自己收集或者找人代为收集的信息对其他人也同样有用。

例如，让邮车配备传感器可以降低车队的维护费，优化行车路线，报告移动和无线网络的覆盖盲点，监视环境状况，探测有害的化学物质和污染。这些传感器收集的数据还能够变

第八章　国际服务经济与信息技术革命

成邮政服务新资产的基础,为政府机构以及其他上市和私人企业提供服务。例如,可以把加速计放在邮车上,用来评估道路状况和探测路面坑洞,然后将收集到的数据出售给市政局。

邮政大数据甚至还能帮助零售商进行新门店选址。这在德国已经有人付诸实践:DHL向企业提供了一款付费使用的在线地理营销工具,名叫 Geovista。该工具数据来自德国邮政的地理数据、其他机构的社会人口和住房数据以及有关消费模式的统计数据。这些信息可以帮助营销人员进行新店铺选址,并为销售预测做好准备。开放数据还能为第三方开发者创造机会。法国邮政局正与创新软件公司合作,希望利用其邮编、邮局位置、地址文件变动等数据库来推出新服务。

案例资料来源:引自《中国邮政报》2014 年 5 月 27 日,内容有删减。

案例讨论题:你觉得大数据、物联网将如何影响我国国际服务企业?

第一节　电子商务:国际服务经济的新形式

目前,电子商务服务业在内涵上有两种解释:广义的电子商务服务业是指以互联网为基础媒介,以广播电视网、电信网等为辅助平台,以信息技术为主要支撑手段,以电子商务为主要的活动方式的企业集合,其实质是传统服务业借助互联网信息技术的优化升级后实现的服务电子化。狭义的电子商务服务业是指以电子商务综合服务商为主体,包含电子商务交易平台服务业、电子商务信用服务业、电子商务认证服务业、电子商务物流服务业、电子商务代运营服务业、电子商务咨询服务业、电子商务教育培训服务业、电子商务数据基础服务业、电子商务金融服务业、电子商务安全服务业等,基于电子商务的,并且专门为电子商务活动提供服务的新兴服务行业体系。[1]

一、电子商务服务业的起源与发展:信息时代的产物

电子商务服务最初起源于美国,经历了从因特网服务提供商(ISP)到应用服务提供商(ASP)的发展过程,并在此基础上兴起了互联网虚拟主机服务,逐步演变成为面向电子商务应用的电子商务服务。电子商务的飞速发展提高了服务贸易企业的国际竞争力,增加了通讯、计算机和信息服务、金融、文化、咨询等智力密集、技术密集的高档服务贸易占服务贸易出口总额的比重,进而推动了国际服务经济的整体发展。

我国电子商务服务业大致兴起于 2003 年。此前,我国计算机和网络信息技术迅速发展和技术发展的同时为电子上网的兴起奠定了坚实的基础。在传统的商业活动中,由于信息不对称所造成的不利因素逐渐被消除,随之而来的就是商业手段的进步——电子商务和电子商务服务业的兴起。

2003~2007 年被认为是电子商务服务业发展的成长期。典型的电子商务交易平台服务

---

[1] 中国电子商务服务业发展报告 No.1. 社科文献出版社,2011.

企业——阿里巴巴宣布开始出现盈利，标志着中国电子商务服务业的真正兴起。此后，围绕阿里巴巴、当当网、易趣网、卓越网等核心交易平台而出现的中国电子商务服务业综合性服务企业、垂直性服务企业、面向个人的提供支付、认证、信用和物流服务的电子商务服务企业开始迅速聚集，并逐渐向专业化、个性化服务过渡，这预示着中国电子商务服务业开始进入稳定的成长期。2006年，国家《电子商务发展"十一五"规划》首次明确指出，发展电子商务是国家信息化战略的重要组成部分，是有效促进经济增长方式由粗放型向集约型转变，切实提高国民经济增长的效率和质量，实现经济社会全面、协调、可持续发展的主要手段。

2007年至今被认为是电子商务服务业的爆发期。很多传统企业由于自身电子商务技术和运营能力的不足，选择将企业电子商务化改造外包，由此使得很多交易平台的服务规模和作用日益突出，同时对应的支撑服务体系也更加完善，更多的电子商务衍生服务体系开始出现。电子商务代运营服务商、电子商务软件服务商、电子商务营销服务商、电子商务导购服务商等新型电子商务服务企业进入互联网的视野。2011年，《服务贸易发展"十二五"规划》将电子商务划分为战略性新型产业之一，并指出，电子商务服务是基于网络的交易服务、业务外包服务及信息技术系统外包服务。其中，交易服务主要包括基于网络的采购、销售及相关的认证、支付、征信等服务；业务外包服务包括基于网络的产品设计、生产制造、物流、经营管理等外包服务；信息技术系统外包服务主要包括基于网络的设备租用、数据托管、信息处理、应用系统、技术咨询等外包服务（朱一丹，2014）。同年，《电子商务服务业"十二五"发展专项规划》指出，发展壮大电子商务服务业，重点在于推动电子商务服务业产业化发展，推动电子商务信息平台和交易平台服务业创新发展，大力发展信用服务业，规范和促进电子支付服务业发展，加快发展现代物流服务业，积极发展电子认证服务业，推动信息技术和信息服务业的发展。加速推动电子商务服务业产业链的形成与发展，建设高度集成化的电子商务服务业产业集群已经成为我国电子商务发展的重要战略任务（李志宇、陈燕方，2012）。电子商务"十二五"时期将成为电子商务及电子商务服务业产业升级的高速发展时期，随着电子商务的进一步发展，规模化的电子商务市场为电子商务服务业提供了规模化的服务需求基础，电子商务服务业将更加的成熟，并且开始逐步形成自身的生态体系。

二、电子商务对服务贸易的影响：巨大的变革

电子商务服务业的兴起对我国服务贸易的发展产生了深刻的影响。虽然目前中国服务贸易的规模和实力相对来说较低，在对外贸易中的地位远远落后于货物贸易。截至2010年上半年，货物贸易与服务贸易的进出口总额之比约为8.5：1，同期世界货物贸易与服务贸易的进出口总额之比为2.2：1，这说明中国服务贸易与货物贸易的匹配程度大大低于世界水平（高亢，2012）。在出口方面，中国服务贸易出口处于劣势，其比较优势不如货物贸易出口；在进口方面，中国是服务贸易净进口国，且逆差仍呈扩大趋势。但是电子商务服务业的发展还是对我国服务经济产生了巨大的影响，主要体现在以下几个方面：促进服务贸易进出

第八章　国际服务经济与信息技术革命

口结构变化、提高了开展国际贸易的效益和效率以及促使服务贸易的运作手段发生巨大变革。

1. 电子商务服务业促进服务贸易进出口结构变化

一方面，电子商务加快了旅游、运输等传统服务贸易的发展步伐。传统服务贸易因电子商务的发展产生了变革，例如，旅游贸易一直是我国服务贸易的支柱，在高效的互联网技术和先进电子资讯手段得到广泛应用的大背景下，在线旅游贸易的发展潜力不断增大。以携程网、艺龙旅行网为代表的多家旅游网站是旅游贸易的新兴的主力军。相比传统旅游企业，在线旅游企业可以最大限度地将各种旅游资源结合起来。消费者通过链接和搜索引擎能找到更加多样化的信息，迎合了旅游贸易中越来越多的个性化需求。同时通过网上预订和银行电子结算系统降低了经济成本，使贸易双方都得到益处。

另一方面，电子商务提高新兴高档服务贸易的竞争力水平，成为新兴高档服务贸易的创新发展新取向。根据中国外汇管理局公布的原始数据计算发现，自国际电子商务迅速发展以来，金融、广告、咨询等多种新兴服务贸易的贸易竞争优势指数稳步上升，行业竞争力不断增大。金融贸易的贸易竞争优势指数 2011 年首次突破负值达到 0.067，广告贸易于 2012 年达到 0.263 的高指数水平，咨询贸易也达到 0.251，竞争力水平比 2007 年增长 8 倍。电子商务新模式的应用显著地加快了我国新兴服务贸易的发展速度，使其在世界市场上的竞争力逐步增强。

2. 电子商务服务业提高了开展国际贸易的效益和效率

对于大型企业来说，电子商务作为传统交易手段的辅助工具，企业通过互联网开展国际市场调研和网络营销，节约了传统营销调研产生的驻外机构的人工成本和集团内部的通讯费用，真正实现了信息的跨国传递和共享。同时，基于互联网的国际商业有助于开发新的服务贸易形式，如教育服务网上教学、技术管理咨询服务、网上医疗服务等，有利于大型企业创新并提高其国际竞争力。

对于中小型企业而言，电子商务服务业使得中小企业的产品和服务更加贴近市场的个性化需求，能充分发挥中小企业小规模生产的灵活性，并使其拥有更多的贸易机会。同时，电子商务服务通过直接与消费者的互动，提高了中小企业在国际市场上与大型企业竞争的可能性，有利于它们参与国际竞争。

3. 电子商务服务业促使服务贸易的运作手段发生巨大变革

电子商务促使服务贸易实现完全无形化。电子商务网上银行的应用解决了传统的信用证支付手段对买家带来的安全隐患，金融、娱乐、教育、咨询等服务产品可以通过计算机直接传输到客户终端。由此可见，相比于有形贸易，电子化的服务贸易优势更加明显，电子商务成为服务贸易的主要手段是大势所趋。

三、电子商务服务业在发展中存在的问题以及应对措施

电子商务服务业的高速发展对我国经济发展产生深刻影响的同时，也暴露出了很多问

国际服务经济概论

题：法制监管缺失、市场竞争手段单一粗暴、服务模式创新能力弱等。要使其健康快速发展，更好地为我国经济服务，仍需先完善其产业发展环境。

1. 电子商务法律监管缺失，市场环境仍需规范

2010年以后，电子商务服务业进入飞速发展时期，却频频暴发具有较大社会影响的负面事件：2011年阿里巴巴发生"中国供应商平台"欺诈事件、淘宝网被美国联邦贸易委员会列入协助销售盗版产品名单、京东支付宝等个人信息泄密事件，以及2012年人人贷Peer-to-Peer（以下简写为P2P）网络贷款诈骗事件等，均显示出我国目前电子商务服务业的发展环境仍比较落后，还存在很多问题和困难，需要从以下几个方面进行完善。

首先，电子商务是互联网技术在经济中的应用，它所具有的特点和发展所需要的环境与传统经济活动是不一样的，而且电子商务服务业在中国仍然是一个成长中的新兴产业。在过去几年中国电子商务服务业的发展中，宽松的政策环境是其迅速发展的原因之一。随着电子商务的新发展和新问题的出现，对电子商务服务业的规范也势在必行。所以如何构建一个既适合电子商务服务业创新发展，又能规范其发展的诚信环境是一个我国电子商务产业发展环境建设的难点（赵京桥，2013）。

其次，电子商务促进服务贸易快速发展的同时，也给政府部门对服务贸易的网络监管带来了更大的挑战。服务贸易的完全无形化，必然使得一国的海关、税务部门依靠常规手段的监管更加困难，电子商务的避税问题日益突出。在跨境电子商务产品的质量安全监督、通关、税收征管等方面，我国政府都还缺乏统一的标准，出台的法规政策不完善且执行力度不强。针对以上问题，政府应当对电子商务给服务贸易带来的潜在隐患引起重视，加强法律监管，积极适应服务贸易发展的新形势和新环境。

再次，我国缺乏全面的、具有指导性的电子商务法律。尽管商务部、行业协会都尝试着出台文件对电子商务进行规范，但这些规范都缺乏强制性和法律效应，商务部也并不具备处罚权。只有通过全面的、一系列具有指导性的电子商务相关法律对参与者、电子签名、电子合同、信息提供等各方面进行法律规定才具有实际效果。

最后，我国电子商务服务业管理缺乏协调机制。电子商务的主管部门是商务部，互联网的主管部门是工业与信息化部，网站备案职能、销售产品管理属于工商管理局，互联网安全属于公安部，看似很多部门在管，但是这些部门间缺乏协调机制，结果谁也管不了，就造成今天监管缺失的局面。

2. 电子商务企业竞争手段及创新能力有待提升

从电子商务交易平台的竞争来看，手段单一和粗暴，价格竞争成为挤压对手、吸引眼球的唯一工具。交易成本低廉是电子商务交易显著的优越性，而价格是其重要体现，但价格并不是电子商务优越性的全部，网络的社区化、移动化、市场的专业化和细分化、产品的个性化和品牌化、服务的品质化、高效化等趋势将会大大弱化价格的权重。电子商务企业应注重消费者的消费体验，开发消费者的潜在需求，勇于创新多元化多样化的产品和服务，科学发展，转变过于依赖低价和规模增长的粗放式发展模式。

第八章 国际服务经济与信息技术革命

电子商务的快速发展同时带来了激烈的竞争，网商之间、大型电子商务交易平台之间的价格竞争就此起彼伏。从短期来看，针锋相对的价格比拼让电子商务获得更多的眼球效应。而从长期来看，这种单一而粗暴的价格战是不可持续的。首先，我国网络购物市场发展中最为常用和有效的竞争策略就是低价竞争策略。但低价竞争不等于价格战，不计成本的价格战是短期行为，这并不利于电子商务的健康发展。其次，在资金实力相当、产品同质、信息对称、市场主体均采取低价竞争策略的条件下，价格战无法大幅提高某一市场主体的市场地位。再次，随着价格竞争加剧，消费者的价格弹性在逐步降低，在价格背后所体现的物流服务、售后服务将会在竞争中凸显出更为重要的作用。最后，价格战可能会扰乱市场信号，不利于健康的零供关系发展，不利于产业的长期发展。

中国电子商务服务业的创新能力还有待加强，特别是电子商务交易服务。从电子商务交易服务内部发展来看，B2C 交易服务模式创新和发展比较活跃，其中以引进外国电子商务服务模式，然后本土化复制是近两年电子商务 B2C 交易服务发展的主要路径。最为典型的就是团购，团购（Groupon）模式的成功被大量复制到中国。较低的进入门槛、较快的盈利周期、广泛的商品范围、极具诱惑力的商品价格使得团购模式能够迅速获得创业者、投资者和消费者青睐，大量资金涌入团购行业，仅仅在一年多时间内，团购网站最高达到了 5 000 多家。然而由于发展速度过快、进入门槛过低、模式单一、恶性竞争、监管缺位等，团购一度成为政府闹心、消费者担心的电子商务模式。这种快速复制是由电子商务服务业自身特点所决定的，这在电子商务代运营服务业和 P2P 网络贷款平台中也正在出现。但长期来看，纯粹的复制经不起市场和时间的考验，只有深入理解各种服务模式的特点，服务群体，提高服务质量，强化内部管理，在吸收基础上创新的电子商务服务业模式才具有长久的生命力。从 B2B 交易平台服务来看，整体发展较缓，面临旧商业模式的发展瓶颈。以信息服务为主要产品，以会员费为主要盈利手段的 B2B 交易平台亟待创新。阿里巴巴 B2B 交易平台在香港退市也是中国电子商务服务业模式的创新和转型问题凸显的体现。

3. 落后配套设施掣肘电子商务发展

虽然电子商务服务业主要依托线上互联网的发展，但线下基础配套设施的建设落后，也会严重制约其发展。例如，物流就是电子商务发展中无法跨越的一道"坎"。物流是电子商务服务业中的核心实体环节，物流服务并不像互联网信息传递可以突破时间和空间的限制，物流的发展需要长期投入，因此相对于电子商务的快速增长，物流服务业的服务能力还无法满足电子商务的需求，依然是整个行业的发展"瓶颈"（赵京桥，2013）。近两年的电子商务促销，瞬时的订单爆发，往往导致物流的爆仓，大量商品挤压，订单延后。要改变这一现状，首先需要政府和社会加大对电子商务配套基础设施的投入；其次在税收政策上给予适当的支持，鼓励电子商务基础设施的建设；最后政府也应继续完善国家基础设施，如高铁、高速路建设，改善经济发展环境。

第二节 物联网：国际服务经济的新载体

目前，全球内尚未有对物联网（Internet of Things）有一致的明确定义。物联网的概念最早是 1999 年由美国麻省理工学院凯文·阿什顿（Kevin Ashton）和其同事提出（刘磊、张建宁，2011）。主张将射频识别技术（Radio Frequency Identification，RFID）和互联网结合起来，为每个产品建立全球唯一的标识——产品电子代码（Electronic Product Code，EPC），采用射频技术实现对产品的非接触式自动识别，然后通过互联网实现产品信息在全球范围内的识别和管理，形成物联网（The Internet of Things）。国际电信联盟（ITU，2005）在信息社会世界峰会中发表《ITU 互联网报告 2005：物联网》，对物联网进行如下定义：通过将短距离的移动收发器内嵌到各种配件和日常用品中，人与人、人与物、物与物之间形成了一种新的交流方式，即在任何时间、任何地点都可以实现交互。欧洲智能系统集成技术平台（EPOSS，2008）在"The Internet of Things in 2020"报告中，从应用的角度对物联网进行定义：物联网是由具有标示和虚拟个性等信息的物体和对象所组成的网络。在这一网络中，物体和对象使用"智慧的接口"与用户和社会环境进行信息交流，构建智慧空间。国内通常认为物联网是通过无线射频识别（Radio Frequency Identification，RFID）装置、全球定位系统及激光扫描器等信息传感设备，按照约定协议，实现物品与互联网的相互连接，进行信息通讯，以实现智能化识别、定位、跟踪、监控和管理的一种网（赵静、喻晓红等，2010）。

一、物联网的兴起：经济与科技发展竞争的战略高地

虽然物联网在世界范围内没有明确统一的概念，但就本质而言，物联网是现代科技进步，尤其是信息科技发展过程中出现的一种技术聚合与突破。物联网的产业发展就是依托信息通讯技术，利用信息网络与万物间的连接方式提供信息服务，使传统产业通过下一代网络技术实现产业服务信息化和智慧化，引领战略产业和区域经济快速发展（朱洪波等，2014）。物联网将各种现代网络、感知、自动化和人工智能等技术集成，实现人与物的智能对话，从而推动一个智能世界的诞生。

互联网技术实现了人与人的沟通，为我们提供了信息和娱乐服务。物联网是任何物体的网络，包括机器、设备、车辆等与生产、安全、环境的相关的"物"，这样每个智能物体都能随时随地"告诉"大家自己的运行状态，最终构成一个智能的世界，势必提升安全和效能以及智能化的作用范围，其技术影响力必将扩展到我们的生产与生活的方方面面。由此可以总结物联网的三个特征：首先是具有互联网的特征，互联网是实现物联网的前提和技术基础；其次是具有通讯与识别的特征，处于物联网中的"物"必须具备通讯与自动识别的功能；最后是智能化的特征，物联网的网络系统必须具备自动化、智能控制和自我反馈的特征。

目前，世界各国物联网发展的共同点是：将物联网上升到国家经济、科技战略层面；制

第八章 国际服务经济与信息技术革命

定远景规划,确定发展目标与路径;聚焦关键技术领域,强化标准化体系建设,营造物联网安全应用环境;政府引领,加大投资,在公共服务领域率先进行物联网示范推广。

☞ 专栏

世界各国物联网发展

◇ 美国:早在1999年,在美国召开的移动计算和网络国际会议就提出了,"传感网是下一个世纪人类面临的又一个发展机遇"。将"智慧地球"战略作为振兴经济的"新武器"。奥巴马就任美国总统后,将"新能源"和"物联网"列为振兴经济的两大武器,将物联网上升至美国的国家战略,提出美国要将新一代的IT技术充分运用在各行各业之中。

◇ 欧盟:欧盟颁布物联网行动计划,意在引领全球物联网发展。2009年,欧盟委员会正式发布了物联网战略,提出要让欧洲在基于互联网的智能基础设施发展上领先全球,投资4亿欧元,启动90多个研发项目提高网络智能化水平,2011~2013年每年新增2亿欧元进一步加强物联网研发力度,同时划拨3亿欧元专款,支持物联网相关项目建设。

◇ 韩国:2009年10月,韩国通过了《物联网基础设施构建基本规划》,提出到2012年"通过构建世界最先进的物联网基础设施,打造未来广播通讯融合领域超一流信息与通讯技术强国"的目标,制定了构建物联网基础设施、发展物联网服务、研发物联网技术、营造物联网应用环境4大领域、12项详细课题。韩国的U-city市场规模有望加速增长,预计到2014年,达到150万亿韩元(孙其博等,2010)。

◇ 日本:U-Japan由日本信息通讯产业的主管机关总务省提出,即物联网战略。目标是把日本建成一个充满朝气的国家,使所有的日本人,包括儿童和残疾人,都能积极地参与日本社会的活动。通过无所不在的物联网,创建一个新的信息社会。希望将日本建设成一个"实现随时、随地、任何物体、任何人均可连接的泛在网络社会"。

◇ 中国:在我国物联网也得到普遍重视,国务院将物联网产业作为我国战略性新兴产业之一。2011年,中国由工业和信息化部发布的《物联网"十二五"发展规划》中指出,物联网已经成为当今世界的新一轮经济与科技发展竞争的战略高地之一,物联网的发展将极大地促进国家经济发展和社会进步。我国应抓住机遇,明确方向,突出重点,加快培育和壮大物联网。

二、物联网服务业发展现状:锋芒乍现

在经济危机尚未完全消退的情况下,物联网在国外被认为是"危机时代的救世主",是刺激经济复苏的新增长点,世界各发达国家和地区纷纷推动物联网服务业的发展,其在短短的几年内已成星火燎原之势。以下以美国和中国为例,看物联网服务业发展现状。

国际服务经济概论

1. 美国物联网发展现状

（1）政府。奥巴马政府希望借助物联网刺激经济，使美国走出经济低谷。所以奥巴马一上任便将 IBM"智慧地球"的战略构想上升为国家战略的高度。"智慧地球"具体来说就是把传感器嵌入到电网、铁路、公路、桥梁、隧道、油气管道、供水系统、大坝、建筑等各种物体中，并且将其普遍联系起来，形成物联网。

（2）高校和科研单位。美国很多高校已经在无线传感器网络方面开展了大量研究工作，如加州大学洛杉矶分校的嵌入式网络感知中心实验室、无线集成网络传感器实验室、网络嵌入系统实验室等。另外，麻省理工学院、奥本大学、宾汉顿大学、州立克利夫兰大学一直都进行着物联网相关领域的研究工作。

（3）大型知名企业。美国的很多大型知名企事业单位也都先后展开物联网领域的研究和实践。如早在 2003 年时，美国最大的零售商沃尔玛即要求其最大的 100 家供应商在 2005 年 1 月之前在所有的货箱和托盘上安装 RFID 电子标签；美国克尔斯博科技公司（Crossbow）在国际上率先研究无线传感器网络，迄今为止已经为全球 2 000 多所高校和上千家大型公司提供了无线传感器解决方案，与传感设备商霍尼韦尔、软件巨头微软、硬件设备商英特尔、著名大学加州大学伯克利分校建立了紧密的合作关系。

2. 中国物联网发展现状

物联网产业从纵向看，依次分为上游、中游和下游。上游是网络基础设施、芯片、传感器、集成模块等相关制造业，以设备提供商为主；中游起承上启下的作用，一方面集成上游的设备与技术，如系统集成商，另一方面为下游的企业和用户服务，如网络、平台、软件提供商；下游是物联网的用户和运营与服务提供商（范鹏飞、任小璇，2012）。物联网服务业主要包括物联网网络服务业、物联网应用基础设施服务业、物联网软件开发与应用集成服务业、物联网应用服务业四大类。

（1）物联网网络服务业。

物联网网络服务业主要包括机器对机器信息通讯服务（Machine-To-Machine，M2M）等（周美，2012）。其应用主要表现为智能电网方面，如南方电网、北京、重庆等 104 万台电表具备远程抄表功能；智能交通方面，北京、上海、辽宁等地有超过 110 万台的 M2M 车载系统；社区管理方面，应用实例如重庆市 1200 部电梯部署了带有传感器的 M2M 终端。通过整合物联网平台、终端、芯片制造，同时借助 RFID 技术，企业可以开展 M2M 信息通讯服务。RFID 的应用是物联网应用的基础。据中国 RFID 产业联盟和工信部电子科学技术情报研究所物联网研究与促进中心的研究，2011 年中国 RFID 的市场规模达到了 179.7 亿元，比 2010 年增长了 47.94%。2012 年中国 RFID 市场将继续保持快速增长，市场规模有望达到 268.1 亿元。

（2）物联网应用基础设施服务业。

云计算（Cloud-Computing）服务是物联网的支撑技术之一，由此，物联网的大规模应用在推动物联网应用基础设施服务业快速发展的同时也必将推动云计算服务的发展（桑磊，

第八章 国际服务经济与信息技术革命

2011）。在我国，云计算在商业服务中还在起步阶段。互联网和IT产业链业态规模已经形成，并且已经有了成熟的模式，其中软件即服务已形成一定规模，然而基于云计算的基础架构即服务和平台即服务尚处于概念阶段，没有正式开始。我国在云计算服务的基础设施建设（互联网数据IDC中心）、云计算软硬件产业支持和超大规模云计算服务等方面还没有掌握相应的核心技术，与发达国家相比存在较大差距。然而在云安全方面，我国企业相对来说具有一定的优势。在"十二五"期间，我国云计算服务将会形成巨大的市场需求，呈现快速发展的趋势。

（3）物联网软件开发与应用集成服务业。

我国工业和信息化部于2012年2月15日正式发布了2011年我国软件业经济运行情况，根据2011年12月快报数据显示，我国软件产业在2011年实现软件业务总体收入超过1.84万亿元，同比增长32.4%，实现了我国"十二五"期间软件产业健康发展的良好开局。另外，中国软件品牌实验室近期发布的研究报告显示，我国2012年软件产业总体收入有望超过2万亿元。预计到2015年，我国软件行业收入将突破4万亿元大关，年均增长25%以上，软件出口将突破600亿美元。上述数据表明我国软件与集成产业连续多年保持高速增长，但在物联网软件高端综合集成能力方面，我国与国际领先企业还是存在巨大差距，仍然处于物联网软件开发和系统集成产业链的低端，需要采取积极的行之有效的应对措施。

（4）物联网应用服务业。

2011年是我国"十二五"规划开局之年，中国的物联网应用迎来了蓬勃的发展，我国政府全面加强对物联网信息技术和应用的推动和政策支持力度，基于物联网技术的智能家居、智能交通、智能电网等应用服务迅速发展，使得物联网应用服务已经逐步渗透到人们的工作和生活之中。但是，物联网在我国崛起还有很长的路要走，现阶段除交通、电力、物流等行业领域以外，其他行业领域的物联网应用服务成功案例不多，对物联网的需求和消费市场还没有形成规模。如何通过技术和应用创新形成新兴业态和新增市场仍是摆在物联网企业面前的难题。

三、我国物联网服务业发展对策：未来展望

我国的物联网市场前景无疑是非常光明的。但是，目前它的发展受众多因素影响，既有技术方面的，也有实际应用方面的，因此，物联网的发展是一个非常复杂的系统。以下是我国物联网服务业的发展的几条对策。

1. 全面布局我国物联网服务业综合发展战略规划

我国物联网发展时间不长但很急促，很多地方省市都已经建立了物联网示范区，但大多数示范区的物联网基础技术支撑不够，使得物联网不能健康发展。甚至于很多地区在开发物联网时还没有完全清晰定位物联网的功能和作用，因而没有做到周到的考虑和统筹的规划，可以说物联网的战略规划是目前我国各个地区物联网项目建设的薄弱环节。但是，我国是国

际物联网标准拟定的四个发起国之一，并主导物联网标准的制定，因此在这一方面有着相当的话语权。这样物联网服务业在中国就会领先其他国家并快速发展，这是发展我国物联网的机遇。基于此，我国应该做好物联网发展的战略规划，从政府层面积极配合企业做好物联网发展整体设计，引导物联网服务业有序发展；尽快制定和完善物联网发展相关的法律法规，营造物联网服务业发展的良好法律环境；及时出台扶持物联网服务业发展的投融资政策，保证物联网服务业发展所需的资金到位。

2. 以物联网应用带动物联网服务产业的发展，孵化新的物联网服务业态

现阶段我国物联网产业发展的驱动力来源于市场需求，同时是在政府政策引导下进行的。因此，我国目前发展的重中之重是以现有各地物联网服务应用示范为基础，扩大其应用规模和应用领域，同时挖掘新的物联网服务应用的潜在因素。目前，我国物联网服务还处于萌芽阶段，人们还没有对物联网的强烈需求和依赖，这和互联网发展的初期一样。为了促进其蓬勃发展，应该加大力度普及物联网的基本知识和应用，让人们逐步体会物联网和其所带来的便利并乐意接受物联网服务；在另外的层面，物联网服务企业需要合理挖掘客户不同需求，将客户的物联网服务需求传递到物联网技术设计与开发、物联网制造业等各环节，逐渐形成比较完整的物联网产业链，进而带动各个行业和大型企业的应用市场及个人应用市场，不断发展壮大物联网服务业。

3. 切实解决安全问题，保障物联网服务业的健康成长

物联网的开放性导致了其本身的安全问题。在国家和地方政府的推动下，物联网正在迅速发展，其安全保障需求也日趋紧迫。因此，政府和企业应在理顺物联网体系结构的基础之上，明确物联网服务应用中的特殊安全需求，防范和消除物联网服务和应用中存在的不安全因素。同时，应该建立物联网安全技术研发团队并加强技术研发力度，建立物联网安全保障机制，完善物联网安全保障体系。更为重要的是，政府和物联网服务企业应承担起其主体作用，做到政产研学结合，积极利用高校和科研院所现有物联网安全科研成果，尽快突破物联网安全的关键核心技术，形成具备中国企业自主知识产权的物联网安全产品和物联网安全应用集成解决方案。

4. 加快培养物联网人才，为物联网服务业提供所需的人力资源

未来几年物联网人才需求巨大，国家教委 2010 年新增物联网工程专业。目前开设此专业的学校有北京理工大学、哈尔滨工业大学、南京航空航天大学、苏州大学、武汉大学、华中科技大学等，陆陆续续还有不少院校开办及调整与物联网相关的专业，但各类院校的办学水平良莠不齐，因此，政府应协调发挥各类学校、科研院所、物联网企业及专业培训机构各自的优势，为物联网服务业提供所需的人力资源。

第八章　国际服务经济与信息技术革命

第三节　大数据：国际服务经济的新内涵

一、大数据的产生：巨量资料的分析与挖掘

大数据（Big Data）或称巨量资料，本质上讲并不是一个科学、严格的概念，它来自对数据规模爆炸性增长的归纳（安晖、刘琼，2013）。从对象看，大数据指的是所涉及的资料量规模巨大到无法通过目前主流软件工具，在合理时间内达到撷取、管理、处理并整理成为帮助企业经营决策更积极目的的资讯，不同用户所掌握的数据对象既有可能相同，也有可能不同。从技术角度看，大数据技术是从各种各样类型的大数据中，快速获得有价值信息的技术及其集成，同样的技术、产品可以为不同的用户所使用。既然大数据对象和大数据技术可能相同，则决定大数据应用水平的就主要是大数据的应用。从应用角度看，大数据是对特定的大数据集合，集成应用大数据技术，获得有价值信息的行为。由于不同用户之间的业务需求存在差异，对于不同领域、不同业务，甚至同一领域不同企业的相同业务来说，由于数据集合和分析挖掘目标存在差异，所运用的大数据技术和大数据信息系统也可能有着相当大的不同。正由于与具体应用紧密联系，甚至是一对一的联系，才使得"应用"成为大数据不可或缺的内涵之一。在维克托·迈尔、舍恩伯格及肯尼斯·库克耶（2013）编写的《大数据时代》中，大数据指的是不用随机分析法（抽样调查）这样的捷径，而采用所有数据的方法。

大数据技术的战略意义不在于掌握庞大的数据信息，而在于对这些含有意义的数据进行专业化处理。具体来说，大数据具有4个基本特征：大量（Volume）、高速（Velocity）、多样（Variety）、真实性（Veracity）。一是数据体量巨大，百度资料表明，其新首页导航每天需要提供的数据超过1.5PB（1PB = 1024TB），这些数据如果打印出来将超过5 000亿张A4纸。有资料证实，到目前为止，人类生产的所有印刷材料的数据量仅为200PB。二是处理速度快，数据处理遵循"1秒定律"，可从各种类型的数据中快速获得高价值的信息。三是数据类型多样，现在的数据类型不仅是文本形式，更多的是图片、视频、音频、地理位置信息等多类型的数据，个性化数据占绝对多数。四是数据反映真实性，大数据不再用随机分析法反映总体情况，而直接采用所有数据进行分析，因此更真实可靠反映现实情况（维克托，2013）。

二、大数据在国际服务业中的运用：时代的机遇

由于大数据与用户发展战略和业务之间存在着前所未有的高度关联性，因此对于提供数据分析挖掘等服务的大数据服务提供商而言，其所需要达到的能力要求也比传统的信息系统集成服务商或信息技术运维服务商更高。首先，大数据服务提供商必须拥有丰富的行业经验，对用户所在行业的业务流程和数据价值有充分的了解，才能够针对用户需求提供有针对

性的应用方案和服务方案。其次,大数据服务提供商必须掌握先进的信息技术,特别是在数据挖掘、文本挖掘及其学习等数据分析技术和音视频、图像、网页数据、社交网络数据等多媒体数据的识别技术方面建立优势,才能够对用户数据对象作出高水平、高质量的分析。最后,大数据服务提供商必须拥有高质量的"算法"资源、"规则库"资源和"方法论"资源,才能够从大数据对象中挖掘出有价值的信息。

目前,在拓展大数据服务市场在大数据浪潮中,已经有许多传统的信息技术企业启动了其转型步伐,并将大数据服务定位为企业未来的重要发展方向。

(1) 日本 NEC 股份有限公司(以下简写为 NEC)于 2012 年 7 月宣布推出"大数据发现项目",为企业提供如何利用爆发性持续增长的大数据进行业务创新、扩大销售以及改善业务流程等咨询服务。其服务内容主要包括三个方面:一是参考大数据应用案例及技术动向,明确用户应用大数据的目的和目标,进而确定数据应用对象业务和课题;二是整理用户的业务方针、重要评价指标,对内部数据和外部数据组合而成的数据分析、模拟应用立案;三是使用用户的内部已有数据,实施模拟立案的数据分析,验证数据的意义和分析工具、手法的有效性。为推动该项目的实施,NEC 计划在未来 3 年内增加大数据业务的专门人才 200 名,同时通过培养各方面人才以及寻求企业合作等方式扩大其咨询服务规模。

(2) IBM 将大数据服务列为 2013 年最为关注的首要业务,不仅提供直接的大数据服务,帮助企业用户和个人用户挖掘大量的信息,从而帮助用户作出更好的决策,而且将基于大数据服务能力将 IBM 的信息服务领域拓展到流量管理、天气监控、人力管理等领域。因此,IBM 将 2015 年的数据分析业务预期销售额从此前制定的 160 万美元提升至 200 亿美元。IBM 在北京成立的全球首个大数据智慧赋能中心就专注于为企业用户提供大数据服务,包括帮助企业对规模化、多样化、高速化的海量数据进行有效整合与管理,并应用先进的分析方法对数据进行智慧洞察;帮助企业对数据进行及时的分析与预测,实现大数据的清晰呈现;确保企业信息的可信性和企业敏感数据的安全性,合理管理企业数据;为企业提供丰富的开发工具来开发分析应用,合理优化和调整企业工作,最终帮助企业从大数据中产生商业价值。

(3) 美国电信运营商 XO Communications 通过使用 IBM SPSS 预测分析软件,降低了将近一半的客户流失率。XO 现在可以预测客户的行为,发现行为趋势,并找出存在缺陷的环节,从而帮助公司及时采取措施,保留客户。此外,IBM 新的 Netezza 网络分析加速器,将通过提供单个端到端网络、服务、客户分析视图的可扩展平台,帮助通讯企业制定更科学、合理的决策。

(4) 电信业者透过数以千万计的客户资料,能分析出多种使用者行为和趋势,卖给需要的企业,这是全新的资源经济。中国移动通过大数据分析,对企业运营的全业务进行针对性的监控、预警、跟踪。系统在第一时间自动捕捉市场变化,再以最快捷的方式推送给指定负责人,使他在最短时间内获知市场行情。日本 NTT docomo 把手机位置信息和互联网上的信息结合起来,为顾客提供附近的餐饮店信息,接近末班车时间时,提供末班车信息服务。

第八章　国际服务经济与信息技术革命

三、大数据时代展望：商业回归现代服务业

大数据带来了认知、技术、产品、服务和应用于一体的服务时代。未来的商业不仅是买卖商品的问题，应该从买卖商品走向买卖服务。一方面，消费者的知识水平会越来越高，仅在商场或网上介绍一下商品的品牌、式样、如何操作等已经远远不够，必须非常精准地把一个商品的结构解剖出来，把它的各种性能指标都告诉大家，这就要靠大数据来支撑。另一方面，现在人们要买的往往不是一种简单的商品，而是一揽子解决方案，需要系统集成和服务。未来的商场应引进一系列的设计单位来整体完成服务方案，并将大量的商品配进去，我想这也许是将来我们的商业要改造的一个方向，从卖单一的商品到卖一揽子方案、卖我们的服务，这也会使商业回归到真正的现代服务业（陈德铭，2013）。

大数据的作用主要体现在以下四个方面：

第一，对大数据的处理分析正成为新一代信息技术融合应用的结点。移动互联网、物联网、社交网络、数字家庭、电子商务等是新一代信息技术的应用形态，这些应用不断产生大数据。云计算为这些海量、多样化的大数据提供存储和运算平台。通过对不同来源数据的管理、处理、分析与优化，将结果反馈到上述应用中，将创造出巨大的经济和社会价值。大数据具有催生社会变革的能量。但释放这种能量，需要严谨的数据治理、富有洞见的数据分析和激发管理创新的环境。

第二，大数据是信息产业持续高速增长的新引擎。面向大数据市场的新技术、新产品、新服务、新业态会不断涌现。在硬件与集成设备领域，大数据将对芯片、存储产业产生重要影响，还将催生一体化数据存储处理服务器、内存计算等市场。在软件与服务领域，大数据将引发数据快速处理分析、数据挖掘技术和软件产品的发展。

第三，大数据利用将成为提高核心竞争力的关键因素。各行各业的决策正在从"业务驱动"转变"数据驱动"。对大数据的分析可以使零售商实时掌握市场动态并迅速做出应对；可以为商家制定更加精准有效的营销策略提供决策支持；可以帮助企业为消费者提供更加及时和个性化的服务；在医疗领域，可提高诊断准确性和药物有效性；在公共事业领域，大数据也开始发挥促进经济发展、维护社会稳定等方面的重要作用。

第四，大数据时代科学研究的方法手段将发生重大改变。例如，抽样调查是社会科学的基本研究方法。在大数据时代，可通过实时监测、跟踪研究对象在互联网上产生的海量行为数据，进行挖掘分析，揭示出规律性的东西，提出研究结论和对策。

历史证明，每一次成功的经济起飞或走出困境都离不开技术带来的突破和引起的思想变革、产业提升和管理创新。大数据很可能为人工智能的发展铺平道路，人类社会的思维方式将由此得到深刻改变。未来大数据时代下的商业很有可能使商业回归到现代服务业。但必须未雨绸缪，勇敢探索和应对。同时，要把构建和应用大数据放到重要的战略位置，包括成为国家的战略，让大数据成为整个民族的一种意识，成为我们提高效率、精准分析各个经济指标的一种手段。首先是确立战略地位，其次是在行政、市场两个层面推动创新，如政府的医药、卫生、信用、社会舆情的管理。最后还要夯实大数据发展基础，让大数据工程得到超前投资。

国际服务经济概论

📢 案例分析

专栏：大数据——服务业的下一个机遇

一、什么是大数据

当我们要理解什么是大数据时，特别是对于服务业而言，需要回顾一下历史。在大部分的人类历史发展过程中，产品和服务都是手工制造、定制的，即非常昂贵。100年前，这一情况开始发生变革，随着大生产的出现，不仅仅提高了生产效率，同时也把产品的成本降低，大生产让更多的人有钱能够买得起产品。汽车行业是第一个真正概念上的大生产，让数以百万计的人实现了"汽车梦"。但大生产也有其局限性，福特曾说，你可以买到各种车，但是颜色只是黑色、红色、绿色的。大生产可以让数以百计的人买得起商品，但买到的却是一模一样的。因此，人们购物面临着这样的矛盾：手工制作的产品漂亮无比却非常昂贵，大生产的商品不能完全满足我的要求但非常便宜。对于上述问题的解决方式就是大量定制，通过为大量客户定制产品和服务，使之在成本较低的同时又能够个性化地满足每个人的不同需求。而要做到这一点，就需要产品和服务的提供方对客户需求有很好的了解，这就是数据。数据会告诉我们每一个客户的购买倾向，他们想要什么、喜欢什么、他们互相之间以及和其他人的区别，哪些可以被集合到一起来进行分类。我们可以充分利用大量数据来更好地了解客户需求，提供我们的服务和产品，进行行业创新。大数据是数据数量上的增加，以至于能够由量变形成质变，同时也为我们的产品和服务带来质变。

二、利用大数据

在美国有一个公司有这样一种服务：可以帮助人们决策什么时候买什么产品。人们在其网站上数以十万计的产品中找到相应商品后，网站会告诉其价格趋势，以此为人们提供最佳购买时机。他们能这么做，就是因为大数据。他们可以在全球搜集数十亿的数据，帮助采购用户找到最好的时间点，使交易成本下降、市场效率和生产率更高，也最终为消费者带来更多的价值。正是由于利用大数据进行此类新型服务，几个星期前，这家50多人的公司被易贝收购，收购价格非常高。再举另外一个例子。有一个全球性公司，它是全球最大的支付平台，美国、英国每一笔钱的交易和交换都由它来记录。现在他们提供一项新的服务，通过做大数据分析，来预测经济的健康性以及健康增长性。为全球客户提供经济指数，这就是大数据服务。

三、大数据的特点

大数据有三个特点：更多、更乱和更有联系。我们可以收集并且分析非常多的数据来回答某一个问题，这在以前是做不到的。因为这些数据包含所有的答案，不仅把自己限制于某一个当时正在想的问题，同时可以为其他想要解决的问题提供答案。这是一个非常具备创新性的办法，同时，也很清晰地告诉我们大数据能够做什么。这么多的数据必然会使人们感到混乱，为了避免这种混乱，我们就要找到这些数据之间的关系，这就是数据处理。我们的目标就是要带来价值，创造价值。价值在这个过程中被创造出来，这样就有新的服务被提供，这是很重要的经济点。数据的产生和收集本身并没有直接给我们带来服务，这些数据被收集

第八章 国际服务经济与信息技术革命

后,会被用于不同的目的,然后再进行重新使用。大数据本身的优点就是数据可以被一次又一次地再进行使用。亚马逊收集信息,不断利用数据进行推介,如果我们把数据收集回来,如把钱从这个国家汇到另一个国家,这个数据重新使用就可以给我们带来我们想要的价值和崭新的服务。例如,Inrix利用智能手机为驾车者提供导航服务,现在有1亿多用户,除帮助避开堵车外,驾车者的实时运行轨迹数据,都会记录在其服务器中。他们可以把这些数据提供给投资公司,投资公司根据这些数据对零售业进行投资,这样的服务以前是从来没有的。

四、大数据时代如何获得成功

以前需要有资金才能开一家公司,而现在不需要大的生产基地、大的仓库,也不需要太多启动资金,只要有数据并且进行分析就可以。大数据时代的思维方式,即每天早上起来想一下,这么多数据能用来干什么,这些价值在哪里可以找到,能不能找到一个别人以前都没有做过的事情,你的想法和思路是最重要的。塔吉特(Target)是一家非常大的美国零售公司,他们具备大数据分析能力。有一天,有一个电话打进来了,是一个非常生气的客户,这个客户说你给一个10岁的女孩一个折扣券,这个产品是尿布或者是避孕药,我10岁的女儿根本不需要,我要你道歉。几天以后,他来道歉,他说你说得很准,我的女儿真的怀孕了。因为怀孕的女性会有不同的生活习惯,会买不同的东西,我们自己有时候都不知道他们已经怀孕了,而塔吉特反而知道。这家公司就用这些信息为客户推荐产品,然后给折扣券。因此,当我们做大数据分析时,客户需要能够信任服务供应商,而服务供应商也需要显现出为什么它是值得信任的,这样的信任也不应被打破,要知道哪些事情可以做,哪些事情不能做,所以客户的信任也是非常重要的。

案例资料来源:摘自《中国贸易报》,2013年12月12日,第A18版,现代服务业·论坛专题。

案例讨论题:我国国际服务企业该如何在大数据背景下抓住时代的机遇?

本章小结

(1)广义的电子商务服务业是指以互联网为基础媒介,以广播电视网、电信网等为辅助平台,以信息技术为主要支撑手段,以电子商务为主要的活动方式的企业集合,其实质是传统服务业借助互联网信息技术的优化升级后实现的服务电子化。

(2)狭义的电子商务服务业是指以电子商务综合服务商为主体,包含电子商务交易平台服务业、电子商务信用服务业、电子商务认证服务业、电子商务物流服务业、电子商务代运营服务业、电子商务咨询服务业、电子商务教育培训服务业、电子商务数据基础服务业、电子商务金融服务业、电子商务安全服务业等,基于电子商务的,并且专门为电子商务活动提供服务的新兴服务行业体系。

(3)国际电信联盟(ITU)对物联网的定义:通过将短距离的移动收发器内嵌到各种配件和日常用品中,人与人、人与物、物与物之间形成了一种新的交流方式,即在任何时间、任何地点都可以实现交互。

(4) 大数据具有四个基本特征：大量（Volume）、高速（Velocity）、多样（Variety）、真实性（Veracity）。一是数据体量巨大，百度资料表明，其新首页导航每天需要提供的数据超过 1.5PB（1PB = 1 024TB），这些数据如果打印出来将超过 5 000 亿张 A4 纸。有资料证实，到目前为止，人类生产的所有印刷材料的数据量仅为 200PB。二是处理速度快，数据处理遵循"1 秒定律"，可从各种类型的数据中快速获得高价值的信息。三是数据类型多样，现在的数据类型不仅是文本形式，更多的是图片、视频、音频、地理位置信息等多类型的数据，个性化数据占绝对多数。四是数据反映真实性，大数据不再用随机分析法反映总体情况，而直接采用所有数据进行分析，因此更真实可靠反映现实情况。

思 考 题

1. 电子商务会对我国国际服务经济产生怎样的影响？
2. 物联网在发展国际服务经济中有什么战略意义？
3. 大数据时代的服务经济有何新特点？

网 络 练 习

1. 请在网上查阅并思考大数据时代下国际服务经济的发展有何新变化。
2. 在网上查找物联网相关信息，并思考物联网可以如何运用到我们日常生活的服务中。

自 测 题

1. 电子商务对我国国际服务经济有哪些影响？
2. 什么是物联网？
3. 大数据具有哪几个基本特征？

第九章 国际服务经济的相关政策

本章学习目标

- 了解国际服务产业的相关政策；
- 了解国际服务贸易的相关政策；
- 了解国际服务外包的相关政策；
- 了解我国服务经济相关政策进展。

开篇案例

中国宣布加入服务贸易协定谈判

据了解，服务贸易协定（Trade in Service Agreement，TISA）谈判发源于世贸框架，起因是美欧等国认为20年前达成的《服务贸易总协定》（GATS）远远落后于时代，主张用列"负面清单"的谈判模式推动达成更高标准的服务贸易协议。目前已有48个国家加入了TISA阵营，覆盖了全球70%的服务贸易，中国于2013年9月30日正式宣布加入谈判。

"中国已经成为世界服务贸易第三大国，没有中国加入的服务贸易协定是不完整的。"商务部国际贸易经济合作研究院国际市场研究部副主任白明表示，中国加入TISA谈判对其他国家意味着更多的机会；对于中国来讲，则意在更深融入全球市场，并倒逼国内服务贸易发展，通过服务业的发展促进经济转型升级。

但业界专家普遍认为，由于当前国际贸易环境更加复杂，各国的利益诉求分歧加剧，TISA协议的谈判任务将会非常艰巨。"就像当初加入世界贸易组织（WTO）一样，中国可能要付出一定的成本，但在谈判中要坚持自己的原则，反对发达国家垄断，坚决不能付出与当前发展阶段不相符合的代价。"商务部国际贸易经济合作研究院外贸战略研究部副主任、研究员张莉提醒。

由于对WTO陈旧规则的不满，美国先后带头倡导了泛太平洋战略经济伙伴关系协定（Trans-Pacific Partnership Agreement，TPP）和TISA协定，希望与发达国家先制定规则、达成协议，然后再继续和发展中国家谈判。中国已经正式宣布加入TISA协定谈判，但对于TPP，官方仅是表态"中方将在认真研究的基础，分析加入TPP的利弊和可能性"。

对此，中国人民大学经济学院副院长、国际经济与贸易系主任刘元春表示，TPP和TISA存在很大的不同：从范围上说，TPP是区域性的自由化协定，而TISA是多边的、全球性的贸易协定；从内容上看，TPP 涉及知识产权、劳工、环保、政府采购等多方面，重点在于投资环境的建设和市场规则的制定，TISA 则仅限于服务贸易领域的进一步自由化；从门槛上来讲，美国希望 TPP 协定的所有成员方都向美国标准看齐，而 TISA 则延续 WTO 的思路，要求各国（地区）全面给予外资国民待遇，但成员方可以保留区域特色，可根据市场经济情况逐步提高开放水平。他认为："TISA 比 TPP 更符合中国的国情，美欧等国家也更能接受中国加入 TISA。"

案例资料来源：引自《北京商报》2013 年 10 月 8 日，孙丽朝、刘玉飞"中国宣布加入服务贸易协定谈判"。

案例讨论题：你认为中国应不应该加入 TISA 谈判？加入后，中国如何在该谈判中能更好地获得应有的权益？

第一节 国际服务产业的相关政策

产业政策是政府为了实现一定的经济和社会目标而对产业的形成和发展进行干预的各种政策的总和，在市场经济运行中起着导向作用。本节拟采用中国与美国、欧盟、日本、印度在国家服务产业制定的相关政策进行比较分析，并借鉴其优点。

一、美国服务业相关政策

1. 金融服务业

在 1929 年美国经济危机爆发以前，美国经济模式有典型的自由主义取向，因此当时美国规范和调整金融服务业的相关法律、法规较少。其中比较重要的有：1864 年《国民银行法》，由货币监理署统一检查和监督国民银行，建立了统一的货币，为美国内战获得充分的融资资金。1913 年美国联邦储备体系（FRS）与美国联邦储备委员会（简称"美联储"）的成立，至此美国才真正有了中央银行（陈岱松、陈献著，2008）。1929 年后美国政府转向了凯恩斯主义，加强对经济的监管，其中金融服务领域的具体表现为：1927 年的《麦克法登法案》，1933 年的《格拉斯—斯蒂格尔银行法案》，1956 年的《银行控股公司法案》，以及 1970 年的《银行控股公司道格拉斯修正案》。1991 年以后美国全面调整了对外国银行的管理体制，加强了对外资银行在美业务的限制。1999 年生效的《金融服务现代化法》废除了 1933 年制定的《格拉斯—斯蒂格尔银行法案》有关条款，从法律上消除了银行、证券、保险机构在业务范围上的边界，结束了美国长达 66 年之久的金融分业经营的历史，但是并没有改变银行业和商业之间的壁垒，在外国银行的进入和经营上仍然受到限制（刘东升、蒋先玲，2012）。次贷危机爆发后，2008 年 3 月美国出台的《现代化金融监管框架结构改革蓝图》，是最早比较完整的金融监管改革方案。经过一年的实践检验，2009 年 3 月底美国财政部长蒂莫西·盖特纳向国会提交了金融监管新议案。2009 年 6 月底美国政府提出

第九章 国际服务经济的相关政策

"金融规制改革新基石"这一新的改革方案,并于下一个月就向国会递交了题为"2009年美国金融监管改革法案"这一新的法规草案,以将两个方案法规相结合,互相弥补不足,从而从效率和制度两方面着手共同达到金融改革的初衷与目标。2010年,全球金融市场逐步稳定复苏,渐渐走出金融危机阴霾。2010年的1月初,美国总统奥巴马采纳了82岁的金融老将保罗·沃尔克的建议,宣布将对美国银行业做重大改革,出台了"沃尔克法则"(Volcker Rule),要求吸收存款的银行必须剥离各自的衍生品业务。2010年7月21日,美国总统奥巴马签署了《多德—弗兰克华尔街改革与消费者保护法案》(简称"美国金融监管改革法案"),该法案的签署标志着美国即将进入大规模金融监管改革的新时代(陈斌,2011)。

2. 电信业

全球的电信业起源于电话发明人贝尔创办的美国贝尔电话公司,即AT&T公司。根据1890年《反托拉斯法》,美国电信产业进入了早期的自由竞争阶段(王珍,2010)。1934年,美国政府颁布了《通讯法案》,并由《通讯法案》(Communication Act)建立了美国联邦通讯委员会(Federal Communications Commission, FCC),在这一法律的规制下,AT&T的垄断地位得以成立。1982年,美国地方法官对AT&T的拆分修正案做出了最后判决,并于1984年生效,代表着该公司垄断的结束。1996年,美国总统克林顿在修订1934年《通讯法案》的基础上签署了《美国电信法》,此举是将近26年中对美国电信法作的首次大的调整。该法案的宗旨是:鼓励竞争,鼓励各部门融合发展,进一步开放电信市场,放宽外资进入美国市场的限制,更鼓励美国公司进入外国市场。电信法实施后,美国电信业如雨后春笋般出现了很多新公司。但2000年下半年,从环球电讯的破产到美国世界通讯公司(World Com)爆出的假账传闻,美国电信业全面崩溃。针对于此,FFC出台了六大措施试图力挽狂澜①,后面证实确实这些政策起到了一定的作用。2006年美国电信法做出了重大调整,FFC投票通过AT&T对南方贝尔的收购议案,标志着AT&T又恢复了在美国电信市场的寡头竞争地位。

3. 交通运输业

1916年,美国国会通过了第一部比较完整的航运法规——《1916年航运法》,该法明确规定对美国的航运企业进行保护,在美国航运史上占有举足轻重的地位。1920年通过了运输法案(Transportation Act of 1920),该法案的通过在一定程度上放松了对铁路的管制。1936年颁布的《1936年商船法》体现了美国奉行的航运保护性、扩张性政策,被公认为是美国最全面的航运政策立法(刘胜雷,2007)。1966年,根据通过的运输部法,美国建立了运输部,旨在构建一个安全、高效和可靠的运输系统(隋秀娟、张祖超,2009)。第二次世界大战后,由于美国充分利用了两次世界大战创造的有利时机,由航运大国而一跃成为首屈一指的航运强国,取代英国成为海上霸主。美国先后发布了一系列法律、法规,多数表明了

---

① 一是保持业务的连续性;二是铲除企业欺诈;三是清理企业财务报表,规范投资行为;四是审慎进行电信行业重组;五是从开发新业务中获益;六是改革电信的经济政策和管制政策。

美国政府对国内运输业进行鼓励发展的同时限制外国运输业发展的态度,主要有《商船销售法》《1954年货载优先法》《1970年商船法》《1998年远洋航运改革法》等七部法律。1990年颁布的美国交通运输政策、运输部在2000年颁布的《2000~2005年交通运输战略规划》和《2025年国家运输科技发展战略》都体现了美国运输业对环境影响的重视。

二、日本服务业相关政策

1. 金融服务业

1872年,明治政府参照美国银行制度制定了《国立银行条例》。1882年又颁布了《日本银行法》,同年6月颁布了《日本银行条例》并于年底建立起日本的中央银行——日本银行。1890年又颁布了《储蓄银行条例》,后于1895年颁布了修改条例,促成储蓄银行的广泛发展。至此,由中央银行、民间金融机构和政府金融机构组成的现代日本银行体系已具雏形(高秀屏,1995)。20世纪20年代至70年代,日本政府为应对全球金融危机,金融体制由自由发展向较多规制转变。具体体现在:1928年日本颁布《银行法》,其中规定,银行业非经大藏大臣同意不许营业,严格限制新银行的开业。1948年日本制定了《证券交易法》,在法律上明确禁止银行从事证券业务。1950年,日本制定了《关于外资的法律》,该法规定了严格的外资引进认可制度,而且规定引进的外资不能冲击国内中小企业,不能扰乱产业秩序。1952年,《外汇及外贸管理法》对资金的内外流动进行限制,以确保国内金融市场免受外来冲击。

20世纪70年代中期至90年代,日本为适应经济全球化的发展,再次实行自由发展政策。从1972年6月起,全面放宽对外投资的限制。日本政府于1973年石油危机后,废除了外国人购买日本企业股票和债券的限令,允许外国人在各行业自由投资。1975年,取消了日本居民、企业购买外国债券的限制。1977年,允许日本外汇银行更自由地从事国外贷款,放松对外直接投资的审查。1985年6月,金融制度调查会的咨询报告——"金融自由化的进展及其环境整顿"指出,自由化行政是在促进竞争、提高效率的同时,督促淘汰无效率的金融机构。1993年开始允许银行、信托公司、证券公司之间以子公司的方式相互渗入。1995年可以自由设置银行分行,利率也完全自由化。1998年发生日本史上最大金融机构倒闭案长期信用银行以及日本债券信用银行的倒闭,重挫了日本金融市场信心(蔡林海、翟锋,2007)。泡沫经济以后,日本开始参照美国的事后监管导入了早期的矫正措施,从指导性的金融行政向基于规则和制度的透明性金融行政转变,主要措施有对银行经营的规制、经常收支规制、存款保险制度等(赵放、单喜久,2009)。美国金融海啸席卷全球时,日本的金融体系未受太大影响,原因之一是日本2006年6月制定了《金融商品交易法》,彻底修改了《证券交易法》(赵放、单喜久,2009)。2007年9月又对金融商品交易法进行了完善。2010年6月,内阁会议决定实施金融战略、环境能源战略、亚洲经济战略等七大新增长战略,通过这些措施保持环境与金融应有的状态,建立高效资金配置机制(徐霞,2012)。

第九章 国际服务经济的相关政策

2. 电信业

20世纪50年代，日本国内的通讯服务由政府全额出资的日本电信电话公社（NTT）所垄断，国际通讯服务则由国际电信电话股份公司（KDD）所垄断（顾建清，2001）。但是由于缺少竞争，日本的电信企业与其他发达国家相比，竞争力薄弱。为改变这一局面，日本开始实施了一系列的政策和措施逐步放松对电信业的管制。1971年，日本修改了《公共电信法》，对从事增值通讯业务的企业第一次部分开放公共线路。1985年制定了《电信事业法》，开始允许其他企业进入电信领域（顾建清，2002）。1997年修改的《电信事业法》取消了细分化准入政策，电信企业多元化经营、并购迅猛发展起来；1998再次修改《电信事业法》，允许外资进入第一种电信企业。1998年，日本对《电信事业法》进行修订，并取消KDD法，取消了其外资限制。2003年，日本对《电信通讯事业法》再次修改，合并了第一和第二电信服务。2009年12月确立新经济增长战略，强调要建立以IT产业为导向，并通过修改制度和规定，促进信息通讯技术的使用（臧煜，2013）。

3. 交通运输业

日本近代航运业起步较晚，"明治维新"以后，日本政府制定了一系列扶持性海运政策。1870年，日本政府颁布了《商船规则》，鼓励和保护商船所有者。1896年，为了进一步促进本国航运业发展，先后颁布了《航海鼓励法》、《远洋航线补助法》和造船奖励法（蔡涛，2003）。日本经济在第二次世界大战中遭到严重破坏，日本政府将复兴海运业作为恢复经济的重要政策途径。第二次世界大战后，日本的商船均由美国实行"国家管理"，直到1952年，美国才把船舶归还民间经营，实现了"民营还原"。1963年，日本运输省《关于海运业重建整备临时措施法》和《利息补贴法的部分修改案》，即著名的"海运再建二法"获得通过并实施，推动了日本海运业的发展（施新平、雍自峰等，2005）。进入20世纪90年中期以后，由于日元贬值，航运成本大幅度上升，针对此问题，1995年，日本运输省出台《国际船舶运输制度》，旨在阻止日本籍船舶向外籍转移的数量和保护日本船员待遇（蔡涛，2003）。1998年，日本内阁颁布了放松管制的新三年计划，并在世贸谈判中主张开放的海运政策。2005年11月签署的《国际海洋运输公约》，简化了港口使用和进出手续。

三、欧盟区域内的服务业相关政策

为了充分发挥欧盟内部市场调节作用，刺激服务业的产品创新、技术创新和管理创新，欧盟逐渐取消了各成员国在银行业、保险业、运输业和通讯业跨境服务的限制。

1. 金融服务业

1973年，欧共体通过《废除对于银行和其他金融机构自我雇佣活动自由设立和自由提供服务的限制的指令》，该指令成为欧洲公共当局推动银行业一体化的开始。到了20世纪70年代，由于世界性金融危机，成员国纷纷援引《罗马条约》中的保护条款，对资本跨国流动进行限制，阻碍了 1973 年指令的有效实施。1977 年欧共体又通过了"第一银行指令"，开始了监管协调化的进程。1989 年 12 月，欧共体又发布了"第二项银行指令"，促进了欧盟银行业的竞争和重组，并在 20 世纪 90 年代初掀起了大规模的并购重组浪潮，从而推进了银行业市场的一体化和金融产品的统一（王志军、康卫华，2005）。2001~2004 年，欧共体先后通过 5 个指令①，以立法形式确立莱姆法路西框架（杨松、王勇，2011）。

为了避免爱尔兰和塞浦路斯等国家的金融危机重演，同时防止欧债危机的蔓延，2012 年 6 月，欧盟通过了建立银行业联盟的决议。同年 9 月，欧盟委员会公布了建立该联盟的具体提案。提案指出，将分三步建立银行业联盟：第一步是建立单一监管机制，将对欧元区银行的监管权赋予了欧洲央行，欧元区外的欧盟国家银行可自行决定是否加入该机构；第二步是建立危机应对处置机制，由各银行出资设立一个银行破产清算基金（即单一处置金）；第三步是建立欧元区统一的存款保险机制。2013 年 9 月，在斯特拉斯堡举行的欧洲议会全体会议上，设立欧盟单一银行业监管机构（SSM）的决议正式获得通过。该机构将设在欧洲央行内部，并对欧元区 6 000 家银行进行监管。SSM 获准建立标志着欧元区已向银行业联盟迈出了重要的第一步，于欧盟国家来说具有里程碑式的意义②。

2. 电信业

早在 1987 年，欧盟委员会就颁布了《关于欧共体电信发展绿皮书》，标志着欧盟在电信领域里系统立法的开始。随后，欧盟把开放领域扩大到卫星、有线和移动通信领域。在 1997 年的 WTO《基础电信协议》的倡导下，欧盟全面开放了其他电信市场（刘东升、蒋先玲，2012）。2007 年 11 月，欧盟委员会提出了电信业改革方案，但由于成员国利益分歧严重，一直到 2009 年 4 月才就改革方案达成一致。12 月欧盟电信法规改革以后，其中一项创新就是设立了欧洲电信监管机构，旨在促进欧盟内的公平竞争和各国电信市场监管法规间相互协调，新法要求 27 个成员国于 2011 年 5 月完成各国国内法转化。2013 年 9 月，欧盟委员会主席巴罗佐在其欧盟"盟情咨文"中宣布了此项改革，这项被称作"互联欧洲大陆"的提案将计划取消欧盟范围内的手机漫游费，这被视为 26 年来欧洲电信市场最大的改革。根据该计划，从 2014 年 7 月开始，欧盟范围内漫游接听电话将不收取费用；到 2016 年，所有漫游费都将取消。10 月，欧洲理事会主席范龙佩宣布将通过三大举措发展欧盟数字市场。这三大措施包括：鼓励电信业投资尤其是跨境投资、简化盟内电信运营监管法规、呼吁出台政策加强员工培训，以满足就业需求。

3. 交通运输业

1957 年 3 月 25 日，欧盟各缔约国在欧洲煤钢共同体的基础上，签署了《欧洲经济合作条约》和《欧洲原子能共同体条约》，即《罗马条约》。该条约第 75 条规定："国会应该颁布共同规则来促进国际运输或缔约国之间的运输或国内运输的发展；非本国承运人在成员国

---

① 2011 年 6 月欧盟证券委员会指令和欧盟证券监管者委员会指令；2003 年 11 月欧盟银行委员会和欧盟银行监管者委员会指令；2003 年 11 月欧盟保险和职业年金监管者委员会指令。

② http：//www.financialnews.com.cn/gj/gjyw/201309/t20130914_41195.html.

第九章 国际服务经济的相关政策

内提供运输服务的条件;加强运输安全的措施以及其他的一些措施",该规定也就是著名的共同运输政策。1985年的"实现欧盟一体化市场"白皮书的颁布是共同运输政策发展的一个转折点。1992年颁布的"共同运输政策未来发展"白皮书及随后的"共同运输政策诉讼程序1995~2000/1998~2004",是欧盟运输政策历史发展的又一重要里程碑(许笑平,2006)。2001年9月,欧盟委员会、正式通过了《交通白皮书》,该白皮书的大部分内容早于1992白皮书和之前的一些文件中提到,但是比原来的内容要更综合一些,其主要内容包括:构建海运—内陆水运—铁路运输—无缝化运输,以促进多式联运的发展(许笑平,2007)。

四、中国服务业相关政策

1. 金融服务业

改革开放以来,我国金融业开启了迅猛发展的历史进程,与国际不断接轨,成为国际金融市场不可或缺的一员。1993年,国务院作出《关于金融体制改革的决定》,这标志着我国金融业进入全面改革阶段(戴相龙,2009)。2001年,根据加入世贸组织承诺,我国取消了对外资金融机构设立的数量限制、经营地域和经营业务范围等限制,我国金融业进入了全面对外开放时期。2003年,为了加强对银行业的监管,确保银行业金融机构的合法、安全、稳健运行,第十届全国人民代表大会第一次会议于2003年3月审议通过了国务院机构改革方案,决定成立中国银行业监督管理委员会。8月,国务院常务会议审议通过《银行业监督管理法》草案。2004年,中国又出台《中国银行监督管理办法》,它是我国颁布的第一部关于银行业监督管理的专门法律。为维护银行业市场秩序,奠定了法律基础。此后中国又相继出台了一系列银行监管法律和措施,包括《中国人民银行法》《中华人民共和国银行业监督管理法》《商业银行法》《中华人民共和国外资银行管理条例》《外汇账户管理办法》等法律,为中国金融业特别是银行业的发展,提供了相对完善的法律规范体系。2013年7月,国务院制定出台了《国务院办公厅关于金融支持经济结构调整和转型升级的指导意见》,推动金融支持经济结构调整和转型升级。

2. 电信业

1980年之前,中国电信业由政府直接垄断,不允许民间企业进入电信服务行业,但此时电信产业基础设施短缺,服务效率低下,成本高且长年亏损,严重制约了经济的发展。1980年政府对电信业进行改革,允许电信业实行中央和地方双重管理,同时对电信部门实行财政优惠和补贴。但此时电信部门还是垄断管理,并没有引入竞争机制。1994年,中国联通公司成立,打破了邮电业垄断全国电信业的局面。1998年国家信息产业部成立,开始了中国电信业政企分开的改革局面。1999年2月,国家信息产业部开始对中国电信机构组织和业务进行拆分和重组,中国电信分解成中国电信公司、中国移动通信公司和中国卫星通信公司三个公司。2001年12月,为了适应新发展的需要,信息产业部再次对国内电信厂商进行重组,将中国电信行业按照现有资源划分为"南半球"和"北半球"两部分。2008年

5月，工信部、发改委和财政部三部委联合发布了《关于深化电信体制改革的通告》，正式宣布第四次重组开始。通过合并重组形式形成中国移动、中国联通及中国电信三大运营商"三足鼎立"的竞争格局。

2010年，《国务院关于鼓励和引导民间投资健康发展的若干意见》提出，鼓励民间资本以参股方式进入基础电信运营市场，支持民间资本开展增值电信业务。2013年1月8日，工信部发布了《试点计划》，成为撑持和引导民资进一步进入电信业的首个行动。2013年12月和2014年1月，工信部分两批向包括京东、天音控股、巴士在线、苏宁等19家民营企业发放了虚拟运营商牌照。此举意味着电信市场向民企开放将正式开闸。

3. 交通运输业

1978年以前，中国实行计划经济体制，海运业的发展并不考虑市场因素特别是国际市场的因素，中国海运政策制定也非常简单，主要目标是发展远洋运输，保证中国外贸运输。改革开放以后，中国海运业开始得到全面发展，主要政策有：1998年取消货载保留制度，标志着中国开始取消海运保护性立法；1992年全国人大颁布《海商法》，该法律以国际条约和惯例为基础标准，对船舶船员、海运保险赔偿、海事关系等问题都进行了系统规范的规定，也是中国第一部完善的海运业法律，对中国海运业全面发展起到至关重要的作用；2000年1月，交通部和原对外贸易经济合作部颁布《外商独资船务公司审批暂行管理方法》，对外商在中国设立独资船务公司的申请者资格做出了规定；2002年1月，中国颁布《中华人民共和国国际海运条例》，对中国国际海上海运活动进行规范、保护公平竞争、维护海运秩序保障海运当事人的合法权益；2004年6月，交通部和商务部颁布《外商投资国际海运业管理规定》，对设立外商投资国际船舶运输企业条件做出规定。

2004年《中华人民共和国道路运输条例》和2005年《国际道路运输管理规定》的颁布实施，标志着我国国际道路运输已经进入了一个有法可依的发展时期。2010年11月，交通运输部发布《道路运输业"十二五"发展规划纲要》，结合行业面临的形势，对道路运输业发展的目标和任务进行具体部署。2011年4月，交通运输部正式印发了《交通运输"十二五"发展规划》，围绕"加快转变发展方式"这条主线，包含了综合运输、公路交通、水路交通、民用航空、邮政服务以及城市客运管理等方面内容，体现了"适度超前"的交通运输发展战略，是指导"十二五"时期交通运输发展的重要纲领性文件。

第二节 国际服务贸易的相关政策

国际服务贸易政策作为服务贸易发展的指导原则与措施，对国际服务经济发展具有重要的作用。国际服务贸易政策是指各国在一定时期内对服务的进出口贸易所实行的政策，是各国对外贸易政策及其经济政策的重要组成部分（汪素芹，2011）。由于服务的无形性以及所涉及领域的广阔性等，与传统的国际货物贸易政策相比，国际服务贸易政策也更为复杂。同时，在不同的经济历史发展阶段，其政策也有很大的差异。

第九章　国际服务经济的相关政策

一、国际服务贸易政策的演变

在第二次世界大战前期，由于服务贸易规模较小，项目单一，在全部的国际服务贸易收入中，运输服务和侨汇等相关的银行服务就占到了70%左右，电信、计算机软件，甚至是信息高速公路、多媒体技术、知识产权类服务及其他与现代生活相关的新服务大部分都是在第二次世界大战后期才出现。因此，该时期的服务贸易限制比较少，其政策也相应比较简单，主要集中在国际运输相关领域：如1929年《统一国际航空运输某些规则的公约》、1994年《国际民用航空协定》、1970年《铁路货物运输国际公约》、1978年《联合国海上货物运输公约》等。再加上当时的世界政治经济体系主要由少数几个工业发达国家所操纵，因此在全球范围内基本采取的都是自由的国际服务贸易政策。

第二次世界大战结束至20世纪60年代，西方国家为了恢复战后经济，从国外大量引进服务人员，并积极为技术转让和金融服务的入境创造良好的政策环境，服务贸易开始进入了有组织、商业利益导向的发展阶段。在该阶段，发达国家急需打开国外市场，国际服务贸易壁垒设置比较少，而发展中国家由于服务贸易发展相对落后，对国际服务贸易表现不积极，从而设置了较多服务贸易保护壁垒，以试图保护本国经济。

20世纪60年代以后，伴随着世界经济的快速发展，国际服务贸易也迅速发展，其外汇收入占总外汇收入的比重不断提高。同时，由于国际服务的发展还涉及国家安全、经济独立及社会稳定等政治、文化及军事敏感问题，各国对国际服务贸易的进出口都不同程度地制定了相关政策，其中包括鼓励性质的，但更多的是限制性的政策。

国际服务贸易政策主要包括自由贸易政策和保护贸易政策。尽管现在仍存在大量的服务贸易保护政策，但是服务贸易自由化是经济全球化与一体化不断发展的具体体现，是未来发展的趋势。

二、国际服务贸易自由政策

国际服务贸易自由化指的是为实现国家利益最大化，一个国家或者经济体的政府在其对外服务贸易过程中，以提高经济效益、实现资源的优化配置及社会福利最大化为经济目标，通过国家协议、立法，对服务贸易和与服务有关的人、信息、资本等要素在国际间的提供或流动，逐渐减少政府的行政干预，建立并维护服务贸易公平、自由的市场竞争规则的过程（施菁，2012）。经澳大利亚生产力委员会研究发现，如果乌拉圭回合后世界的贸易壁垒都消除的话，那么世界每年将会增加2 600亿美元的收益，其中大约500亿美元来自农业自由化的收益，800亿美元来自制造业自由化的收益，1 300亿美元来自服务贸易自由化，而在1 300亿美元服务贸易自由化的收益中就有1 000亿美元来自中国（蒙英华、蔡洁，2007；Dee and Hanslow，2000）。可见，如果世界各国都开放服务贸易的话，那么给世界带来的财富将会是巨大的。但是在实际情况中，由于服务的本身特点，一国实施的服务贸易政策带有很大的不确定性和复杂性。

国际服务经济概论

1. 国际服务贸易自由化的趋势

为了发展本国服务贸易、规范国际服务贸易发展秩序，世界各国都积极参与国际公约、双边或多边条约或协定的签订；同时，这些政策反过来也促进了国际服务贸易的发展和自由化。总之，服务贸易自由化是未来发展的趋势。服务贸易自由化趋势具体包括以下几方面：第一，服务贸易自由化在国际多边贸易体制的推动下逐步扩展；第二，各国做出的服务市场准入的承诺推进了服务贸易的自由化；第三，各国服务贸易壁垒有所降低，服务业国际化程度逐渐提高；第四，《服务贸易总协定》为发展中国家参与服务贸易自由化提供了基础（苗秀杰，2005）。

服务贸易自由化的趋势，最早可以追溯到20世纪50年代，欧洲经合组织在成员内部推行并完善了《无形贸易自由化法案》。1982年，美国在关税及贸易总协定（General Agreement on Tariffs and Trade，GATT）部长级会议上提出进行多边服务贸易谈判的建议，1986年"乌拉圭回合"谈判才正式将服务贸易纳入谈判议题，直到1993年12月"乌拉圭回合"谈判结束时，《服务贸易总协定》才最终达成，并于1995年正式运行。GATS是首部多边贸易体制下规范服务贸易的框架性法律文件，对约束各国（地区）的服务贸易壁垒具有较强的约束力，它为国际服务贸易自由化提供了一个初步的法律框架。

随着世界经济全球化与区域一体化的发展，各国（地区）政府服务贸易壁垒都有所降低，世界的主要经济集团的服务贸易方面也取得了很大的发展，也相继签订了一些区域集团服务协议。如1957年《关于建立欧洲经济共同体条约》、1975年《关于建立西非国家经济共同体条约》、1992年《北美自由贸易协定》、2007年中国与东盟10国签订的《服务贸易协议》等协议，这些协议都推进了服务贸易自由化进程。

服务贸易自由化发展的另一个表现就是：以美欧为主导的发达国家先后通过了跨太平洋伙伴关系协定（TPP）、跨大西洋贸易与投资伙伴关系协定（TIPP）和服务贸易协定（TISA），提出了引领全球国际贸易的新规则，要求推行全面的、高标准的服务贸易自由化。自2009年年底以来，在美国的积极推动下，TPP的谈判动向一直是亚太地区的关注对象。TPP是由智利、新西兰、新加坡和文莱四国于2005年7月签订的"跨太平洋战略经济伙伴关系协议"（TPSP）演变而来的。奥巴马政府已经逐渐将TPP视为美国主导未来亚太政治经济格局的一块战略基石，TPP或将成为亚太地区新的竞争性区域合作机制，从而推动以美国为主导的亚太区域一体化进程和亚太自由贸易区（FTAAP）的建立（刘中伟、沈家文，2012）。2011年，由于WTO多哈回合谈判一直无法就服务业市场开放达成具体共识，为推动服务贸易自由化的发展，美国带头倡导与欧盟（全部国家）、日本以及香港、中国台湾等总共48个WTO会员方组成"真正之友"（Real Good Friends of Services，RGF），颁布了TISA以展开谈判。2013年6月，美欧正式启动TTIP。这是美欧日等国以市场自由化为名，推动双向互惠的高规格经营投资保障条件，更以决定技术标准、医药、医疗服务以及电子产品规格、环保指标的方式，组建有利于美欧等自由经济体的全球贸易规则。

2. 国际服务贸易自由化的政策取向

由于各国的服务贸易发展水平的不同，各国在服务贸易政策的选择上也有很大的不同。

第九章　国际服务经济的相关政策

（1）发达国家服务贸易自由化的政策取向。

自 20 世纪 60 年代以来，发达国家的服务贸易发展迅速，在国际服务贸易市场上占据绝对主导地位。因此一般来说，发达国家尤其是美国由于其国内服务贸易发展水平很高，一般倾向于主张采取开放的服务贸易政策，实现服务贸易的自由化，其主要目的是扩大其服务贸易市场。

发达国家的服务贸易自由化政策是"因国而异"的。发达国家对发展中国家开放本国服务市场的条件是以服务换商品，而对于与同等发达国家或地区，则需要相互开放本国服务市场，这就是所谓的"服务贸易补偿论"。另外，发达国家还以维护国家安全和竞争优势为借口，强调有必要对本国服务出口采取管制政策。需要指出的是，发达国家强迫其他国家开放服务市场，以及限制本国涉及敏感性问题的服务出口，都是以它们自身的利益为出发点。因此，发展中国家必须提高警惕，针对实际情况做好充分准备。

（2）发展中国家服务贸易自由化的政策取向。

发展中国家由于其服务贸易竞争力相对薄弱，倾向于采取服务贸易壁垒来保护本国服务业的发展。但有时因为某些双边或多边条约，被迫开放某些服务项目，或为了引进外资和先进的技术或服务，不仅开放某些服务项目，还常常以税收减免等优惠来吸引外国投资者。在服务贸易自由化大趋势下，发展中国家能否从中获利，在很大程度上取决于自身的政策取向（蔡宏波，2012）。作为服务贸易发展相对落后的发展中国家，不能简单地就服务贸易自由化是否符合本国的利益这一个原因就做出是否开放的政策选择。一般而言，发展中国家还会常常出于自身国家安全、经济独立等考虑，对服务贸易的进出口实施各种不同程度的保护措施，甚至是完全禁止的。而在经济全球化的背景下，关闭国门、割断与国外服务的联系是不理智的。但是完全开放本国服务市场，又不利于本国发展薄弱的服务业的发展和成长，而且容易加大对外国服务的依赖性。因此，把握国际服务自由化的度，选择合理的政策对发展中国家来说意义重大。

世界上没有一个国家是一步开放服务业的，也没有一个国家是全部开放其服务业的。因此，作为发展中国家，一方面要尽力履行国际条约义务，逐步开放某些国际服务贸易；另一方面要根据本身的实际情况实行适度的保护，以提升本国服务产业的竞争力，进而维护国家的安全与主权。发展中国家在服务贸易自由化过程中应注意两点：一是开放的基本步骤和顺序；二是每个基本步骤和顺序中涉及哪些服务部门或服务领域，它们对于开放服务市场的影响如何。

三、国际服务贸易的保护政策

1. 实施国际服务贸易保护的原因及其政策特点

各国采取服务贸易保护政策的原因主要有如下：第一，微观经济学根源，即政府实施干预的主要依据在于自然垄断、信息不对称和经济外部性等经济因素（魏巍，2012）；第二，保护本国经济独立考虑；第三，政治和文化上的独立考虑；第四，出于本国利益最大化的缘由。

服务贸易保护政策的实施主要有以下几方面特点：（1）以国内立法或政策为主的非关税形式施行；（2）较多对"人"（自然人、法人及其他经济组织）的资格与活动进行限制；（3）由国内各个不同部门掌握制定、庞杂繁复、缺乏统一协调；（4）灵活隐蔽，选择性强，保护力强；（5）除了保护商业贸易的利益外，还强调以国家的安全与主权利益等作为政策目标。

2. 国际服务贸易的主要保护形式：服务贸易壁垒

随着服务贸易国际化趋势的加强，国际服务市场上的竞争异常激烈。各国出于自身的经济利益、国家安全及政治意识形态等方面出发，对国际服务贸易均逐步实行了严厉的保护主义政策。而各国服务贸易的保护往往是通过服务贸易壁垒的形式体现出来。据 WTO 前身 GATT 统计，目前国际服务贸易壁垒有 2 000 多种。国际服务贸易壁垒，是指一国政府对外国服务生产者（提供者）的服务提供或销售所设置的有障碍作用的政策措施，即凡直接或间接地使外国服务生产者或提供者增加生产或销售成本的政策措施，都有可能被外国服务厂商认为属于贸易壁垒。此外，国际服务贸易壁垒还包括出口限制。目前，国际服务贸易壁垒种类繁多，形式各异。国际服务贸易壁垒与国际货物贸易壁垒一样，具有关税与非关税壁垒两种，作为一种新兴而独特的非关税壁垒，与传统贸易壁垒相比，技术性贸易壁垒的内容更复杂、影响更深远及发展更迅猛。技术性贸易壁垒（TBT）已经渗透到服务贸易的各个领域，并将取代传统壁垒成为国际贸易壁垒的主体和实行贸易保护的主要手段（王铁山，2008）。根据 WTO 协议的规定，所谓 TBT 是指一国以维护国家安全、保障人类健康和安全、保护动植物健康和安全、保护环境、防止欺诈行为、保证产品质量等采取的一些强制性的或自愿性的技术措施（梁艳，2010）。

3. 服务贸易壁垒的分类

TBT 的表现形式十分广泛，既涉及国际或区域性协议、国家法律、法令、规定、要求、指南、准则、程序等强制性措施，也包括非政府组织等制定的自愿性规则。根据《技术性贸易壁垒协议》及结合服务贸易本身特点，把技术性贸易壁垒主要分为以下几种。

（1）技术标准。

首先，由于各国之间服务业发展水平、风俗习惯及文化制度等存在着差异，相应的，各国服务技术标准制定的产业范围以及标准制定的水平也会有差异。其次，各国在服务标准制定的手段上有差异。有的国家倾向于使用内容标准，详细规定服务应达到的指标要求，而有的国家则仅规定服务应实现的性能（唐炎钊、朱小聘，2008）。目前，发达国家如美国、欧盟及日本等，由于服务产业技术水平较高，它们国内服务技术标准的覆盖范围要比多数发展中国家广泛得多。美国在 20 世纪 90 年代对进口汽油和国产汽油就制定了两种不同的技术标准，以阻碍外国汽油进入美国市场。

第九章 国际服务经济的相关政策

> **专栏**

技术标准案例

我国的中兴通讯,在印度最大运营商 BSNL 发出的价值 48 亿美元的巨额电信合同招标争夺战中,意外地被提前淘汰出局。事后,该运营商以"没有达到所要求的技术标准"为由将其拒之门外,同样被率先请出局的还有美国的摩托罗拉。其实,这两家都有实力闯过技术关,不过 BSNL 率先排除中兴和摩托罗拉,原因极有可能是所谓的"中国因素",中兴是一家中国企业,而摩托罗拉则计划从其中国公司采购部分设备。可见,技术标准或法规也可能被政府主观上用于限制国外服务企业的进入。

资料来源:唐炎钊,朱小聘,陈泰颖.服务领域技术性贸易壁垒的形成机制研究[J].厦门科技,2007(5).

(2)技术法规。

根据 ISO 的定义,技术法规是指包含或引用有关标准或技术规范的文件,涉及公共安全、卫生与健康、服务规则、知识产权等方面,技术法规有相当一部分能影响到服务,特别是高技术服务的进口。可见,技术法规管辖范围内的产品、服务都必须符合技术法规的相关要求,具有强制性。

(3)合格评定程序。

合格评定程序是指直接或间接确定是否满足相关要求的任何活动。合格评定程序包括服务认证和体系认证两个方面:服务认证是指确认服务是否符合技术规定或标准的规定;体系认证是指确认生产或管理体系是否符合相应规定。

> **专栏**

合格评定程序案例

如泰国在合格评定程序运作体制上分为三种类型:认证制度、质量体系认证制度和认可制度。

菲律宾只认可第三方认证的结果,对于第一方和第二方认证的结果暂不鼓励承认。

美国多采用进口前注册、认证、符合性评估与进口后检验监督相结合的合格评定手段。

资料来源:唐炎钊,朱小聘.我国应对服务贸易领域技术性贸易壁垒的对策研究[J].科技进步与对策,2008(25).

(4)绿色壁垒。

绿色壁垒指一些发达国家凭借其科技优势,以保护环境和人类健康为目的,通过立法制定繁杂的环保公约、法律、法规和标准、标志等形式。各国对环保标准的要求和环保资金的投入的差距造成了实际上的贸易障碍。如国际和区域性的环保公约、国际环保法规、ISO14000 环境管理体系和环境标志等。

（5）信息技术壁垒。

信息技术壁垒指进口国利用在信息技术上的优势，通过信息技术的综合使用，以信息技术标准、信息技术法规及合格认定程序为手段，对国际贸易的信息传递手段提出要求，从而造成贸易上的障碍（谢阳群等，2005）。美国、欧盟已从 1992 年起就开始全面采用电子数据（Electronic Data Interchange，EDI）方式处理海关业务，而不采用 EDI 方式的海关手续则被推迟受理，美国在 1999 年要求海关全部采用 EDI，否则不予办理。

4. 服务贸易保护程度的度量

服务贸易保护政策的度量就是对一项或一揽子政策的水平、影响及有效性的量化评估（汪素芹，2007）。目前，衡量国际服务贸易政策保护程度的指标主要有如下 3 种：

（1）名义保护率。

名义保护率（Nominal Rate of Protection，NRP）是贸易保护程度衡量最普遍使用的指标。它通过测算世界市场价格与国内市场价格之间的差额，衡量保护政策的影响。世界银行把名义保护率定义为：由于保护引起的国内市场价格超过国际市场价格的部分与国际市场价格的比值。

$$NRP = \frac{国内市场价格 - 国际市场价格}{国际市场价格}$$

名义保护率的测试方法仅在一国对某种商品采取边境管制措施或关税方式时，贸易政策对产出水平的评估影响才是有效的。但在服务贸易领域，各国服务价格的差异不仅仅是由关税壁垒引起的，还与要素禀赋、技术差异、规模经济和不完全竞争等因素密切相关。如前面所讲国际服务贸易大多使用非关税手段进行保护，从而使得 NRP 在衡量服务贸易保护程度方面作用有限。

（2）有效保护率。

"有效保护"定义最初由澳大利亚经济学家 M. 科登和加拿大经济学家 H. 约翰逊提出来。有效保护率（Effective Rate of Protection，ERP）是指整个关税制度（和有效保护措施）对某类产品在其生产过程中给予净重增值的影响，也就是由于整个关税制度而引起的国内增值的提高部分与自由贸易条件下增值部分的比值。有效保护不仅关注关税对最终成品价格的影响，也注意投入品（原材料或中间产品）是否也受到了保护，因此有效保护率是用来衡量投入和产出政策对价值增值的共同影响的指标，即

$$ERP = \frac{国内加工增值 - 国外加工增值}{国外加工增值}$$

$$= \frac{最终品名义保护率 - \frac{中间品价格}{最终品价格} \times 中间品名义保护率}{1 - \frac{中间品价格}{最终品价格}}$$

第九章 国际服务经济的相关政策

但是由公式可知，计算 ERP 需要获取有关服务业的投入产出系数等数据信息，但其往往难以获得。

（3）生产者补贴等值。

生产者补贴等值（Producer Subsidy Equivalent，PSE）或生产者补贴等值系数方法最早被经济合作与发展组织用于对其成员农业政策和产品贸易的分析报告。这一衡量方法在许多国家的运用过程中被改进提高，尤其在"乌拉圭回合"多边贸易谈判后，该方法日益受到重视和并被不断完善。

生产者补贴等值是用来测算关税和非关税壁垒，以及其他政策变量保护程度的一种衡量指标。它是对政府各种政策，包括支持、税收和补贴等的总体效应进行评估。通常可用两种方法获得生产者补贴等值：一是通过观察政府政策的预期效果；二是通过观察政策措施引起的国内外价格的变动。生产者补贴等值方法是通过比较国内价格与国外价格的差异来考察一揽子政策的净效果，考察贸易政策的总体影响，而不仅仅考察单个政策的效果，它测算的是政府政策给予生产者的价值转移量或政府政策对生产者收益的贡献。在不同的时期，不同的国家，甚至不同的领域，生产者补贴等值是不同的。

第三节　国际服务外包的相关政策

继 20 世纪制造业成功全球大转移之后，伴随国际服务贸易的迅速发展，服务全球化已成为经济全球化的主导力量，国际服务外包也成为新一轮全球产业大革命的趋势。据麦肯锡预测，2020 年全球服务外包市场整体收入将超过 150 万亿美元。在此趋势下，国际服务主要发包国一直在寻求最佳承接国以扩展其市场和提高国际竞争力。同时，广大服务外包承接国也纷纷制定相关政策以抓住这个巨大的发展机遇。中国作为新兴的国际服务外包承接国，虽在近几年发展迅速，但与印度、爱尔兰、菲律宾等主要承包国家相比仍有一定的差距，政策因素是其中主要原因之一。因此，本节将列举主要服务外包发包国与承包国的相关政策，同时，对我国服务外包产业政策的发展进程进行梳理。

一、主要服务外包发包国的相关政策

当前国际服务外包发包市场主要集中在北美、日本和西欧，这三个地区转移的服务外包总量约占全球的 95%，其余国家所占比重仅为 5%。

1. 美国的外包政策

1963 年，美国率先实行"生产分享项目"，通过特殊免税措施鼓励某些生产工序拆分到其他国家进行（卢锋，2007）。美国白宫预算和管理办公室一直以来都在严密跟踪政府的外包行为，并于 1996 年提出了 A-76 政策。该政策对美国政府的外包程序做了规定，它不仅允许独立评估单位对竞标公司进行评分，还允许它们对政府提供服务的最佳方式进行评判。

国际服务经济概论

1998年为了迎接外包，克林顿政府通过了《联邦活动修改法案》。该法案要求所有的政府机构提供一个它们所从事的"非政府性"活动的清单，目的是要将这些活动的成本同私营企业竞标价格进行对比。2001年，布什政府预算和管理办公室发表了一项备忘录，要求政府机构和私营企业一起竞争5%的政府工作，后来这个比例上升到50%。美国政府对外包的支持，使得众多美国企业先后开展了外包业务，美国也成为世界上最大的服务外包发包市场。

美国政府对服务外包主要持支持态度，但是美国外包政策也曾发生一些波动。从2002年年底开始，美国有关部门开始关注外包对美国经济、就业带来的影响。根据福里斯特（Forrester）公司的一份研究报告，在未来15年中，美国将有330万个就业机会和1360亿美元的工资收入移向海外（戴永红，2004）。这引起了很多美国人的不满，劳工组织成为服务外包最主要的反对者。他们认为，美国的外包趋势将使美国人失去更多的就业机会。2002年12月，美国新泽西州初步通过一项议案：今后政府部门的工作一律不外包给非美国公民，不管是软件设计还是呼叫中心。美国至少还有三个州正考虑出台相似的政策。2004年1月，美国总统布什签署一项法案，阻止财政部和交通部的分包合同外包给印度等其他国家（谭力文等，2008）。2004年3月，美国国会50多名众议员提交法案，对外包项目的美国公司不给予政府融资支持和贷款担保，并要求美国公司在贷款申请中提交国内及海外员工人数变化情况，对本土员工降低大于海外员工增加的不予批准。2012，美国国会提出3596号法案，即呼叫中心及消费者保护法案，拟限制美国公司的离岸服务活动。但是美国联邦政府并不会在全国范围内对商业领域的外包实施管制（孔祥荣，2010）。因为，美国经济可从业务外包中获得：业务成本减少、出口增加等好处。麦肯锡公司的研究发现，美国企业向印度外包后勤和IT服务的每1美元支出会给美国经济带来1美元以上的新财富，职位被外包到海外的美国工人可以找到附加值更高的工作（谭力文、田毕飞，2006）。

2. 日本的外包政策

与美国相比，日本离岸软件外包兴起的时间较晚。日本政府对服务外包基本持鼓励态度，这促进了服务外包的发展。在1996年的亚洲金融危机的背景下，为了缓解就业压力，政府鼓励日本跨国公司将其绝大多数主要工作留在国内（谭力文、刘林青等，2008），日本企业间展开了生死攸关的"企业改革竞争"。同时，金融危机也打破了日本实行多年的终身雇佣制度，这极大地改变了日本人的工作态度，使外包慢慢变得普遍起来。2000年一年内，IBM日本公司就和夏普、日产及日本主要银行签订了外包合同。2002年以来，日本大阪政府为了提高效率、精简人员，提出力争在十年之内，通过服务外包，把公务员的人数由16 000人精简至1万人以下。2006年，日本出台法律，指出将全面外包政府公共服务。2008年，政府已经把府厅（公务员）的人事、工资管理等业务外包出去（玉华、周莉，2010）。但是，长久以来，由于单一民族文化影响，日本企业长期存在着"金字塔"文化，使得日本的软件离岸外包业务多数属于三级承包或四级承包。而且在日本的软件外包市场上，要求总承包商对用户的业务细节十分了解，故海外厂商不可能进入日本的总承包商序列，这又导致了日本的软件与服务外包市场的封闭性（谭力文、田毕飞，2006）。

第九章 国际服务经济的相关政策

3. 欧盟的外包政策

除英国外,欧洲的离岸服务外包业务开展得较晚,然而近几年欧洲服务外包市场得以飞速发展。早在20世纪80年代,英国政府就采用外包理念推动外包业务的发展,允许承包方在接管政府业务之后马上裁员,这为承包方提供了很大的灵活性,也吸引了很多承包公司前来参与竞标。随着金融领域政策的放开,外包业务在英国金融业蓬勃发展。目前,大多数英国银行都将它们的现金处理、支票处理和其他曾是核心业务的业务外包了出去。而且英国政府部门对IT产业的外来雇员实行优惠政策,1995年颁发IT产业外来雇员的工作许可数为1 800个,2001~2004年,英国颁发了11万个IT产业外来雇员工作许可,占所有工作许可的1/5,英国IT产业外来雇员工作许可量的3/4是因为企业内部业务的跨国转移。2005年1月,英国贸工部信息安全政策组发布了《信息安全:如何外包和使用外部服务的指导性文件》以提醒英国企业避免在外包过程中出现不必要的失误,为英国外包企业提供了路线图式的外包建议。

二、主要服务外包承接国的相关政策

1. 优惠的税收和外资政策

制定优惠的税收和外资政策,可以为承接离岸服务外包提供宽松的环境。印度政府在1986年就制定了《计算机软件出口、软件发展和软件培训政策》,对从事IT外销的企业给予特别的优惠政策。例如,对从事该行业的企业所得税实行5年减免5年减半,再投资部分3年减免等优惠。20世纪90年代,印度进一步推出"零赋税"政策,出口软件全部免税,对生产的软件产品不征收流转税。2000年3月起,印度政府在全国批准设立140个经济特区,企业在10年期满后还可通过经济特区政策延续享受税收优惠。2004年2月,印度政府发布了一项税收声明,为避免双重征税,跨国公司将其非核心业务外包至印度享受免税。据有关资料显示,在印度发展服务外包的成本要比中国低30%左右,企业负担基本上是"零税赋",这在相当大程度上形成了承接服务外包的成本优势(唐宜红、陈非凡,2007)。为促进出口,印度颁布了《2005年经济特区法案》,对经济特区建设及特区内的企业实行第一个五年免交全部所得税、第二个五年内减免50%所得税、第三个五年免除再投资收益税收等优惠政策。印度这些优惠的税收政策,吸引了大批的跨国金融机构,均选择印度作为外包的东道国。在目前的全球外包产业格局中,印度是最大的接包国家,其接包规模接近中国接包规模的10倍[①]。

爱尔兰的税收优惠政策包括:1981年爱尔兰政府制定和实施了"国际服务业鼓励计划",鼓励本国软件及信息服务业出口,免征出口关税,同时鼓励外国软件及信息服务企业到爱尔兰从事研究开发,允许外国人在爱尔兰的公司持有100%的股份。1998年7月提出,对在当地注册的国际服务企业(如金融、批发、咨询等),在2005年前最高只征收公司所

---

① http://www.askci.com/news/201202/29/2914535027351.shtml.

得税10%，2006年提高至12.5%，与欧盟大部分国家30%~40%的税率相比要优惠得多。这在发达国家中极为少见，使得爱尔兰成为著名的低税港。爱尔兰的个人所得税也较低，据经济合作与发展组织（Organization for Economic Co-operation and Development，OECD）统计，已婚职员平均在爱尔兰纳税为其总收入的5%，在OECD国家中属于纳税率较低的国家，这也鼓励了外来服务外包优秀员工在爱尔兰的就职（冯雷鸣，2011）。

菲律宾政府优惠的外资政策主要包括：政府规定服务外包企业在任何区域或经营场所均可享受经济特区优惠政策。外国公司在经济特区开展业务，前4~8年为免税期，免税期过后仍可继续享受5%营业税的优惠待遇；公司可免税进口特殊材料和设备、免缴码头使用费、自由使用托运设备、雇用外籍职员等。

2. 严密的知识产权保护

主要软件发包商在选择承包商时，对于东道国的管理水平、商务和法律的国际规范有着很高的要求，尤其是对知识产权的保护问题。1847年印度颁布了第一部《版权法》，其后进行了多次修订。1994年和1999年两次修订《版权法》，实现了与WTO中《与贸易有关的知识产权保护协议》的完全接轨。印度还注重检查知识产权保护的执行效果：1991年11月，印度组建了版权实施顾问委员会；1999年和2000年先后颁布了《国际版权规则》和《信息技术法》，对非法传播计算机病毒、复制软件等违法行为都规定了具体的惩治条款；2003年9月，成立了知识产权申诉委员会，负责受理专利、商标、设计及商标等案件的申诉；2004年，印度专利局从社会择优录取了63名专利审查官，并送往国家知识产权学院进行上岗前培训；2005年，印度开始实施新的专利法，知识产权制度与国际体系全面接轨。在20世纪末相继通过了《版权法》《信息技术法》《半导体集成电路设计法》。这些措施强化了保护知识产权的执行力度，使得印度软件外包企业建立了良好的国际信誉。

1998年9月4日，美国总统和爱尔兰总理用数字签名的方式签署了一项电子商务联合协议，提倡电子商务的税收保持透明等。1988年及2003年的《数据保护法》为处理个人数据时所必须依从的保护原则提供了法律框架。2000年7月制定了世界上第一个在电子领域的法案《电子商务法案2000》，对电子文档和电子签名赋予了与相关书面内容同等的法律效力。《版权及其他相关权益法案2000》，为软件产业提供了最重要的知识产权保障体系。政府还设立了爱尔兰企业局，对各项企业政策的执行进行监督协调（冯雷鸣，2011）。欧洲议会在2012年12月11日最终批准了《统一专利保护条例》（Unitary Patent Regulation），这意味着权利人将可以在25个成员方获得自动专利保护，但意大利和西班牙除外。

2000年6月，菲律宾总统签署了国会已通过的《电子商务法》，使菲律宾成为继马来西亚、新加坡、韩国之后亚洲之后的第4个用法律规范电子商务的国家。2007年6月，菲律宾知识产权局组织建立了知识产权研究与培训学院（IPRTI），提升了公众的知识产权意识。此外，菲律宾政府制定了《数据安全和隐私法》，用法律手段来规范信息保密制度和知识产权保护制度。

3. 先进的科技园区建设政策

印度等主要服务外包承接国都设立了科技园区，并在这些地区提供了非常宽松的贸易和

第九章　国际服务经济的相关政策

投资环境，为服务外包作出了巨大贡献。印度软件出口的70%以上都是来自软件科技园区，早在1982年，英·甘地建立了第一个科技园，进行软件、微电子等尖端技术的研发，为软件产业发展奠定了基础。1991年，在班加罗尔创建了全国第一个计算机软件技术园区，其后又在马德拉斯、孟买、加尔各答等地建立了18个具有国际先进水平的软件技术园区。园区的企业享受到多种优惠政策：如符合条件的软件企业到2010年前为止免除公司所得税（最高比例达90%）、允许设立100%外资独资公司、购买国内资本货物时免除消费税等许多优惠政策。1999年，印度成立信息科技部，成为当时世界上少有的专门设立IT部门的国家之一。2000年印度还在硅谷设立了软件园，为印度软件对美国的出口及加强与美国金融、投资等的机构的联系做出了巨大贡献。

1959年，爱尔兰建立了全球最早的经济开发区——香侬开发区。并先后设立了世界上第一个免税工业区和第一个自由贸易区。爱尔兰政府对开发区内企业实行扶持政策：爱尔兰政府向香侬开发公司投入资金，由该公司以100~130年长期租赁方式，向政府支付较低租金取得建设用地，然后低价转租给开发区企业，保证了开发区地价既平稳又颇具竞争力。而且该园区的企业所得税税率仅为12.5%，增值税为零，在加工过程中进口货物免征关税，并与44个国家有税收协定，因此素有欧洲低税港之称。即便如此，爱尔兰政府仍给香侬开发区的企业一定的财政补贴，受惠对象为资金密集型项目、技术密集型项目、扩大经营规模的企业、改善研发能力的企业以及安置就业人员较多的企业等。如企业雇员100人以上且经营状况良好，可获得100万欧元的补贴。1984年香侬开发公司投资与爱尔兰国立大学的利默里克大学共同建立了利默里克国家科技园，其后该公司又与其他大学合作，陆续在香侬开发区周边建立四个科技园，形成了独特的"香侬知识网络"。

4. 应用型人才培养政策

优秀的人才是服务外包成功的关键。印度政府十分重视人才的培养，培养了一大批优秀的服务外包人才。主要表现在：第一，依托知名高等院校培养软件外包尖端人才。20世纪50年代，印度参照美国麻省理工学院的模式，在全国陆续建立了7所"印度理工学院"，印度高级软件人才大都出自这些学校。第二，重视基础外包人才的培养。班加罗尔除了10余家科研院所、名牌大学之外，还有近80所小型工程技术学院。第三，独立后，英语被列为印度的官方语言之一。1970年，印度政府启动了质量改进工程（QIP），目的在于保障各层次技术教育机构的质量。

爱尔兰公共教育开支在国民收入中占的比例，在发达国家中居第二位，高达14%左右。30年前爱尔兰政府就意识到世界将进入信息技术时代，在全国著名的"三一学院"创建了计算机系，在各地建立了12个技术研究院。从2000年开始，爱尔兰政府通过"第三阶段教育机构研究计划"，向爱尔兰大学基础研究提供资金支持，促进大学的研究开发。同时，政府通过爱尔兰企业局，把高校研发成果商品化、产业化，促进大学、研发机构与企业之间的相互有效衔接和紧密结合（徐兴锋，2007）。

菲律宾政府为了增强本地人才的竞争力，专门拨款5亿比索（相当于1 000万美元）设立面向服务外包企业的"应用型人才培训基金"，为达不到公司录用标准的求职者发放培训券，免费提供各种技能培训，还承诺将经过培训就业的人员所新增的个人所得税再用于补充培训基金。

三、中国服务外包相关政策

随着服务外包对经济增长贡献的不断加大，我国政府日益深刻认识到服务外包发展的重要意义。为了提高我国服务外包的发展，我国政府和相关部委出台了一系列扶持政策。但是与服务外包业发达的国家相比，我国目前服务外包部分政策的可操作性较差，存在着一定的差距。

1. 宏观政策环境

自 2006 年服务外包"千百十工程"以来，国务院及相关部委相继出台了一系列支持性政策，国务院在近几年先后出台了《国务院办公厅关于鼓励服务外包产业加快发展的复函》《国务院关于印发进一步鼓励软件产业和集成电路产业发展若干政策的通知》《国务院办公厅关于进一步促进服务外包产业发展的复函》；财政部、商务部发布《关于做好 2009 年度支持承接国际服务外包业务发展资金管理工作的通知》《关于做好 2010 年度支持承接国际服务外包业务发展资金管理工作的通知》《关于做好 2011 年度支持承接国际服务外包业务发展资金管理工作的通知》；央行等也联合下发了《中国人民银行、商务部、银监会、证监会、保监会、外汇局关于金融支持服务外包产业发展的若干意见》。这些政策对服务外包产业给予全方位支持，推进了我国服务贸易的发展。2014 年 5 月 5 日商务部服贸司司长周柳军在服务贸易暨第三届京交会专题新闻发布会上表示，商务部将推动出台新一轮服务外包促进政策，启动《中国国际服务外包产业发展规划（2016～2020）》的前期工作，加快国际营销网络建设，利用出口信贷促进服务外包产业发展，尽快出台所得税政策。

2. 行业鼓励和促进政策体系

《科技兴贸"十一五"规划》明确鼓励促进软件出口，加强国际技术交流与合作。如促进与爱尔兰、印度在软件和信息服务领域的合作；信息产业部《电子信息产业对外贸易"十一五"规划》也明确提出扶持软件外包，要联合有关部门出台鼓励软件外包的政策措施，从出口信贷扶持、促进企业合作、建设公共平台、人才培训等方面帮助企业增强软件外包能力，完善国际市场渠道，促进服务与产品的联动出口。《高技术发展"十一五"规划》把软件外包列为高技术产业，软件国际外包可享受高技术企业相关待遇，并实施软件外包专项工程。全国人大通过的新企业所得税法，内外资企业所得税统一为 25%，但对国家需要重点扶持的高新技术企业，减按 15% 的税率征收企业所得税，软件外包企业被认定为高新技术企业后可享受所得税减按 15% 征收。2010 年，《国务院办公厅关于鼓励服务外包产业加快发展的复函》大大降低了服务外包优惠政策门槛，加大了政策覆盖的范围，为加快服务外包产业的发展奠定了良好的政策基础。2013 年 11 月，中国软件和服务外包领域第一个完全由行业企业和机构自发发起的非营利性组织——"中国信息技术服务与外包产业联盟"

第九章 国际服务经济的相关政策

正式成立,标志着我国服务外包产业从此向着更加科学有序的方向前进。2014年4月中国共产党十八届三中全会审议通过的《中共中央关于全面深化改革若干重大问题的决定》明确提出,"在扩大开放、深化改革的新时期,应着力提升产业发展质量,以质带量,推动我国服务外包产业再上新台阶"。

3. 区域促进政策体系

《国务院办公厅关于促进服务外包产业发展问题的复函》确定北京、天津等20个城市为中国服务外包示范城市,并在这些城市实行优惠政策措施,包括税收试点、特殊工时工作制、资金支持、基础设施建设扶持、证券等方面的金融支持政策,以及建立国际服务外包业务人才库和服务外包人才网络招聘长效机制等人才政策。21个服务外包示范城市已成为我国服务外包产业发展的主体,既是服务外包产业促进政策落实和创新的核心地区,也是我国服务外包产业发展的主导力量。《国家级经济技术开发区"十一五"规划》提出了鼓励国家级开发区承接国际服务外包的相关政策措施。2012年,21个服务外包示范城市承接国际(离岸)服务外包执行金额超过300亿美元,占全国比重超过90%。同时,21个服务外包示范城市聚集了近15 000家服务外包企业,从业人员超过300万人,占全国比例均超过70%[①]。

4. 人才培养政策体系

《商务部关于实施服务外包"千百十工程"的通知》规定,在商务领域人才培训资金中,安排服务外包公共培训专项资金,实施"千百十工程"人才培训计划;《财政部商务部关于支持承接国际服务外包业务发展相关财税政策的意见》规定,大力支持承接国际服务外包的人才培训;人力资源和社会保障部、商务部在《关于进一步做好促进服务外包产业发展有关工作的通知》中,扩大服务外包企业实行特殊工时制度的适用范围。2013年3月20日国家服务外包人力资源研究院、中国服务外包校企联盟秘书处执行主任、产业发展中心主任王瑞在中国服务外包领军者年会上宣布中国服务外包人才基石工程正式启动。

☞ **案例分析**

新一轮服务外包促进政策将出台

商务部服务贸易司司长周柳军5日在服务贸易暨第三届京交会专题新闻发布会上表示,商务部将出台新一轮服务外包促进政策。推动出台加快发展服务外包产业的指导意见,启动《中国国际服务外包产业发展规划(2016~2020)》的前期工作。利用出口信贷促进服务外包产业发展,尽快推动出台所得税政策,研究制定中高端人才及企业内训的支持政策。完善技术出口贴息政策,争取加大对技术出口企业的支持力度。

---

① 资料来源:http://www.d1net.com/cc/news/258109.html.

国际服务经济概论

商务部将推动出台扩大服务出口的指导意见，制定《重点服务出口领域指导目录》，为财政、税收、金融等扶持政策提供支持。提前启动服务贸易"十三五"规划的前期研究工作。推动出台财税金融支持政策。推动设立服务贸易发展专项资金。结合"营改增"扩围，推动对符合鼓励条件的"营改增"行业服务出口实行零税率。

对于推动文化出口，商务部下一步将依托自由贸易园区、港区和海关特殊监管区，进一步研究建设一批文化产品和服务的出口平台，研究加大对文化领域促进活动的支持力度，扩大文化的出口规模。加大对文化出口的支持力度，商务部将积极会同财税部门，对文化服务出口、境外投资、营销渠道建设、市场开拓、文化贸易人才培训等方面给予专项支持，同时推动对国家重点鼓励的文化产品和服务出口实行增值税零税率或免税。

案例资料来源：引自《中国证券报》2014年5月6日，倪铭娅"新一轮服务外包促进政策将出台"。

案例讨论题： 如果你是负责构思编制国际服务外包政策的一员，你对即将出台的国际服务外包政策有什么可行性建议？

本章小结

1. 美国、欧盟、日本作为服务贸易大国，其服务行业及服务贸易政策有许多值得我国学习与借鉴的。

2. 尽管世界各国都不同程度地存在着一些服务贸易保护政策，但是服务贸易自由化是服务贸易的趋势。

3. 技术性贸易壁垒在服务领域的应用越来越广泛。

4. 印度、爱尔兰、菲律宾在税收外资的优惠、科技园区的建设、知识产权的保护及优秀人才的培养等方面的服务外包政策具有某些共性，也是这些国家在服务外包取得成功的关键因素之一。

思 考 题

1. 美国、欧盟与日本的服务业政策哪些方面值得我国学习和借鉴？
2. 度量服务贸易壁垒规模的指标有哪些？试比较其优劣。
3. 试比较发达国家与发展中国家服务贸易政策取向上的异同，并说明其形成的原因。
4. 试阐述国际服务外包的动因。
5. 主要国际服务外包承接国服务外包政策的差异性是什么？

网络练习

1. 请在网上查阅发达国家对我国的主要服务贸易壁垒措施，并提出应对策略。
2. 试阐述全国服务外包的发展趋势及其特点。

第九章　国际服务经济的相关政策

自 测 题

1. 我国服务业政策的发展经过了哪三个步骤？
2. 什么是服务贸易自由化？其发展历程是什么？
3. 什么是国际服务贸易政策？简述国际服务贸易政策的类型。

第十章　推进我国服务经济国际化的政策构想

本章学习目标
- 掌握提升服务业竞争力的对策；
- 掌握全面参与全球服务贸易的对策；
- 掌握深度介入全球服务外包的对策；
- 掌握完善相关政策体系的对策。

☞ **开篇案例**

在深化改革中创新发展服务贸易

改革开放以来，我国逐渐融入世界分工体系和价值链环节中，推进生产性服务贸易与制造业的融合，大力发展服务外包，以新的方式引进服务业外商投资，增加服务业对外投资，服务贸易获得了稳步发展。但我国服务贸易远滞后于制造业贸易，与欧美发达国家相比，总体竞争力还不强。

党的十八大提出"着力构建现代产业发展新体系，着力培育开放型经济发展新优势，使经济发展更多依靠内需特别是消费需求拉动，更多依靠现代服务业和战略性新兴产业带动"以及"发展服务贸易，推动对外贸易平衡发展"；党的十八届三中全会又明确了"推进金融、教育、文化、医疗等服务业领域有序开放，放开育幼养老、建筑设计、会计审计、商贸物流、电子商务等服务业领域外资准入限制"以及"建立中国上海自由贸易试验区，形成面向全球的高标准自由贸易区网络"的改革举措。这些政策表明我国改革的重要内容就是要适应新一轮的全球高标准贸易自由化，把创新发展服务贸易作为经济可持续增长的突破口。

创新发展高端服务贸易，对原有服务贸易进行转型升级。引导资源合理流向技术和知识密集型的现代服务业，满足现代不断增长的高端消费服务需求；引入新技术和利用服务贸易进口获得的技术外溢对传统的服务业进行升级，发展创新驱动型服务业，实现传统服务产业和现代服务产业、生产性服务产业和制造业的协调发展。

利用好国内国外两种资源、两个市场，推动服务贸易引进来和走出去更好结合，培育竞争新优势。加大对服务业基础设施的建设，重视服务业国际化人才的培育，引导外商直接向

第十章 推进我国服务经济国际化的政策构想

高端服务业投资，形成合理的地区集聚，获取服务业的技术外溢和空间外溢效应，提升我国服务业的技术水平和竞争力。同时，鼓励民营服务企业走出去，在金融、网络、信息等方面开展对外投资，提高对外投资服务企业的核心竞争力。

案例资料来源：引自《光明日报》2014年5月29日，张源媛"在深化改革中创新发展服务贸易"。

案例讨论题： 你认为我国服务贸易如何通过创新发展，增强服务贸易的国际竞争力？

第一节 提升服务产业竞争力

一、从战略上重视服务业，加大对服务业的扶持力度

信息时代，服务业的发展成为各国竞争的关键。根据世界银行的统计，发达国家服务业占GDP的比重一般在60%~80%，中等收入国家平均水平为50%左右。2013年我国服务业占GDP的比重达到了46.1%，但距离中等发达国家水平还有一定的差距。我国服务业在发展速度很快的同时，总体水平仍然不高，服务贸易逆差逐渐扩大。主要是因为我国经济建设的宏观政策，长期向工业建设倾斜，传统观念认为服务业的发展必须严格以工业、农业的发展水平为依据，不能盲目快速发展（饶有玲，2005）。这些观念使得我国服务业缺乏足够的独立性，相对于发达国家甚至是一些新兴发展中国家，差距明显。

服务贸易结构的优化建立在经济结构的优化调整之上，要提高我国服务贸易的国际竞争力，就必须认识到服务业的重要性，调整我国的经济结构，大力发展服务业，提高服务业在三大产业中的比重，为服务贸易的开展提供良好的配套设施和软硬件环境（刘丽杰，2012）。首先，国家产业政策应适度向服务业倾斜，加大对服务业的资金和技术投入，提高第三产业在整个国民经济中的比重，完善产业结构。同时，国内政策性金融机构要给予服务出口更多的支持与优惠。例如，适度放松对符合条件的出口服务业的贷款、放宽服务企业境外投资的用款限制及简化境外投资外汇审核程序等，推动服务业的出口。其次，政府应加快完善服务产业链，推动技术和服务创新，增强我国服务业的国际竞争力。最后，政府监管作用也要配合实施，明确服务业的发展重点，充分发挥政府对市场经济的导向性作用，使我国服务业又快又好地发展。

二、大力发展现代服务业，推动服务业升级

现代服务业已成为当前服务业的主体，它对整个经济运行体系起着越来越重要的作用。而我国在这些领域起步较晚，尚处于萌芽或较不发达阶段，在国际服务贸易中竞争薄弱。2012年2月，科技部发布文件指出，现代服务业是指以现代科学技术特别是信息网络技术为主要支撑，建立在新的商业模式、服务方式和管理方法基础上的服务产业，主要包括金融保险业、信息传输和计算机软件业、科研技术服务和地质勘查业等行业。这些行业具有投资

获利力高、经济效益好的特征,同时环境污染少,因此颇受发达国家的欢迎。而我国服务贸易的竞争优势主要集中在劳动力密集型服务业,服务贸易结构不合理,因此服务贸易结构的优化对服务业的综合发展具有重要的意义。

因此我国应采取有效措施,按照积极推进新兴服务贸易出口与扩大传统劳动密集型服务贸易出口相结合的原则,进一步提高通讯、计算机和金融、咨询等知识密集、技术密集和高附加值的现代服务贸易占我国服务出口总额的比重,为我国服务贸易产业结构优化升级奠定基础(邢学杰,2012)。具体如下:首先,降低现代服务业企业的创业门槛,提高对其的税收优惠与奖励政策,鼓励发展现代服务业。其次,加大对我国服务企业研发阶段的支持力度,提高科研投入。再次,定期举办对优秀创新企业及创新成果颁奖活动,提高现代服务业的创新积极性。最后,通过引进国外先进技术与管理方法,提高我国现代服务业的竞争力。

三、立足比较优势,提升我国服务业的国际竞争力

虽然当今国际服务业的竞争焦点集中在知识密集型与技术密集型服务业,但是我们也不能一味地发展这些产业,一盘否定我国的传统服务业。相反,我们应该继续鼓励和支持传统服务业的发展,尤其是我国传统优势服务产业。我国是一个人口大国,我国的比较优势主要依赖于廉价的劳动力优势,如交通运输业、旅游业等。这些行业在我国服务行业中占据着重要的位置,应继续发挥这些项目在国际服务贸易中的比较优势,使它们的发展呈现规模化发展。具体来说,首先,传统服务企业通过引入国外先进服务技术和理念来提高企业的管理水平和技术水平,推进服务人员整体素质的提升,从而促进传统服务业的生产率的提高。其次,传统服务应紧跟时代发展,推进传统服务业的改革和创新。实现新产品的生产和新思路的创造以开拓新市场,最终创造新的竞争优势;从而带动新兴服务业的发展和推动我国服务经济的整体发展,以增强我国服务业的国际竞争力。最后,政府还应积极鼓励和促进我国具有比较优势的服务企业"走出去",参与国际竞争,以提高其综合竞争力。

第二节 全面参与全球服务贸易

一、树立"走出去"的观念和全面开放的意识

要促进我国国际服务贸易的发展,第一步就是要进一步放宽服务业的市场准入,降低服务业进出口成本等。由于经济独立、国家安全等传统因素,目前我国仍有许多服务行业的开放度很低,如电信、金融、铁路及民航等服务业都靠垄断而获得竞争优势。由于缺少适度的竞争压力,加之缺乏有力的外部监督机制,垄断性行业的服务质量往往难以令人满意,常常会出现违背市场法则、侵犯消费者权益等问题。2005年2月,国务院发布了《关于鼓励支持和引导个体私营等非公有制经济发展的若干意见》,鼓励和允许民营资本进入服务业,但

第十章 推进我国服务经济国际化的政策构想

是由于缺乏各行业的具体管理规定,民营企业进入银行、电信等行业仍存在着较大障碍。因此,我国应根据垄断行业的具体情况进一步开放市场,采取逐步放宽市场准入、尽快完善各行业具体立法等措施,真正实现有条件的民营企业和外资企业进入这些行业以提供服务和参与竞争,以迫使这些服务垄断行业提高生产力和竞争力。同时,政府及相关机构也应加大监管和惩罚力度,避免过度的竞争导致这些与人民生活密切相关的行业出现"豆腐渣"等质量下降问题。最后,加大宣传力度,树立"走出去"和全面开放的意识,鼓励我国企业对外直接投资,进一步对外开放,通过开放来提高我国服务业的总体水平和服务贸易的国际竞争力。

二、制定适度的服务贸易保护政策

尽管服务贸易自由化不仅对发达国家是有利,对于发展中国家也是益处多多,但是世界上没有一个国家是一步开放服务业的,也没有一个国家是全部开放其服务业的。作为发展中国家,一方面要尽力履行国际条约义务,逐步开放某些国际服务贸易,积极参与国际服务贸易自由化的发展;另一方面服务贸易自由化对发展中国家而言,是一把"双刃剑"。因此,我国也要根据本国国情和服务贸易发展的实际情况对某些服务业进行适度的保护,尤其保护那些正处于萌芽期和容易危及国家安全的服务业,以使本国服务产业健康、稳定的发展。与此同时,深入研究并充分、合理地利用《服务贸易总协定》、WTO 等国际条约中对发展中国家提供的诸多特殊的贸易保护和优惠政策,多方寻求法律、法规的支持。

☞ 专栏

紧急保障措施

GATS 第十条"紧急保障措施"(Emergency Safeguard Measures,ESM)规定:"应就紧急保障措施问题在非歧视原则基础上进行多边谈判。"紧急保障措施是指一成员方为了临时保护其国内产业免受严重损害或者严重损害的威胁,针对另一成员方的产品或服务的进口采取的临时取消或改变的行动。该政策的设立主要是由于在国际服务贸易逐渐自由化过程中,不可避免会对一些服务业欠发达的国家尤其是发展中国家的服务市场带来较大冲击和消极影响。

对于国际上高水平服务行业的巨大冲击与影响,我国政府必须制定适度的国际服务贸易保护政策与法规。在这方面,要区别不同情况采取不自由、半自由、全自由三类不同的政策:(1)凡涉及国家主权、国家安全和国家机密的极少数部门或项目,应采取明令禁止的政策,不开放,不允许外资进入;(2)凡关系国民经济命脉和人民生活安稳的重要部门或项目,允许开放,允许外资进入,但不允许外商独资或控股,要规定其股份的最高界限;(3)除以上两者外的绝大多数一般部门或项目,要完全开放,实行自由化的政策(杨丹萍、沈明其，2004）。还可以通过有选择地分行业和分地区进行开放，通过试点试验，减少开放服务贸易市场的风险。

三、完善服务贸易管理体制

完善的服务贸易体制，有利于提高服务贸易的国际竞争力。美国、日本等世界服务贸易大国对服务贸易的宏观管理都是由一个专门的政府部门负责，如美国商务部、日本经济产业省。为促进我国服务贸易的发展，必须对服务贸易管理体制进行完善。首先，明确国家统一的国际服务贸易管理部门。商务部是由中华人民共和国国务院主管的商业经济和贸易组成的部门，是国家统一的国际服务贸易管理部门。2006年，商务部成立服务贸易司，专门负责服务贸易发展规划、服务贸易促进、服务贸易统计、技术贸易管理等工作。其次，要明确国际服务贸易的管理范畴。我国商务部作为服务业对外贸易的归口管理部门，职能众多，要明确各归口管理部门对服务贸易的管理范畴。其宏观管理职能应着重于拟定和执行外贸进出口中长期规划和发展战略，制定或参与制定贸易法律、法规，对外协调与其他国家的服务贸易关系，加强各部门、中央与地方、政府与企业的密切联系，并落实《服务贸易总协定》的有关条款等。最后，我们还要建立国际服务贸易管理的组织机构和协调机制。迅速建立全社会的服务贸易组织机构和协调管理机制，是解决我国当前国际服务管理中存在的主要问题和对我国国际服务贸易实施有效宏观管理的关键（杨丹萍，2004）。鉴于服务贸易涉及诸多部门，事关国家主权和国家经济安全，因此有必要成立全国性的服务贸易管理组织，建议中央、国务院成立中国国际服务贸易协调小组或委员会，并扩大协调小组的职能，从负责国际服务贸易谈判转为国务院常设机构，负责我国服务贸易发展规划、立法、对外谈判和政策协调等事宜（刘东升、蒋先玲，2012）。

第三节　深度介入全球服务外包

一、加大教育投入，培养复合型人才

21世纪是知识经济时代，知识的作用日益增强。而且相对于货物贸易，信息传输、金融保险业和软件业等服务业是人力资本密集型企业，其从业人员需要较高的综合素质。众所周知，印度的软件外包业已经占世界上最大的份额，其迅速发展的原因之一就是印度政府十分重视人才的培养。而相关研究表明，目前我国服务外包人才每年缺口超过50万人。具体来讲，服务外包产业面临着低端人才多，中高端人才较少的现象。高级管理人才、离岸服务外包接单人员等具备专业知识与能力的复合型人才严重缺乏，这制约了我国服务外包产业的高端化发展进程。可见，深度介入全球服务外包，复合型人才是首要和关键因素。因而我国政府应加大对教育的投入，制定相应的政策推动和鼓励技术创新和研发，有针对性地提高对高层的服务人才的培养，力争培养出一批服务外包复合型人才。

第十章 推进我国服务经济国际化的政策构想

首先，政府应大力培养本国优秀人才，并输送其中的优秀人才去国外培训学习，同时制定丰厚的政策吸引国外优秀人才来华和鼓励海外企业家与技术人员回流。其次，应设立专门的国际服务贸易培训机构，尤其是重视现有服务贸易从业人员以及服务贸易后备人员的培养。以具体岗位为导向，鼓励在职员工的继续教育，对他们进行职业相关的专业知识培养，不断提高其综合劳动素质。在后备服务贸易人才的培养上，不仅要在高校中增开专门的服务贸易课程，增强其专业素养，还要加大宣传力度，积极引导学生转变就业观念，鼓励学生积极投身服务贸易行业，培养一批专业性服务型人才。同时重视外语与国际贸易规范的培训，培养一批精通外语和又熟悉国际服务贸易规范等的人才。最后，应积极推进产学研合作模式，即产业、学校和研究机构结合的模式。通常指以企业为技术需求方，与以科研院所或高等学校为技术供给方之间的合作，其实质是促进技术创新所需各种生产要素的有效组合。产学研合作模式在高新技术飞速发展的当今世界，成为推动经济和整个社会发展的一种最强劲的动力，通过三者的结合培养出一批既懂现代管理技术、国际法律法规又有实践能力的复合型人才。

二、营造良好的服务外包环境

廉价的劳动力早已不是服务外包竞争的优势，欧美、日本等主要服务外包发包国在选择发包对象时，良好的服务外包环境是其中考虑的关键因素之一。一个良好的服务外包环境主要包括政策环境、市场环境、投资环境等，完善的服务外包环境是服务外包顺利进行的基本前提。例如，如果一个国家政局不稳定，那么刚刚设立的企业常常会还开业不久就因各种原因倒闭；物流方面，因交通不方便，不能按约定时间交送货物；开发的产品，由于知识产权保护法不齐全被人盗用等，这些都会大大增加服务外包的成本，使得服务外包失去了存在的必要。可见，稳定的政治环境是服务外包顺利进行的保障；完善的相关基础设施环境是服务外包顺利进行的基础；优良的诚信环境是服务外包顺利进行的支撑。我们应营造一个良好的服务外包环境，具体如下：加快政府职能转变，强化政府的市场监管职能，整顿和规范市场运行秩序；严厉打击盗版、失信等不良行为，大力倡导诚实守信服务，优化行业市场环境；充分发挥行业协会在引导行业发展、规范行业市场秩序等方面的作用，建立相应的职业资格认证制度，强化行业自律管理；建立健全社会诚信体系，加强对企业生产、交易履约情况的监督，形成全社会自下而上的监管体系（刘须奎、李树英等，2011）。

三、以承接日韩服务外包为突破口，逐步开拓欧美服务外包市场

基于我国与日韩具有非常密切的文化渊源，且地理位置相近，还有大量熟练运用日语和韩语的高素质服务人才等，使得我国在承接日韩服务外包方面相对印度、爱尔兰等其他主要服务外包承接国具有非常大的优势。据高德纳咨询公司（Gartner）统计的数据表示，在2012年日本离岸外包业务市场份额占比中，中国获得了77.9%，比位于第二位的印度高出了58%。可见，日韩市场是中国服务外包的重要机遇，我们应充分把握好。但也应注意到

日韩市场在全球服务外包市场中所占份额较小，只有10%左右，更大的市场在美国和欧洲（屠瑞奋，2008；杨国川，2010）。因此，我国应以承接日韩服务外包为突破口，逐步开拓欧美服务外包市场。主要包括：第一，政府应从政治层面积极推动中国与这些国家的政治与经济的交流，加深双方关系。及时为企业提供发包国方面的有效信息，引导国内企业与这些国家的一些大型外包公司进行分包合作，不断扩展市场空间。第二，培养一批既懂服务外包又精通外语的服务外包人才，同时培养一批专业谈判员，完整有力地向发包国介绍本国的优势，推进我国服务外包的进程。第三，应从我国利益最大化的目标出发，对各个服务外包发包国进行比较与权衡，选择最适合我国承接服务外包的承包对象。

第四节 完善相关政策体系

一、加强服务贸易立法，建立系统的服务贸易法律体系

我国服务贸易起步晚，发展时间短，服务贸易法律体系发展还不够完善。目前我国尚未形成一个关于服务业的根本性法律，甚至在很多领域出现空白的状态，缺少必要的规则和约束，不利于我国服务贸易的发展。因此，我国应加深对 GATS、GATT、WTO 等国际条约的研究，从而建立起既与国际服务贸易法规相接轨的，又从我国国情出发的不同层次、内容齐备的服务贸易法律体系，提高我国法律整体水平和透明度。首先，按照《服务贸易总协定》的有关规定，制定统一开放、有序竞争、规范管理的《服务业外商投资法》（李琳，2003），使我国服务贸易有法可依。其次，尽快制定我国在服务贸易领域尚未建立起来的法律法规，使服务贸易真正实现规范化和法制化。对现存法律进行及时的更新与调整，进而再依据《服务贸易总协定》的规定，制定与其相符合的服务行业的法律法规。把服务市场准入原则，服务贸易的税收、投资、优惠条件等要以具体的法律形式规定下来，从而使服务贸易实现制度化和规范化。最后，应加快各服务部门的立法进度，针对不同的服务业制定特定的法律、法规，并强化相关司法工作。

二、完善我国服务贸易保障措施的立法

保障措施作为国际贸易的三大救济手段之一，已经广泛应用于国际货物贸易领域，并且也发挥了重要的作用。但是在国际服务贸易迅猛发展的同时，服务贸易中的紧急保障措施还只是在 GATS 第十条中做了一些原则性规定，而且只是提出要求各方继续对积极保障措施的问题进行谈判，但是由于各成员利益和服务贸易发展程度的不同，谈判显得步履维艰。2004年，我国《对外贸易法》第45条的新规定提出，保障措施将适用于服务贸易领域。即"因其他国家或者地区的服务提供者向我国提供的服务增加，对提供同类服务或者与其直接竞争的服务的国内产业造成损害或者产生损害威胁的，国家可以采取必要的救济措施，消除或者减轻这种损害或者损害的威胁。"这一条款是我国立法中对服务贸易领域保障措施的首次规

第十章 推进我国服务经济国际化的政策构想

定,表明我国服务贸易保障措施立法进程取得了一些进步。但是对于适用保障措施的若干关键条件,只有原则性的规定,尚不具有操作性;同时,服务贸易领域保障措施的有关适用要求也缺乏具体规定(陶林,2006)。可见,我国服务贸易保障措施立法仍有很长的路要走。

因此,作为发展中国家的大国,理应站在发展中国家的立场上支持服务贸易保障措施的立法,并提出一些建设性意见。首先,我国政府应在进一步完善《对外贸易法》的基础上,加快制定专门的服务贸易保障措施法规。其次,服务贸易保障措施法规的有效实施,需要其他相关配套法规的保障。但是,我国服务贸易在国际上起步较晚,相关的法律制度也很欠缺,所以对于国外已经形成规模的服务企业对国内服务业的冲击是具有毁灭性的,因此,我国必须制定相关的法律法规来规范外国服务业对国内服务市场的冲击。最后,在服务贸易紧急保障措施谈判中应着眼于本国相对比较劣势的服务产业,努力保护其健康发展。同时,对于我国的优势产业,应在谈判中争取逐步取消进入限制。

三、进一步完善吸引外资的政策、法规

在经济全球化的背景下,跨国公司是经济全球化的主导力量。尽管我国是服务外包承接国的大国之一,但是与爱尔兰、印度相比还有一定的差距。可见,借鉴印度、爱尔兰等国的服务外包的成功经验,进一步完善吸引外资的政策、法规具有重要的战略意义。我国政府应从战略高度上认识到承接服务外包的重要性和紧迫性,尽快建立有关部门协调管理机制,以便对服务外包予以统筹并实施宏观指导和有效监管(吴洁,2007)。

具体如下:第一,制定优惠的税收和外资政策以积极引导和鼓励外资在华设立服务外包企业。优惠的税收和外资政策,可以降低服务外包成本,成为吸引国家服务外包的重要因素之一。我国可以仿照给予高新技术企业的支持政策,为外包企业提供低息信贷,减免企业开展离岸外包的所得税和营业税,对用于提供外包所需的进口设备可以免征关税及进口环节增值税,积极推进服务外包商务环境(邢学杰,2012)。第二,制定和完善服务产业配套政策,在园区内提供宽松的投资环境和良好的基础设施,可以极大地激励服务外包的发展。据鼎韬不完全统计,截至2010年全国建设(包括原有园区扩建等)了超过200个的外包(或者以外包作为主要产业方向之一)园区,但是园区发展整体竞争力仍较薄弱。服务外包园区要想获得持续发展,必须首先着眼于创新,并且不单是企业创新,而是政府、企业、大学科研机构等多元协同的园区集群式创新。同时,根据本地的区位优势、产业基础等特点差异化和专业化发展。第三,进一步完善知识产权保护法,印度知识产权法律体系与欧美接轨比中国至少提前30年,公民、企业和政府的知识产权保护意识普遍较强。完善的知识产权体系可以为服务外包营造出良好的诚信环境。虽然我国先后于1982年、1984年和1990年颁布了《商标法》《专利法》《著作权法》等法律,但是仍缺乏统一的知识产权基本法。同时伴随着科技的迅猛发展,这些法律也已不太适应知识产权领域出现的新情况、新问题。而且这些法律属于不同的政府部门管理,缺乏对知识产权的整体概念。首先,我国应抓紧时间对现有知识产权法律进行修改并针对法律空白出台新的法律,以适应市场经济和知识经济的需要。其次,制定统一的《知识产权基本法》,使知识产权相关法律条款更加严密,有基本法

国际服务经济概论

作为最终依据,更便于公众认识和理解,以至能更好地解决专利、商标、著作权保护的交叉问题。最后,应建立统一的知识产权行政管理机关,知识产权是一个有机联系、不可分割的整体,只有归于一个统一体才能最有效地发挥其职能。

☞ 案例分析

服务贸易是中国摆脱外贸困境突破口

在当今复杂多变的国际经济形势下,以制造业为代表的货物贸易出口遭受挫折,对外开放模式亟待转型升级。与此同时,服务贸易迎来有利的发展契机,服务贸易的增长在一定程度上弥补了货物出口下滑的缺口。服务贸易正成为中国摆脱当前外贸困境的突破口,服务贸易将在扩大开放,转变经济发展方式,以及平衡中国对外贸易中发挥巨大作用。因此,打破传统体制机制约束,建立有利于服务贸易发展的政策环境和市场秩序,是实现中国开放模式创新和调整外贸结构的关键。

在全球经济复苏疲软的当前,虽然对外贸易领域受经济外部性影响较大,但我国服务贸易仍保持较快的增长速度,服务贸易规模持续增加,服务贸易结构逐渐优化,新兴服务领域发展迅速,成为促进中国贸易发展的关键增长点。但存在的问题也较为显著,如长期处于逆差、贸易结构失衡、国际竞争力不强等。面对日趋复杂的世界经济形势,也只有理顺服务贸易与服务业、服务贸易与货物贸易、服务贸易与扩大开放等方面若干关系,并积极破解服务贸易发展制度瓶颈,才能够确保服务贸易在新一轮宏观经济运行中发挥出更大的作用。

案例资料来源:引自《经济参考报》2013年9月30日,于立新"服务贸易是中国摆脱外贸困境突破口"。

案例讨论题: 2012年,我国服务进出口总额居世界第三位,出口居世界第五位,进口居世界第三位,为什么我国服务贸易还将长期处于逆差状态?

本章小结

1. 从战略上重视服务业,对我国服务业的国际竞争力提高具有重要性。
2. 深度介入全球服务外包,复合型人才与良好的服务外包环境是关键。
3. 我国服务经济相关政策体系发展仍不成熟,应从各方面进行完善。

思考题

1. 发展现代服务业与发展传统服务业有冲突吗?
2. 如何营造良好的服务外包环境?

第十章　推进我国服务经济国际化的政策构想

网络练习

试上网查询美国、日本等国家服务贸易管理体制完善的原因,并与我国进行比较分析。

自 测 题

1. 我国应如何制定适度的国际服务贸易保护政策?
2. 在复合型人才的培养方面,我们应该怎么做?

参 考 文 献

[1] 安晖,刘琼. 大数据服务前景可期 [J]. 高科技与产业化,2013 (5):70-73.

[2] 白孝忠. 浅析中国服务业吸引国际直接投资的发展现状及对策 [J]. 当代经济,2007 (6):56-57.

[3] 波特. 竞争论 [M]. 北京:中信出版社,2003.

[4] 蔡林海,翟锋. 日本的经济泡沫与失去的十年 [M]. 北京:经济科学出版社,2007:113.

[5] 蔡涛. 日本海运政策演进分析及其借鉴 [J]. 水运管理,2003 (9):29-32.

[6] 曹希,谢永亮. 我国运输服务贸易竞争力研究 [J]. 中国集体经济,2009 (16):104-105.

[7] 曹勇,佘硕. 基于动态分析的中国知识密集型服务业概念与分类研究 [J]. 管理学报,2009,6 (4):557-559.

[8] 陈斌. 美国金融监管改革法案的内容、影响与启示 [J]. 海南金融,2011 (1):63-65.

[9] 陈岱松,陈献茗. 试论美国金融监管制度的发展——兼谈对我国的启示 [J]. 中国商法年刊,2008 (10):741-749.

[10] 陈德铭. 大数据时代的现代服务业 [N]. 中国贸易报,2013-12-12,第X01版.

[11] 陈继勇,姚博明. 中国服务经济结构演进的机制选择研究——基于政府与市场关系的视角 [J]. 珞珈管理评论,2012 (1):1-12.

[12] 陈静雯. 服务业利用FDI对中国第三产业影响的实证研究 [J]. 商界论坛,2013 (13):310-311.

[13] 陈倩倩. 中美运输服务贸易国际竞争力比较 [J]. 中国水运(理论版),2008 (1):12-14.

[14] 陈宪,殷凤. 服务贸易:国际特征与中国竞争力 [J]. 财贸经济,2008 (1):25-29.

[15] 陈晓涛. 产业演进论 [D]. 四川大学博士学位论文,2007.

[16] 陈瑶. 我国保险服务贸易竞争力分析 [D]. 上海交通大学博士学位论文,2007.

[17] 程大中. 商品与服务:从分离到综合 [J]. 经济学家,2002 (2):4-10.

[18] 戴相龙. 中国金融业改革开放30年的思考 [J]. 中国金融,2009 (1):9-11.

参考文献

[19] 戴永红. 印度软件企业外包发展模式及其对我国的启示 [J]. 南亚研究, 2004 (2): 33-35.

[20] 丁洁. 论国际服务外包发展及中国应对策略 [D]. 北京: 对外经贸大学博士学位论文, 2005.

[21] 董小麟, 董苑玫. 中国服务贸易竞争力及服务业结构缺陷分析 [J]. 国际经贸探索, 2006 (6): 44-50.

[22] 樊瑛. 国际服务贸易模式与服务贸易自由化研究 [J]. 财贸经济, 2010 (8): 76-82.

[23] 范鹏飞, 任小璇. 物联网产业链的演进与培育 [J]. 中国电信业, 2012 (2): 38-41.

[24] 方虹, 杜萌. 国际贸易新格局中上海自贸区发展的思考 [J]. 北京财贸职业学院学报, 2013 (12): 34-38.

[25] 方文超, 肖晨明. "合成谬误"之谬——中国—东盟自由贸易区一周年的实证分析 [J]. 国际贸易问题, 2012 (1): 88-98.

[26] 冯雷鸣. 服务外包政策的国际比较及我国的对策 [J]. 中国市场, 2011 (9): 6-9.

[27] 高秀屏. 日本金融业与政府关系的特点与启示 [J]. 辽宁大学学报（哲学社会科学版）, 1995 (2): 27-30.

[28] 顾建清. 日本电信服务业的改革及对我国启示 [J]. 审计与经济研究, 2002 (1): 50-52.

[29] 郭春侠, 李颖. 国际信息服务贸易若干问题研究 [J]. 情报理论与实践, 2002 (4): 251-254.

[30] 国家计委宏观经济研究院产业发展研究所课题组. 我国产业国际竞争力评价理论与方法研究 [J]. 宏观经济研究, 2001 (7): 35-39.

[31] 韩玉珍, 左凤兰, 洪风, 王慧敏. 东南亚国家联盟与欧盟、北美自由贸易区之比较 [J]. 北京市经济管理干部学院, 2005 (1): 3-7.

[32] 何德旭, 夏杰长. 服务经济学 [M]. 北京: 中国社会科学出版社, 2009: 168-171.

[33] 侯珺然. 日本产业竞争力研究: 战略创新与新的经济增长点 [J]. 日本问题研究, 2012 (4): 21-24.

[34] 胡超, 张捷. "服务——制造"新形态国际分工的演进及可持续性分析 [J]. 广东商学院学报, 2010, 25 (2): 4-12

[35] 郑吉昌. 服务经济论 [M]. 北京: 中国商务出版社, 2005.

[36] 黄维兵. 现代服务经济理论与中国服务业发展 [M]. 西南财经大学出版社, 2003.

[37] 林春霞. 我国服务外包产业须扬长避短 [N]. 中国高新技术产业导报, 2014-6-25.

[38] 辛妍. 上海自贸区开启新时代 [N]. 新经济导刊, 2014-1-2.

[39] 于舰. 交通银行首席经济学家连平解读上海自贸区金融改革前景：上海自贸区就是离岸金融区 [N]. 第一财经日报, 2013-9-9.

[40] 纪小围. 北美自由贸易区服务贸易自由化的贸易效应研究 [D]. 厦门大学博士学位论文, 2009.

[41] 景跃军, 杜鹏. 中国现代服务业现状及发展潜力分析 [J]. 吉林大学社会科学学报, 2012 (2): 143-149.

[42] 柯锦涛, 范学谦. 关于自贸区的认识与思考 [J]. 物流工程与管理, 2014 (1): 116-118.

[43] 孔祥荣. 国际服务外包发展的制度因素分析 [D]. 山东大学博士学位论文, 2010.

[44] 赖春萍. 全球信息流动对国际贸易的影响 [J]. 世界经济, 1999 (4): 44-48.

[45] 李钢, 李西林. 服务外包产业：中国经济升级版的新动力 [J]. 中国流通经济, 2013 (2): 12-18.

[46] 李建. 西方服务经济理论回溯 [J]. 财贸经济, 2004 (10): 89-92.

[47] 李军. 我国服务业国际竞争力分析 [J]. 经济问题, 2004 (5): 27-29.

[48] 李琳. 当代国际服务贸易的发展趋势和我国的发展思路 [J]. 中共福建省委党校学报, 2003 (10): 83-85.

[49] 李素喜. 区域服务业竞争力评价理论与应用研究 [D]. 河北工业大学博士学位论文, 2008.

[50] 李相合. 中国服务经济：结构演进及其理论创新 [M]. 经济科学出版社, 2007.

[51] 李晓华. 离岸外包对参与国影响差异的比较研究 [J]. 经济与管理评论, 2014 (4): 4-11.

[52] 李志宇, 陈燕方. 电子商务服务业产业结构及发展历程研究 [J]. 生产力研究, 2012 (11): 176-178.

[53] 梁艳. 技术性贸易壁垒对我国服务贸易的影响. 金融经济 [J]. 2010 (11): 23-25.

[54] 林红. 中国服务贸易竞争力研究 [D]. 西北大学博士学位论文, 2007.

[55] 刘东升, 蒋先玲. 国际服务贸易：原理, 政策与产业 [M]. 北京：对外经济贸易大学出版社, 2012.

[56] 刘胜雷. 美国海运政策及其发展趋势 [J]. 中国海运, 2007 (1): 36-37.

[57] 刘磊, 张建宁. 物联网产业价值链分析 [J]. 高科技与产业化, 2011 (2): 36-38.

[58] 刘丽杰. 我国服务贸易国际竞争力的现状及提升途径 [N]. 襄樊学院学报, 2012 (2): 68-71.

[59] 刘书瀚, 刘小军. 近年国内服务经济理论与应用研究综述 [J]. 天津商学院学报, 2005 (2): 6-11.

参考文献

[60] 刘晓辉,郭继鸣,马冬梅.产业国际竞争力影响因素分析[J].湖北经济学院学报,2007(3):59-60.

[61] 刘须奎,李树英,张静.发达国家发展生产性服务业的政策措施及对我国的启示[J].中国市场,2011(7):171-173.

[62] 刘中伟,沈家文.跨太平洋伙伴关系协议(TPP):研究前沿与架构[J].当代亚太,2012(2):35-59.

[63] 刘世锦,任兴洲,王微.关于服务经济发展的若干认识[J].新华文摘,2010(22):46-50.

[64] 卢锋.当代服务外包的经济学观察:产品内分工的分析视角[J].世界经济,2007(8):22-35.

[65] 卢锋.我国承接国际服务外包问题研究[J].经济研究,2007(9):49-61.

[66] 马玉荣,王艺璇.上海自贸区:来历和去向[J].中国经济报告,2013(10):32-35.

[67] 毛艳华,肖延兵.CEPA十年来内地与香港服务贸易开放效应评析[J].中山大学学报,2013(6):160-173.

[68] 蒙英,华蔡洁.服务业对外开放与服务贸易政策体系构筑[J].国际贸易问题,2007(2):84-89.

[69] 苗秀杰.服务贸易自由化对我国的正负效应分析[J].理论前沿,2005(6):20-21.

[70] 潘海岚.中国服务业发展的政策变迁及效应评析.北京工商大学学报[J],2009(5):78-83.

[71] 裴长洪,郑文.国家特定优势:国际投资理论的补充解释[J].经济研究,2011(11):21-35.

[72] 裴长洪.我国现代服务业发展的经验与理论分析[J].中国社会科学院研究生院学报,2010(1):5-15.

[73] 饶有玲.国际服务贸易:理论、产业特征与贸易政策[M].北京:对外经济贸易大学出版社,2005.

[74] 桑磊.云计算在物联网中的应用[J].科技与企业,2011(4):59.

[75] 沙振权,温飞,胡贝斌.现代服务业内涵及演进方向的述评[J].华南理工大学学报(社会科学版),2011(2):48-52.

[76] 邵金菊,姜丽花,刘冬林.服务外包:经济效应和影响因素研究[N].浙江大学出版社,2011:56-58.

[77] 沈明其.我国服务贸易开放的国际比较及对策[J].国际贸易问题,2004(3):13-18.

[78] 沈四宝,顾宾.我国服务贸易区域一体化的策略思考[J].国际贸易,2011(2):59-64.

[79] 施菁.浅析国际服务贸易自由化新趋势[J].商,2012(2):136.

[80] 施新平，雍自峰，李丽松．日本油运业对我国的启示 [J]．中国水运，2005 (3)：46-47．

[81] 宋炳林．国外现代服务业发展的经验及对宁波的启示 [J]．宁波大学学报人文科学版，2013 (3)：83-87．

[82] 孙其博，刘杰，黎羴，范春晓，孙娟娟．物联网：概念、架构与关键技术研究综述 [J]．北京邮电大学学报，2010 (3)：33．

[83] 孙文博．90年代我国服务业利用FDI的投资环境因子分析 [J]．世界经济研究，2003 (10)：57-61．

[84] 谭力文，刘林青．跨国公司制造和服务外包发展趋势 [M]．北京：人民出版社，2008．

[85] 谭力文，田毕飞．世界主要外包参与国的外包政策及其对我国的启示 [J]．管理现代化，2006 (1)：61-64．

[86] 唐明．比较优势理论对服务贸易的适用性和特殊性 [J]．社会科学家，2002 (3)：42-45．

[87] 唐炎钊，朱小聘．我国应对服务贸易领域技术性贸易壁垒的对策研究 [J]．科技进步与对策，2008 (7)：113-117．

[88] 唐宜红，陈非凡．承接离岸服务外包的国别环境分析——以印度，墨西哥和东欧为例 [J]．国际经济合作，2007 (4)：19-23．

[89] 陶林．国际服务贸易紧急保障措施制度的建构及中国的应对析论 [J]．河北法学，2007 (4)：83-87．

[90] 屠瑞奋．国际服务外包发展的新趋势与对策路径 [J]．南京工业大学学报，2008 (3)：71-75．

[91] 汪素芹．国际服务贸易 [M]．机械工业出版社，2007．

[92] 汪素芹．国际服务贸易 [M]．北京：机械工业出版社，2011．

[93] 王华，周莉．世界的盛宴：国际服务外包新浪潮 [M]．江苏：江苏人民出版社，2010．

[94] 王伶俐．中印服务外包的比较研究 [M]．对外经济贸易大学出版社，2011：132-150．

[95] 王铁山．服务贸易中的技术性贸易壁垒及跨越途径 [J]．国际经济合作，2008 (6)：77-80．

[96] 王铁雁，刘娜，王铁山，胡啸兵．服务外包业集成创新发展及其路径选择 [J]．科技管理研究，2012 (4)：4-8．

[97] 王小顺．我国发展离岸服务外包的不利因素与对策 [J]．北方经济，2011 (12)：92-93．

[98] 王咏梅．我国服务业吸引外资及其影响因素 [J]．对外经贸实务，2005 (10)：43-45．

[99] 王运祥，曹琳琳．对香港服务业的解读与反思 [J]．当代港澳研究，2012 (9)：

参考文献

41-45.

[100] 王志军,康卫华. 欧盟银行一体化发展分析 [J]. 南开经济研究, 2005 (2): 89-93.

[101] 维克托·迈尔·舍恩伯格,肯尼斯·库克耶. 大数据时代 [M]. 浙江人民出版社, 2013: 39.

[102] 维克托·迈尔·舍恩伯格. 大数据:服务业的下一个机遇 [N]. 中国贸易报, 2013-12-12, 第 A18 版.

[103] 魏巍,冯琳. 国际服务贸易 [M]. 大连:东北财经大学出版社, 2012.

[104] 吴洁. 国际服务外包的发展趋势及对策 [J]. 国际经济合作, 2007 (5): 24-27.

[105] 肖祥辉,李忠民. 服务经济理论研究述评 [J]. 重庆工商大学:西部论坛, 2005 (4): 69-74.

[106] 谢康. 信息服务贸易与国家竞争力 [J]. 中山大学学报(社会科学版), 1998 (5): 126-136.

[107] 谢阳群,魏建良,郝新蓉. 信息技术壁垒及其对策研究 [J]. 情报理论与实践, 2005, 5 (5): 557-560.

[108] 熊尚鹏. 现代服务业发展的制约因素及对策 [J]. 安徽农业科学, 2007, 3: 861-863.

[109] 邢学杰. 进一步提升我国服务贸易发展的对策研究 [J]. 改革与战略, 2009 (9): 45-48.

[110] 徐冠华,刘冬梅,刘琦岩. 现代服务业的发展趋势与对策 [J]. 中国科学院院刊, 2009 (3): 248-255.

[111] 徐黎源,李玉明,季宏. 嘉兴市现代服务业SWOT分析及发展战略研究 [J]. 价值工程, 2013 (3): 127-128.

[112] 徐霞. 日本金融业发展及应对危机经验借鉴 [J]. 农业发展与金融, 2012 (6): 93-95.

[113] 徐兴锋. 印度、爱尔兰软件产业扶持政策及其对我国的启示 [J]. 国际贸易, 2007 (5): 30-37.

[114] 许笑平. 欧盟运输政策的发展及其对我国的启示 [J]. 经济地理, 2006 (12): 279-282.

[115] 许笑平. 欧盟运输政策的演变及其评价 [J]. 物流技术, 2007 (5): 126-128.

[116] 亚当·斯密. 国民财富的性质及其原因的研究 [M], 商务印书馆, 1997.

[117] 杨丹萍. 我国国际服务贸易发展存在的问题及对策研究 [J]. 当代财经, 2004 (2): 104-106.

[118] 杨国川. 全球服务外包发展的新趋势及我国的发展路径 [J] 国际经贸探索, 2010 (11): 44-48.

[119] 杨松,王勇. 金融危机以来的欧盟银行法变革:发展趋势与经验借鉴 [J]. 经济

法论丛 [J], 2003 (1): 296-310.

[120] 杨书群. 制造企业服务化的趋势、成因及中国的发展战略 [J]. 中国发展, 2012, 12 (2): 14-18.

[121] 杨玉英, 邱灵, 洪群联. 我国服务经济发展的现状评价和趋势预测 [J]. 经济纵横, 2013 (3): 66-72.

[122] 杨作书. 坚持和发展马克思的劳动价值论必须走出十大理论认识误区 [J]. 重庆工商大学学报 (社会科学版), 2006, 5: 23-29.

[123] 尹小剑, 唐天伟. 发展中国家的FDI理论比较研究——兼论对我国FDI的启示 [J]. 北方经济, 2009 (4): 19-20.

[124] 臧煜. 日本电信业改革及其对中国的启示 [J]. 现代日本经济, 2013 (6): 68-75.

[125] 张诚, 赵奇伟. 中国服务业外商直接投资的区位选择因素分析 [J]. 财政研究, 2008 (12): 38-52.

[126] 张俊. 全球旅游服务贸易十强国际竞争力比较研究 [J]. 北方经贸, 2014 (2): 7-7.

[127] 张楠. 日本现代服务业发展经验及对中国的启示 [J]. 现代经济, 2011 (2): 58-65.

[128] 张强莉. 信息服务贸易发展的国际经验及启示 [J]. 商业研究, 2007 (3): 119-122.

[129] 张希坤. 美国服务贸易的发展特点及竞争力分析 [J]. 对外经贸, 2012 (2): 36-38.

[130] 张智. 现代服务业实质特征辨析 [J]. 城市经济, 2011 (10) 25-28.

[131] 赵弘. 知识经济背景下的总部经济形成与发展 [J]. 科学学研究, 2009, 1: 45-51.

[132] 赵放, 单喜久. 金融危机与日本业内规制演进分析 [J]. 外国问题研究, 2009 (3): 73-77.

[133] 赵静, 喻晓红, 黄波, 谭秀兰. 物联网的结构体系与发展 [J]. 通讯技术, 2010 (9): 106-108.

[134] 赵倩. 影响我国运输服务贸易出口的生产要素分析 [J]. 经济论坛, 2009 (12): 101-104.

[135] 赵琼, 杨志华. 我国现代服务业利用FDI的影响因素分析——基于1997~2007年的数据 [J]. 经济问题, 2010 (5): 45-49.

[136] 赵书华, 徐畅. 全球运输服务贸易10强的运输服务贸易竞争力分析 [J]. 国际贸易问题, 2007 (10): 62-68.

[137] 郑吉昌, 夏晴. 服务业、服务贸易与区域竞争力 [M]. 浙江大学出版社, 2004.

[138] 周美. 探讨物联网技术与发展 [J]. 移动通讯, 2012 (12): 56-58.

[139] 朱盛萍, 杜建华, 付小谧. 中国金融服务贸易发展现状及其竞争力探析 [J]. 企

参考文献

业经济, 2012 (9): 178-181.

[140] 朱喜安. 加入 WTO 后上海服务贸易发展的优劣势分析 [J]. 商业经济与管理, 2003 (10): 9-12.

[141] 朱一丹. 电子商务在服务贸易中的应用效果及影响研究 [J]. 金融经济, 2014 (6): 139-140.

[142] Bowen, Jr., T., and Leinbach, R., Air Cargo Services in Asian Industrializing Economies: Electronics Manufaturers and the Strategic Use of Advanced Producer Services [J]. Regional Science, 2003 (82): 309-332.

[143] Ramasamy, B. and Yeung, M., The Determinants of Foreign Direct Investment in Services [J]. The World Economy, 2010 (33): 573-596.

[144] Rashmi, B., Trade and Foreign Direct Investment in Services: A Review, Working Paper No. 154, Indian Council For Research on International Economic Relations, 2005.

[145] Prahalad, C. K., and Hamel, G., Collaborate with Your Competitors—and Win [J]. Harvard Business Review, 1989 (67): 133-139.

[146] Dunning, J. H., Alliance Capitalism and Global Business [M]. London and New York: Routledge, 1997.

[147] Dunning, J. H., Multinational Enterprises and the Growth of Services: Some Conceptual and Theoretical Issues [J]. Service Industries Journal, 1989, 9 (1): 5-38.

[148] EPOSS Expert Workshop. Internet of Things in 2020 [R]. EpoSS, 2008.

[149] Hamel, G., The Concept of Core Competence [J]. Strategic Management Journal, 1994 (15): 5-16.

[150] International Telecommunication Union (ITU). ITU Internet Reports 2005: The Internet of Things [R]. Geneva: ITU, 2005.

[151] Barton, D. L., Core Capabilities and Core Rigidities: A Paradox in Managing New Product Development [J]. Strategic Management Journal, 1992 (13): 111-127.

[152] Wells, L. T., Third World Multinationals: The Rise of Foreign Direct Investment from Developing Countries [M]. Cambridge Mass: MIT Press, 1983.

[153] Porter, M. E., The Competitive Advantage of Nations [M]. London and Basingstoke: The Macmillan Press Ltd, 1990.